检察执法岗位操作规程指导丛书　第7分册（共12分册）

MINSHI XINGZHENG JIANCHA GANGWEI
ZHUANYONG CAOZUO GUICHENG

民事行政检察岗位
专用操作规程

湖南省人民检察院组织编写

中国检察出版社

图书在版编目（CIP）数据

民事行政检察岗位专用操作规程/湖南省人民检察院组织编写 . —北京：
中国检察出版社，2016.3
（检察执法岗位操作规程指导丛书）
ISBN 978 - 7 - 5102 - 1557 - 5

Ⅰ.①民…　Ⅱ.①湖…　Ⅲ.①民事诉讼 - 检察机关 - 工作 - 规程 - 中国
②行政诉讼 - 检察机关 - 工作 - 规程 - 中国　Ⅳ.①D926.3 -65

中国版本图书馆 CIP 数据核字（2015）第 322435 号

民事行政检察岗位专用操作规程

湖南省人民检察院　组织编写

出版发行：	中国检察出版社
社　　址：	北京市石景山区香山南路 111 号 （100144）
网　　址：	中国检察出版社（www.zgjccbs.com）
编辑电话：	（010）68650028
发行电话：	（010）68650015　68650016　68650029
经　　销：	新华书店
印　　刷：	北京朝阳印刷厂有限责任公司
开　　本：	720 mm×960 mm　16 开
印　　张：	16 印张
字　　数：	261 千字
版　　次：	2016 年 3 月第一版　2016 年 5 月第二次印刷
书　　号：	ISBN 978 - 7 - 5102 - 1557 - 5
定　　价：	42.00 元

《检察执法岗位操作规程指导丛书》
编写委员会

主　任：游劝荣

委　员（以姓氏笔画为序）：

丁维群	王东晖	王国忠	王勋爵	文兆平	卢乐云
申彦斐	田智慧	印仕柏	白贵泉	兰建平	朱必达
朱国祥	吕赵龙	刘孙承	刘兴无	刘志红	刘建良
刘建宽	刘清生	江　涛	许建琼	苏勤惠	李　丽
李芳芳	李胜昔	余湘文	肖建平	肖建雄	吴建雄
何旭光	张　龙	张　勇	杨贤宏	杨　鸿	邹小俊
张士映	陈大朴	陈少华	陈绍纯	陈秋华	陈海波
苗　霞	易忠民	罗　青	罗树中	周燕海	胡　波
赵　钧	赵　荣	段志凌	祝雄鹰	贺艳芳	徐百坚
郝丽平	谈　固	曹志刚	常智余	彭洪声	曾新善
雷丰超	雷　华	谭庆之	熊文辉	薛献斌	戴一云
戴华峰	魏启敏				

主　编：薛献斌

副主编：徐百坚

统筹组组长：何旭光

统筹组副组长：路启龙

统筹组成员：阮洪伟　阮　艳　郭　蓉　邬　炼

第7分册《民事行政检察岗位专用操作规程》编写组

组　　长　雷丰超　湖南省人民检察院检察委员会委员、民事行政检察处处长

副 组 长　王宇清　湖南省人民检察院民事行政检察处副处长

　　　　　朱　斌　湖南省人民检察院民事行政检察处副处长

编写人员　彭　俊　湖南省人民检察院民事行政检察处副处级干部

　　　　　姚　红　湖南省人民检察院民事行政检察处干部

　　　　　钟孝明　湖南省人民检察院民事行政检察处干部

　　　　　黄文辉　湖南省人民检察院民事行政检察处干部

　　　　　伍松林　湖南省人民检察院民事行政检察处干部

　　　　　胡细罗　湖南省人民检察院民事行政检察处干部

　　　　　肖　翔　湖南省人民检察院民事行政检察处干部

　　　　　黄赛花　湖南省人民检察院民事行政检察处干部

　　　　　欧阳祖毅　湖南省人民检察院民事行政检察处干部

　　　　　郭　花　湖南省人民检察院民事行政检察处干部

序　言

　　《中共中央关于全面推进依法治国若干重大问题的决定》关于"明确各类司法人员工作职责、工作流程、工作标准"的法治要求，明确了管理全国检察机关全体检察执法人员的执法行为的法治化、规范化、制度化的目标，《最高人民检察院关于贯彻落实〈中共中央关于全面推进依法治国若干重大问题的决定〉的意见》中也提出了"严格落实和细化法律规定，健全检察机关司法程序规范、司法标准规范、司法言行规范、司法责任规范，逐步形成程序严密、标准统一、责任明确的司法规范体系"的贯彻意见。在全面推进依法治国的进程中，用怎样的制度体系来管理、管住检察执法人员的执法行为，以做到严格执法、规范执法，已经成为我们所面临的一个重大课题。

　　我们知道，权力活动本质上是人的活动，所有国家权力的活动都最终归结为国家机关工作人员的活动。马克思早就指出："人是最名符其实的政治动物。"[①]　"从现实的人出发分析社会现象和政治现象，是马克思主义政治学的一条最基本的原理。马克思、恩格斯正是运用这一原理来分析解释社会政治生活和政治现象的。"[②]　习近平同志指出："治国之要，首在用人。也就是古人说的：'尚贤者，政之本也。''为政之要，莫先于用人。'"[③]　按照党中央的要求，"坚持

[①]　《马克思恩格斯全集》第 46 卷上册，人民出版社 1979 年版，第 21 页。
[②]　王沪宁主编：《政治的逻辑》，上海人民出版社 2004 年版，第 34 页。
[③]　国务院新闻办公室会同中央文献研究室、中国外文局编：《习近平谈治国理政》，外文出版社 2014 年版，第 411 页。

用制度管权管人管事"、"把权力关进制度的笼子里"① 已经成为全面深化改革、全面推进依法治国的重要内容。每个国家机关中的每个国家机关工作人员的职务活动,构成了全部国家权力活动的基础,而每个国家机关的职权活动又都是以国家机关工作人员所在职务岗位为依托、为基础的。同时,用来管权管人管事的制度,也是由人来制定、来执行的,没有人就没有制度,也没有制度的执行。所以,实现用制度来管权管人管事的一个重要体现,就是各个国家机关的各个职务岗位规范制度的建立和健全。检察机关作为国家的法律监督机关,在依法治国的要求下,尤其要对自身的职权活动严格依法进行规范,不断加强和改善检察执法岗位操作规程的制度建设。

湖南省人民检察院历时两年多、组织 200 余人编写的《检察执法岗位操作规程指导丛书》,就是检察机关在加强和改善检察执法岗位操作规程制度建设中的有益探索,也是检察系统组织编写的第一套系统化的、规范各类检察执法岗位的操作规程的制度文本。

这套丛书以最高人民检察院《检察机关执法基本规范(2013 年版)》为基础,将其中的检察执法工作的基本规范细化到执法岗位、细化为操作规程。丛书立足检察实务、立足执法岗位、立足行为规范,通过提炼、升华,对在检察执法实务中长期、普遍、稳定存在的实际操作行为和操作方法等进行总结和概括,按照有利于依法操作、有利于规范执法的要求,进行操作规程具体内容的创制。将检察执法工作中的具体行为、工作惯例、习惯做法、通常"套路"等实际上在每天、每件、每次的执法活动中都在实施着的所有不同主体、不同对象、不同内容、不同类型、不同方式的岗位执法行为,用法律和制度的标尺加以衡量、梳理、概括、完善、提升,去粗取精、举一反三,按照各类执法岗位的职责进行裁量,形成了各类执

---

① 《中共中央关于全面深化改革若干重大问题的决定》,载《人民日报》2013 年 11 月 16 日。

法岗位的各类操作规程的规范性文本。

这套丛书涉及检察执法工作中的执法领导、执法管理和办理等各执法岗位的操作规程，也涉及检察机关的侦查监督、公诉、职务犯罪侦查和预防、刑事执行检察、民事行政检察、控告申诉检察、检察技术、司法警察和检察执法内部监督等各个方面的检察业务工作，共有818个操作规程、440余万字。实际上是检察执法岗位操作规程的一套制度样本，也是不同类型检察执法岗位上执法人员的行为标准，规定在特定类型岗位上应该做什么、应该怎么做、做成什么样和不能做什么、不能怎么做。通过对特定岗位的执法目的和标准、执法内容和形式、执法数量和质量、执法规则和程序、执法措施和路径、执法方法和要求以及执法禁忌的明确规定，使之具有了以下四个基本功能：在岗人员的行为规范，新进人员的入门必读，执法质量的考评标准，检务公开的岗位样本。

当然，对海量的现行法律制度中没有明文规定，而执法实务中又长期存在和普遍应用的岗位执法操作细节进行制度性概括，并且要使概括出的操作规程具有规范性、准确性和完整性，其困难是可想而知的。加上编写者自身法治理念、法学素养和业务技能上存在的不足，所以，书中的错漏在所难免，还需要通过实践的检验不断完善，也欢迎检察同行和社会各界提出批评和建议。

湘人素有"敢为天下先"的传统，湖南检察机关组织编写《检察执法岗位操作规程指导丛书》为这个优良传统再一次作出了很好的诠释。希望这套丛书能够为检察执法岗位操作规程制度建设起到积极的推动作用，成为检察机关"用制度管权管人管事"探索中的一个成功开篇，推动检察机关执法活动法治化、规范化、制度化的不断拓展和深入。

是为序。

游劝荣

2015年12月

丛书编写说明

一、编写过程

2013 年上半年，湖南省人民检察院在组织全省检察机关案件管理和检务督察系统学习领会、贯彻落实习近平总书记关于"把权力关进制度的笼子里"、"努力让人民群众在每一个司法案件中感受到公平正义"等重要指示的过程中，结合学习全国政法工作会议关于"紧紧抓住容易发生问题的执法岗位和关键环节，紧密结合执法规范化建设，健全执法制度、规范执法程序、强化执法管理，努力实现执法程序流程化、执法裁量标准化、执法行为规范化，从源头上预防随意执法、粗放执法等问题的发生"和全国检察长座谈会关于"进一步细化执法标准，严格要求检察机关每一个办案环节都必须符合法律规范"的精神，认识到所有国家权力都应当通过对每个具体权力岗位行为的具体的操作规范，来实现国家权力整体的规范，实现"把权力关进制度的笼子里"；认识到检察权是国家权力的重要组成部分，检察机关依法行使职权是通过检察机关执法岗位人员的执法行为实现的，检察机关是检察执法岗位的整体。检察执法岗位作为检察机关的执法终端，执法岗位上的检察执法人员是检察机关的"执法触手"，这是人民检察院行使检察权的基本形式，也是检察执法活动发生违法违纪行为的基本形式。所以，要把检察权也"关进制度的笼子里"，防止检察权违规，归根结底是要对检察执法岗位上的检察人员的执法行为进行规范。

2013 年 7 月 24 日，省检察院游劝荣检察长批准了关于编制"每个执法岗位的操作规程，作为执法人员的行为规范，既是新进人员的上岗必读，也是岗位执法的考核标准"的报告，并要求进行原理研究和可行性研究，并正式立项为省检察院检察理论研究重大课题。

在前期研究的基础上①，2013 年 12 月 6 日，湖南省人民检察院与中国检察出版社就出版一套检察执法岗位操作规程丛书问题进行协商，出版社原则同意出版该丛书，并对丛书编写工作提出了指导性意见。2013 年 12 月 16 日，游劝荣检察长批准了《〈检察执法岗位操作规程指导丛书〉编写方案》，决定组织丛书编写委员会，以检察长游劝荣为丛书编写委员会主任，副检察长薛献斌为丛书主编，以省检察院案件管理和检务督察部门为主成立丛书编写统筹组。同时，将丛书编写工作纳入省检察院党组的工作计划，丛书编写工作由此正式展开。按照编委会主任的要求，丛书主编和统筹组在编写任务交底的同时，向每位编写人员提供了包括编写计划、编写大纲和编写指引等近两万字的编写方案，明确丛书主旨、丛书体例、编写方法和要求，向各编写组提供了《编写体例说明及参考样本》、《编写要求和编写格式》和《操作规程的基本写法和重点要求》等编写指导意见；制定了《各编写组正副组长、检察业务审稿工作职责》和《各分册统稿、交叉审稿、检察业务审稿、编写组定稿工作操作程序》等编写工作规范。2015 年 8 月 31 日丛书截稿，丛书所涉法律法规、司法解释和工作制度原则上截至此日。

丛书编写过程中，党的十八届三中全会、四中全会相继召开，所作出的两个重要决定中有关"坚持用制度管权管事管人"的改革要求、关于"明确各类司法人员工作职责、工作流程、工作标准"的法治要求，《最高人民检察院关于贯彻落实〈中共中央关于全面推进依法治国若干重大问题的决定〉的意见》中"严格落实和细化法律规定，健全检察机关司法程序规范、司法标准规范、司法言行

---

① 薛献斌：《检察执法岗位操作规程的制度建设》，载《人民检察》2014 年第 4 期。

规范、司法责任规范，逐步形成程序严密、标准统一、责任明确的司法规范体系"的贯彻意见，湖南省委贯彻落实四中全会决定实施方案中"健全各类司法岗位行为规范"的要求，使丛书编写的方向进一步明确。2015 年 9 月 1 日，全部书稿交付出版社。

二、丛书性质和主要内容

丛书是检察执法岗位操作规程的一套制度样本，是不同类型检察执法岗位上执法人员的行为标准，规定在特定类型岗位上应该做什么、应该怎么做、做成什么样和不能做什么、不能怎么做。通过对特定岗位的执法目的和标准、执法内容和形式、执法数量和质量、执法规则和程序、执法措施和路径、执法方法和要求以及执法禁忌的明确规定，使之具有了执法岗位在岗人员的行为规范、新进人员的入门必读、执法质量的考评标准、检务公开的岗位样本等基本功能。丛书既是检察执法岗位操作规程制度建设的理论研究成果，也是各个检察机关执法岗位操作规程的制度参考，当然也可以直接用于检察机关执法工作的岗位规范。丛书编写过程中，湖南省和一些市、县检察机关就将丛书初稿的部分内容作为规范性文件或者印成小册子发给相关执法岗位人员执行或者参考，获得了检察执法人员的广泛认同，普遍反映操作规程简洁清晰、好记好用、照着做很有效。

丛书编写在严格遵守法律法规、规章制度和最高人民检察院工作要求的前提下，立足检察实务、立足执法岗位、立足行为规范，通过提炼、升华，在法律的指引下进行制度提炼和规则概括。通过认真梳理执法实践，围绕执法岗位这个"圆心"，以最高人民检察院《检察机关执法基本规范（2013 年版）》（以下简称《基本规范》）为"半径"，将《基本规范》中的检察执法工作规范细化到执法岗位、细化为操作规程。首先，将现行法律法规和规章制度即《基本规范》所规定的、所有检察执法岗位都必须遵循的操作规程方面的各项具体、细节性规定全部纳入，作为检察执法岗位操作规程的主体内容。在此基础上，对"基本规范"尚无具体、细致的操作规程，而在检察执法实务中又长期、普遍、稳定存在的实际操作行为和操作方法等进行总结和概括，按照有利于依法操作、有利于规范执法的要求，进行操作规程具体内容的文本创制。将检察执法工作中的具体行为、工作惯例、习惯做法、通常"套路"等实际上在每天、每件、每次的执法活动中都在实施着的所有不同主体、不同对象、不同内容、不同类型、不同方式的岗位执法行为，用法律和制度的标尺加以衡量、梳理、概括、完善、提升，去粗取精、举一反三，按照各类执法岗位的职责进行裁量，将法律规定框架下、检察人员在执法实务中的实际做法，即所谓"潜规范"、"习惯性规范"，概括、整理成为"显规范"、"成文性规范"，形成各类执法岗位的各类操作规程的规范性文本。同时，总结升华检察执法工作中的成功经验以解决编写中的制度难点问题，综合分析检察执法工作中的沉痛教训以解决编写中的制度重点问题。

丛书是执法实践的总结和升华而非简单地固化和守成。不仅对现有执法实践成果进行收集、固定和成文化、制度化，同时还对整个检察执法岗位实践进行检讨和反思，明确实践中实际发生的具体执法行为、执法程序细节并非全部都是合法的和理性、平和、文明、规范的，需要用社会主义法治理念和法律法规、规章制度来对现存的检察岗位各种实际执法行为进行衡量，对实际发生的执法行为、执法惯例、执法习惯等进行甄别和取舍。通过既总结和归纳、又拨正和升华，做到选取规范的、固定成熟的、补充不足的、剔除违规的、预测必要的，力求使总结出来的检察执法岗位操作规程既规范、实用、前瞻，又适度、经济、便捷。

丛书依托"基本规范"和检察执法实务，同时吸收和细化"基本规范"出版之后、丛书截稿之前最高人民检察院、各省级人民检察院制定的相关司法解释、办案制度所涉及的检察执法岗位操作规程方面的内容。对丛书中涉及的相关检察改革制度化内容尚未定型、制度细节尚不清晰难以作为编写依据的,均按照现行制度规定进行编写。对尚无全国定型化制度性规范的主任检察官办案责任制改革,丛书仍然按照现行检察执法的职权层级进行岗位权能的划分。一俟主任检察官办案责任制度在全国施行、主任检察官行使原来职权层级中部门负责人直至分管副检察长的部分职权时,则只要将丛书中相关分管副检察长和部门负责人的相关操作规程划归主任检察官行使即可。

丛书不包括检察执法人员所从事的非执法工作和检察机关的非执法岗位,比如检察长(包括分管副检察长)所承担的对检察机关党的建设、队伍建设、综合调研、计划财务装备的领导工作;又如检察机关部门负责人所承担的部门党支部书记和考勤考绩等工作;再如执法办理人员承担的支部委员工作或工会小组长工作之类;非执法岗位如综合秘书岗位、人事培训岗位、宣传公关岗位、理论研究岗位、财务后勤岗位之类,也都不在丛书规范的范围之内。

三、丛书体例和基本结构

丛书将全部检察执法岗位划分为执法领导、执法管理、执法办理(其中又分为主办办理、协办办理和辅助办理)三类,各自具有共同的和不同的岗位操作规程。丛书分为12个分册,各分册单独成书,共有1个通用分册为各类执法岗位共同的操作规程、11个专用分册为各类不同执法岗位的专用操作规程。12个分册均冠以"检察执法岗位操作规程指导丛书"之名,第1分册为《检察执法岗位通用操作规程》、第2分册为《检察执法领导和管理岗位专用操作规程》、第3分册为《侦查监督岗位专用操作规程》、第4分册为《公诉岗位专用操作规程》、第5分册为《职务犯罪侦查岗位专用操作规程》、第6分册为《刑事执行检察岗位专用操作规程》、第7分册为《民事行政检察岗位专用操作规程》、第8分册为《控告申诉检察岗位专用操作规程》、第 9 分册为《检察技术岗位专用操作规程》、第 10 分册为《司法警察岗位专用操作规程》、第 11 分册为《职务犯罪预防岗位专用操作规程》、第 12 分册为《检察执法内部监督岗位专用操作规程》，全书共约 440 余万字。

丛书各分册一般分为概述和操作规程两大部分，以章、节为基本叙述结构。概述部分按照章、节、一、（一）的层次叙述，对该分册的一般内容进行概述性介绍。操作规程是丛书各分册的主体，为表述简洁和便于引用，每个操作规程的叙述结构都按照 1.、1.1、1.1.1 或者 1.1（1）、1.1.1（1）的层次叙述。操作规程的一般结构为：定义（指操作规程所规范客体的基本含义）、操作主体（指谁来操作，包括决定、指挥、管理、指导、执行、协助、协作的主体等）；操作对象（指对谁操作，包括组织、个人、事项等）；操作时间（指何时操作，包括起止和持续时间、操作期限等）；操作地点（指何处操作，包括法定地点、自定地点、特定场所等）；操作内容（指操作什么，包括涉事范围、案件事件、事项事务、行事标准、原则准则等，同时还包括操作内容的重点等）；操作形式（指操作程序和程式，包括次序与层次、步骤与进度、流程与节点、预备与实施、开始与持续、结束与善后等）；操作方法（指如何操作，包括门路、套路、办法、方式、形式、模式、规则、要领、路径等，操作的技巧、窍门、谋略等选择性纳入）；操作禁忌（指禁止操作的内容和形式）。

为避免重复，一是在第一分册即通用分册中已有的内容，其他专用分册原则上不再纳入。如讯问操作规程涉及侦查监督、公诉、职务犯罪侦查、刑事执行检察以至控告申诉检察、检察技术、内部执法监督等分册，只在通用分册进行规定。但因职务犯罪侦查讯问和公诉出庭庭审讯问有特殊要求，则在相应分册另作规定。二是对某专用分册中涉及到其他专用分册的内容也不重复规定。如刑事执行检察中的侦查监督、公诉、职务犯罪侦查岗位的操作规程，只需要按照侦查监督、公诉、职务犯罪侦查等专用分册的专门规定操作即可，在该分册中不再规定。

四、编写人员和编写责任

丛书编写人员为湖南省三级检察机关的检察人员，共211人。编写主体由省、市、县三级检察院的相关业务骨干组成，12个分册编写组的骨干以省检察院和部分市州院、基层院的检察长、副检察长、检察委员会专职委员及其相关部门负责人为主。丛书统筹组、各分册编写组正副组长由丛书编委会主任审定，各分册编写组编写人员经丛书主编同意，各分册统稿人和检察业务审稿人由各分册编写组决定。编写人员不脱离本职工作，在本职工作之余从事编写工作。由于编写时间较长，参与编写人员的工作单位（部门）和工作职务发生了诸多变化，为使前后一致和表述简洁，署名时一般按照开始参加编写时的单位（部门）和职务。

全部书稿的初稿出自相关编写人员，编写人员对其所编写内容的规范性、完整性负责。各分册编写组组长、副组长组织本分册的编写并对本分册初稿的内容和形式最后把关；各分册编写组检察业务审稿人员负责本分册内容所涉检察业务和操作规程的规范性、完整性审查，统稿人负责本分册内容、体例一致性和协调性审查。各分册编写人员及其编写分工，均在各分册扉页和后记中注明。

丛书正副主编和统筹组全体人员在负责对丛书编写工作进行统筹组织、协调指导的同时，负责对全部书稿提出修改意见：丛书统筹组成员阮艳主要负责全部书稿中操作规程及其内容完整性的审查，阮洪伟主要负责全部书稿的法律法规和规章制度准确性、完整性审查，统筹组副组长路启龙主要负责丛书各分册关系协调和语言、文风统一的审查；统筹组组长何旭光负责对统筹组意见进行综合，提出统筹组对丛书初稿的审查意见；副主编徐百坚负责对丛书初稿进行全面审读和修改，主编薛献斌负责提出丛书框架和编写方案，组织操作规程样本和编写工作规范编制，并负责对丛书初稿进行审稿、修改和定稿。全部书稿最后经编委会主任游劝荣审定。

最高人民检察院案件管理办公室各位负责同志、中国检察出版社安斌副总编辑、马力珍主任对丛书编写工作进行了精心指导，收集了专家学者的论著、论文并从全国各级检察机关、公安机关、审判机关等收集了一些工作制度、管理制度、工作经验、典型案例作为参考（以附录之名置于各分册之后），湖南省各市县检察院党组和检察长给予了有力支持，省院和相关市、县检察院进行试用对丛书的完成和效用的检验提供了支撑，这些都为丛书的编写完成提供了良好的条件。在此，特表示诚挚的敬意和由衷的感谢！

由于编写人员政治水平和专业水平所限，又是从事的一项从未做过的工作；也由于编写工作是在编写人员不影响本职工作的情况下进行的，编写时间紧与工作任务重的矛盾突出，虽有各级检察院检察长大力支持，也难免力所不逮；还由于在前期研究和整个编写过程中未能在法律法规、政策制度和书刊、报纸、网络等媒介中收集到同类型系统性信息，难以找到现成参照；特别是编写工作必须对海量的现行法律制度中没有明文规定，而执法实务中又长期存在和普遍应用的岗位执法操作细节进行概括形成制度性文本，并努力使概括出的操作规程具有规范性、完整性，困难更是超乎想象。囿于编写者的能力和编写条件，一孔之见、一隅之得难免狭隘。所以，书中的错漏和不足在所难免，特向读者表示歉意。

真诚欢迎全国检察系统各位同事、政法实务界和法学界的各位专家学者提出批评、意见和建议，以促使这套丛书能够不断改进而完善。对丛书的意见，请发至以下电子信箱：jczxxb@163.com。

《检察执法岗位操作规程指导丛书》编写委员会
2015 年 12 月 18 日

目　　录

序　言 ……………………………………………………………… 1

丛书编写说明 …………………………………………………… 1

第一章　民事行政检察岗位操作规程概述 ………………… 1

　第一节　民事行政检察基本职能 ………………………… 1

　　一、概述 ……………………………………………… 1

　　二、民事行政检察职能的内容 ……………………… 4

　　三、履行民事行政检察职能的基本方式 …………… 10

　第二节　民事行政检察基本办案流程 …………………… 14

　　一、概念 ……………………………………………… 14

　　二、受理 ……………………………………………… 15

　　三、审查 ……………………………………………… 17

　　四、结案 ……………………………………………… 19

　　五、后续监督 ………………………………………… 21

　第三节　民事行政检察岗位及操作规程 ………………… 23

　　一、民事行政检察岗位概述 ………………………… 23

　　二、民事行政检察岗位类型 ………………………… 25

　　三、民事行政检察岗位操作规程 …………………… 29

第二章　一般操作规程 ……………………………………… 35

　第一节　受理类操作规程 ………………………………… 35

　　一、案件管辖操作规程 ……………………………… 35

　　二、依职权监督案件启动操作规程 ………………… 37

三、案件材料接收和登记操作规程 …………………… 41

第二节 审查类操作规程 …………………………… 45
  一、回避操作规程 ………………………………… 45
  二、交办、转办操作规程 ………………………… 47
  三、调卷操作规程 ………………………………… 50
  四、调查核实操作规程 …………………………… 52
  五、听证操作规程 ………………………………… 62
  六、听取当事人意见操作规程 …………………… 66
  七、中止审查操作规程 …………………………… 72
  八、终结审查操作规程 …………………………… 75
  九、延长审查期限操作规程 ……………………… 80
  十、集体讨论案件操作规程 ……………………… 82

第三节 其他类操作规程 …………………………… 86
  一、司法建议处理操作规程 ……………………… 86
  二、案件请示操作规程 …………………………… 91
  三、法律文书发送操作规程 ……………………… 96
  四、案卷归档操作规程 …………………………… 99

第三章 审判结果监督操作规程 …………………… 109

第一节 卷宗材料审查类操作规程 ………………… 109
  一、申请监督材料审查操作规程 ………………… 109
  二、审判卷宗审查操作规程 ……………………… 113

第二节 审查终结类操作规程 ……………………… 141
  一、案件审结操作规程 …………………………… 141
  二、审查终结报告制作与审批操作规程 ………… 145
  三、结案法律文书制作与审批操作规程 ………… 150
  四、和解操作规程 ………………………………… 156
  五、息诉操作规程 ………………………………… 158

第三节 出席再审法庭类操作规程 ………………… 160
  一、指令（派员）出席再审法庭操作规程 ……… 160

　　二、促审促判操作规程 ························· 160

　　三、再审庭审监督操作规程 ····················· 161

第四章　诉讼违法行为监督操作规程 ··············· 162

　第一节　审判程序违法情形监督类操作规程 ········· 162

　　一、民事审判程序违法情形监督启动操作规程 ········· 162

　　二、民事审判程序违法情形监督审查操作规程 ········· 165

　　三、民事审判程序违法情形监督结案操作规程 ········· 169

　第二节　司法人员违法行为监督类操作规程 ········· 170

　　一、监督启动操作规程 ······················· 171

　　二、监督实施操作规程 ······················· 173

　　三、监督终结操作规程 ······················· 174

　　四、监督决定操作规程 ······················· 175

　　五、监督决定异议答复操作规程 ················· 177

　　六、监督决定督促履行操作规程 ················· 178

　第三节　民事执行检察类操作规程 ··············· 179

　　一、执行监督启动操作规程 ····················· 179

　　二、执行监督审查操作规程 ····················· 180

　　三、执行监督结案操作规程 ····················· 207

第五章　行政执法监督与督促、支持起诉操作规程 ····· 209

　第一节　行政执法监督类操作规程 ··············· 209

　　一、督促履职操作规程 ······················· 209

　　二、与行政诉讼相关行为监督操作规程 ············· 213

　第二节　督促、支持起诉类操作规程 ············· 216

　　一、督促起诉操作规程 ······················· 216

　　二、支持起诉操作规程 ······················· 221

参考资料 ································· 228

后　记 ································· 230

第一章 民事行政检察岗位
操作规程概述

第一节 民事行政检察基本职能

一、概述

民事行政检察是人民检察院依据国家法律规定,对民事诉讼和行政诉讼进行法律监督,维护民事行政司法公正和司法权威,维护国家利益、社会公共利益,维护公民、法人和其他组织合法权益,保障民事法律和行政法律统一正确实施的活动与制度。民事行政检察属于人民检察院法律监督职能的有机组成部分,包括民事检察监督和行政检察监督两个方面的内容。把握民事行政检察职能,应当注意以下几个方面:

第一,民事行政检察监督在性质上是对公权力的监督。我国宪法规定,人民检察院是国家法律监督机关。根据宪法的定位,民事诉讼法和行政诉讼法明确规定人民检察院对民事诉讼和行政诉讼实行法律监督。曹建明检察长在第二次民事行政检察工作会议上明确指出,民行检察监督作为检察机关法律监督的重要组成部分,在性质上是对公权力的监督。在民事诉讼中,公权力指的就是人民法院在民事诉讼中行使的审判权和执行权。因此,民事诉讼中当事人的行为,除涉嫌违法犯罪应当依法追究刑事责任外,不属于人民检察院民事诉讼监督范围。在行政诉讼中,人民法院的审判权和执行权当然属于人民检察院监督范围,除此之外,作为行政诉讼中当事人之一——行政机关,由于其参加诉讼的行为同样属于职务行为,也属于公权力运行范围,因此,在行政诉讼中,人民检察院除了对人民法院的审判权和执行权进行监督之外,对于行政机关及其工作人员的职务行为同样具有监督职责。对此，全国第二次民事行政检察会议亦明确指出，检察机关既要认真履行监督职责，该抗诉的依法抗诉，又要注意发现政府在行政行为中存在的问题，并对行政机关工作人员在执法中的失职渎职和侵权行为加强监督。正确把握民事行政检察监督的公权力监督性质，是正确界定民事行政检察监督范围、监督对象的前提，也是正确处理既依法履行民事行政检察监督职能，又科学遵循民事、行政诉讼规律的关系，特别是准确把握民事诉讼与行政诉讼不同的诉讼规律下不同的检察监督职能，从而有效实现民事行政检察监督目标的基础。

第二，民事行政检察职能主要是民事诉讼和行政诉讼监督。检察监督作为法律监督，其最基本的要求就是必须依法监督：监督依据必须是宪法和法律；监督对象必须由法律明确规定；监督程序必须严格按照法律设定的程序进行；监督方式和手段均需要有明确的法律依据；监督效力同样也由法律予以明确。民事行政检察监督属于检察监督的组成部分，同样须遵守检察监督的基本要求。在我国现行法律体系中，民事诉讼法不仅在总则中规定了民事诉讼检察监督原则，更在分则中具体规定了民事检察监督的程序、方式、条件、效力等。行政诉讼法也既在总则中规定了行政诉讼检察监督原则，又在分则中具体规定了抗诉制度。除民事诉讼法和行政诉讼法外，有关的民事实体法、行政实体法、行政程序法等，也是民事行政检察职能履行过程中应当依照和适用的法律。当然，在我国现行法律体系中，民事诉讼法和行政诉讼法是检察机关民事行政检察职能最直接和最主要的法律依据，对民事诉讼和行政诉讼进行监督也就成为民事行政检察职能的最基本和最主要的部分。

第三，民事行政检察职能的基本实现途径是按照法律规定办理民事行政检察案件。民事行政检察作为一种法律监督类型，与一般的社会监督、舆论监督、新闻媒体监督、纪检监督、人大监督等其他类型的监督相比，具有显著的区别，其中最直观的就是在实现方式上，要求由人民检察院严格按照法律规定办理各类民事行政检察案件。不同类型的民事行政检察案件，包括生效判决、裁定、调解书监督，执行监督，审判程序违法监督，司法人员违法行为监督，以及支持起诉、督促履行职责等，各自具有不同的监督条件，其受理、审查、处理等，均应遵守不同的操作规程。只有按照法律规定的程序、条件，通过办理民事行政检察案件，提出民事行政检察意见或建议，启动相应的诉讼程序或者其他监督程序，才能产生民事行政检察监督效力，民事行政检察职能才能有效实现。

第四，民事行政检察职能的根本目标是维护司法公正和司法权威。司法公正是司法工作的首要价值追求，是司法工作的生命所在。司法权威是司法公正的结果与保障，没有司法公正就没有真正的司法权威；没有司法权威，司法公正也难以保障。无论人民法院的审判工作，还是人民检察院的检察监督工作，都要自觉服从和服务于维护司法公正和司法权威这一目标。民事行政检察的主要职能是民事诉讼和行政诉讼监督，具体来讲，是通过对符合法律规定的再审情形的民事行政生效判决、裁定、调解书提出抗诉或者再审检察建议，对违法的执行活动和审判程序提出检察建议，对审判、执行人员在诉讼中的渎职违法行为提出检察建议等，使民事行政诉讼中的实体与程序违法问题得以纠正，使相关司法人员的违法行为得到监督。显然，这种监督以矫正司法不公正为直接追求，其实质就是为了维护司法公正。而且，对于各种不符合法律规定监督条件的申请，人民检察院需要依法作出不支持监督申请决定，支持依法作出的公正的司法裁判，有效维护司法权威。需要强调的是，我国的司法机关包括审判机关与检察机关，司法权威也包括审判权威与检察监督权威。民事行政检察职能的实施，无论是否支持监督申请，都是检察机关依法作出的监督决定，其本身体现着检察监督权威，也促进和维护了审判权威。应当说，民事行政检察职能，以诉讼监督为着力点，以司法公正为目标，以事实为根据，以法律为准绳，通过提出监督意见与作出不支持监督决定，实现了维护司法公正与司法权威目标的有机统一。

第五，民事行政检察职能的根本任务是保障民事法律和行政法律统一正确实施。根据我国宪政制度安排，人民检察院是人民代表大会制度下的法律监督机关，对宪法和法律的实施进行法律监督，维护宪法和法律的统一正确实施是检察机关的宪法使命。民事行政检察职能是检察机关宪法使命在民事法律和行政法律领域的具体化。民事、行政法律体系庞杂，内容博大精深，"司法机关将法律运用到具体的矛盾纠纷处理和评判中，由于受到法律的概括性、社会价值的多元化、裁判者的认知能力和价值倾向等因素的影响，法律的统一正确适用和实施在司法实践中会出现偏差"。如果说这种偏差尚具有一定的合理性的话，那司法实践中由于认识错误、地方保护、非法干预，甚至司法人员的贪污受贿、徇私舞弊、枉法裁判等违法犯罪而引起的认定事实错误、适用法律错误、诉讼程序违法等问题，则属于严重破坏民事行政法律统一和正确实施的情形。民事行政检察就是在人民法院适用民事、行政实体法与程序法的环节，对这些问题提出监督意见，纠正违法，使民事法律和行政法律回到统一正确实施的轨道上来。在这一过程中，错误的裁判、调解得到纠正，违法的程序得以恢复，失范的公权力运行得到规制，国家利益、社会公共利益以及当事人的合法权益，也随之得到依法维护。

二、民事行政检察职能的内容

（一）民事检察职能的内容

民事检察职能主要是指人民检察院根据《中华人民共和国民事诉讼法》（以下简称《民事诉讼法》）的规定所履行的检察职能。《民事诉讼法》第十二条规定，人民检察院对民事诉讼活动实施法律监督。这确立了我国民事诉讼的检察监督原则，也确立了检察机关在民事诉讼中全面监督、全程监督的基本定位。围绕这一基本原则，《民事诉讼法》在分则中对民事检察监督进行了具体规定，包括：民事诉讼结果监督，民事审判程序监督，民事执行监督，民事诉讼司法人员违法行为监督，以及支持起诉。

1. 民事诉讼结果监督

民事诉讼结果监督主要是指对人民法院已经发生法律效力的判决、裁定、调解书进行的监督。根据《民事诉讼法》的规定，人民检察院发现已经发生法律效力的判决、裁定符合法定再审情形，或者发现调解书损害国家利益、社会公共利益的，应当依法进行监督。对此应当注意：一是判决包括人民法院在民事案件和非讼案件审理程序终结时对案件实体问题作出的权威性判定。对于民事案件的判决，一般适用两审终审制，一审判决属于可以上诉的判决。但依特别程序审理的案件，实行一审终审，属于不可以上诉的判决。人民检察院对生效判决进行监督，应当是已经发生法律效力的判决。二是裁定是人民法院对民事诉讼和执行程序中的程序问题以及个别实体问题所作出的权威性判定。但此处作为诉讼结果的裁定主要是指民事诉讼中所作出的裁定，而不含执行中的裁定。三是调解书是指在人民法院的主持下，双方当事人就民事权益争议达成协议、解决纠纷，再由人民法院出具的调解书。调解书必须经双方当事人签收才发生法律效力。而且，根据《人民检察院民事诉讼监督规则（试行）》（以下简称《民事诉讼监督规则》），作为诉讼结果监督的调解书，即人民检察院可以提出抗诉或者再审检察建议进行监督的调解书，应当是损害国家利益与社会公共利益的调解书。

2. 民事执行监督

执行是否属于民事检察监督范围，民事诉讼法修改以前，检、法两院一直认识不一。修改后的《民事诉讼法》第二百三十五条规定，人民检察院有权对民事执行活动实行法律监督。这是民事诉讼法在总则中确认人民检察院对民事诉讼进行法律监督的原则后，在分则执行程序编的一般规定中再次明确人民检察院对执行活动实行法律监督。对此，可以从以下几个方面把握：一是对人民法院的民事执行活动进行监督，是人民检察院的法定职责。二是执行监督范围涵盖人民法院行使执行权的全部活动。执行权是人民法院依法采取执行措施以及对执行异议、复议、申诉等事项进行审查的权力，包括执行实施权和执行审查权。其中，执行实施权的范围主要是财产调查、控制、处分、交付和分配以及罚款、拘留措施等实施事项。执行审查权的范围则主要是审查和处理执行异议、复议、申诉以及决定执行管辖权的移置等审查事项。三是监督纠正违法执行行为与支持人民法院依法执行是统一的，在执行监督中既要注意发现违法执行提出监督意见，也要注意依法保障人民法院合法执行，对于合法的执行审查与实施行为予以支持，对于发现的影响执行的违法犯罪线索依法进行处理。

3. 民事审判程序违法情形监督

《民事诉讼法》第二百零八条第三款规定，各级人民检察院对审判监督程序以外的其他审判程序中审判人员的违法行为，有权向同级人民法院提出检察建议。《民事诉讼法》的这一规定，实际上赋予检察机关对人民法院的审判程序和审判程序中审判人员违法行为两个层面的监督职责。此处所称的审判程序违法情形监督，就是指的第一个层面。对此，可以从以下几个方面理解：一是审判程序是相对于执行程序而言的，《民事诉讼法》除执行程序编以外的其他编章中所规定的程序，包括审判程序、涉外程序，以及总则中为辅助审判而规定相关程序，均属于审判程序监督范围。本条规定的"审判监督程序以外"，应当理解为是对审判监督以外的其他审判程序的强调，而不是在范围上将审判监督程序排除在外。二是审判程序违法，是指人民法院在审判程序中的审判活动违反法律法规、司法解释、有关管理规范，违法的主体是人民法院而不包括审判人员。三是审判程序违法情形监督属于审判过程监督，是案件正在审理过程中出现违法情形时进行的监督，这种监督同样属于事后监督，即违法情形业已确定的监督。人民检察院开展审判程序违法情形监督，不得影响人民法院正常的审判活动，更不是以监督名义参与审判过程。

4. 民事审判人员违法行为监督

民事审判人员违法行为监督就是上述《民事诉讼法》第二百零八条第三款规定的第二个层面的监督，其与审判程序违法情形监督的区别就在于其鲜明的对人监督的属性。民事行政检察是否包括对司法人员开展违法行为监督，在民事检察制度中几经变迁。1998 年以前，民事诉讼法和最高人民检察院没有作出明确规定，民事行政检察实践中根据《民事诉讼法》（1991 年）第四十四条第三款的规定办理了部分审判人员贪污受贿、徇私舞弊、枉法裁判的案件（有的称之为"443"案件），并且呈现逐步强化的趋势。1998 年，最高人民检察院规定侦查归口侦查部门后，民事行政检察部门不再行使职务犯罪侦查权。2004 年 9 月《最高人民检察院关于调整人民检察院直接受理案件侦查分工的通知》，明确民事行政检察部门对办案中发现的审判人员职务犯罪线索具有初查权，涉嫌犯罪的具有侦查权，重大、复杂或者跨地区犯罪案件，要注重与反贪部门或者反渎部门配合，形成职务犯罪查处合力。2009 年 7 月，《最高人民检察院关于完善抗诉工作与职务犯罪侦查工作内部监督制约机制的规定》，明确规定负责抗诉工作的部门不承办职务犯罪侦查工作，取消了民事行政检察部门的侦查权，要求民事行政检察部门在办案过程中发现职务犯罪线索的，及时移送职务犯罪侦查部门办理，并向举报中心通报。2010 年 10 月，"两高三部"《关于对司法工作人员在诉讼活动中的渎职行为加强法律监督的若干规定（试行）》，明确规定检察机关负责对司法工作人员渎职行为进行调查，而且明确渎职犯罪侦查和对诉讼活动的其他法律监督分别由不同部门和人员办理，这就赋予了民事行政检察部门对民事行政诉讼中司法人员的渎职行为进行监督的职能。修改后的《民事诉讼法》再次明确人民检察院对审判程序中审判人员的违法行为进行监督。至此，立法正式确认民事检察对审判程序中审判人员违法行为的监督职能。

5. 支持起诉

《民事诉讼法》第十五条规定，机关、社会团体、企业事业单位对损害国家、集体或者个人民事权益的行为，可以支持受损害的单位和个人向人民法院起诉。根据这一规定，按照最高人民检察院的工作部署，近年来全国各地检察机关为了更好地保护国家利益和社会公共利益，探索性开展了支持原告向人民法院提起民事诉讼工作。从实践来看，支持起诉工作主要是各地基层人民检察院开展，案件类型主要涉及国家利益受损、国有资产流失、环境污染、产品质量缺陷可能造成不特定多数人人身财产损害、垄断经营等侵害众多消费者和其他经营者合法权益以及劳动争议、人身损害赔偿纠纷中弱势群体利益需要特别保护并具有普遍社会意义等情形。2015 年 1 月 6 日公布并于次日起施行的《最高人民法院关于审理环境民事公益诉讼案件适用法律若干问题的解释》第十一条规定，检察机关依据《民事诉讼法》第十五条的规定，可以通过提供法律咨询、提交书面意见、协助调查取证等方式支持社会组织依法提起环境民事公益诉讼。这是最高人民法院首次以司法解释的形式正式确认人民法院应当依法处理检察机关提出的支持起诉案件，标志着我国的支持起诉制度将首先从环境公益诉讼案件中全面进入司法实践，也意味着检察机关一直探索开展的支持起诉制度获得了司法解释层面的正式确认。

（二）行政检察职能内容

行政检察职能，是指人民检察院根据《中华人民共和国行政诉讼法》（以下简称《行政诉讼法》）和有关行政管理方面的法律法规、中央政策要求履行的检察职能。从司法实践来看，主要包括以下具体类型：行政诉讼监督；与行政诉讼相关行为监督；督促履行职责。

1. 行政诉讼监督

《行政诉讼法》第十条规定："人民检察院有权对行政诉讼实行法律监督。"该法第六十四条规定了人民检察院对违反法律、法规规定的已经发生法律效力的判决、裁定，有权按照审判监督程序提出抗诉。我国行政诉讼法是在总结民事诉讼审判实践的基础上制定而成的，其很多制度设计系参照民事诉讼制度而来。正因为这样，《最高人民法院关于执行〈中华人民共和国行政诉讼法〉若干问题的解释》第九十七条规定："人民法院审理行政案件，除依照行政诉讼法和本解释外，可以参照民事诉讼法的有关规定。"在将民事行政检察定位为对人民法院的民事、行政诉讼活动监督的视角下，行政检察与民事检察的相似之处是非常广泛的，也正因为这样，检察机关将民事检察与行政检察合而为一，在机构上称之为民事行政检察厅（处、科），最高人民检察院 2001年制定的民事行政检察办案规则称之为《人民检察院民事行政抗诉案件办案规则》。因此，虽然《行政诉讼法》分则中仅仅规定了对发生法律效力的行政判决、裁定的抗诉监督，但根据《行政诉讼法》第十条关于人民检察院对行政诉讼进行监督的基本原则，结合人民法院在行政诉讼与在民事诉讼中可以相互参照的职能，人民检察院在行政诉讼中对人民法院诉讼活动的监督职能与在民事诉讼中对人民法院的监督职能大体上是一致的，同样包括对行政诉讼结果的监督、对行政裁判执行以及非诉执行的监督、对行政审判程序违法情形的监督、对行政审判中审判人员违法行为的监督。当然，行政诉讼与民事诉讼相比无疑具有其特殊性，有其自身的独特规律，这也是检察实践中需要进一步研究对行政判决裁定的监督条件，细化监督标准，提高监督质量，进一步积极稳妥探索对行政审判人员违法行为和对行政执行活动的监督的原因所在。但这并不妨碍行政诉讼监督职能在类型上与民事诉讼监督职能的相似性。

2. 与行政诉讼相关的行政机关的行为的监督

行政诉讼的一个重要特征是其中的被告总是行政机关，被诉的行政行为是作为被告的行政机关履行法律赋予的行政权进行行政管理的行为。在行政诉讼中，行政机关及其法定代表人的诉讼行为亦不是其个人行为，而属于职务行为。也就是说，在行政诉讼中，引起行政诉讼的行政行为是一种职务行为，行政机关参加行政诉讼的行为同样是一种职务行为。从司法实践看，行政机关由于手里握有强大的行政权，在行政诉讼中往往存在不严格遵守诉讼规则，不依法履行诉讼义务，甚至还以不同的方式影响、干扰行政诉讼依法进行的行为。正如德国法学家沃尔夫甘所说，"行政侵犯司法，特别是侵犯法官的独立，在任何时代都是一个问题"。特别在我国目前的政治制度下，由于法院的人、财、物都受同级政府制约与管理，行政权对司法的影响也就更加容易而有效。反观审判权，由于其天然的被动性，其无法有效制约行政权依法运行、有效抵制行政权不当影响是显而易见的。检察机关作为国家法律监督机关，其监督对象是公权力的运行，其监督权具有主动性特点。在行政诉讼中，公权力的运行不仅包括人民法院的审判权、执行权，而且包括作为被告的行政机关的诉讼行为。因此，行政检察职能不仅包括对人民法院审判权、执行权的监督，而且应当包括对行政机关涉诉的行政行为以及在诉讼中的职务行为的监督。这既是检察监督权监督公权力的性质使然，也是减少和避免行政权对审判权的非法和不当影响的需要。2011年，最高人民法院、最高人民检察院《关于对民事审判活动与行政诉讼实行法律监督的若干意见（试行）》第十一条规定："人民检察院办理行政申诉案件，发现行政机关有违反法律规定、可能影响人民法院公正审理的行为，应当向行政机关提出检察建议，并将相关情况告知人民法院。"这一规定既是对检察机关在行政诉讼中对与行政诉讼相关的行政权运行进行监督的一种明确规定，也集中体现了这种监督的现实性与必要性。

3. 督促履行职责

督促履行职责是指人民检察院对于行政机关没有依法履行职责，致使国家利益、社会公共利益遭受侵害或者有受侵害的危险时，向行政机关提出检察意见督促其依法履行职责以保护国家利益和社会公共利益的监督职能。人民检察院督促行政机关履行职责的根本依据是检察机关属于国家法律监督机关、法律监督的性质是公权力监督以及行政机关履行职责的行为属于公权力运行。《中华人民共和国人民警察法》和《中华人民共和国治安管理处罚法》明确规定了人民警察执行职务，依法接受人民检察院的监督，对人民警察的违法、违纪行为，单位和个人有权向人民检察院检举、控告。因此，检察机关就行政机关履行职责进行监督、提出监督意见，不仅符合宪法对检察机关的法律监督定位，同时在部分法律中也有明确规定。特别在党的十八大以后，加强对权力运行的制约和监督，把权力关进制度的笼子成为时代要求，依法治国、建设法治政府的时代主题进一步凸显。如何在新的形势下，立足岗位，发挥法律监督职能，更好地服务社会发展大局，也成为检察机关适应社会发展需要的时代课题。对此，2013 年，最高人民检察院《关于深入推进民事行政检察工作科学发展的意见》第十四条规定："在履行民事行政检察职责过程中，发现有关机关存在不依法履行职责的情形，可以提出检察建议，促进依法行政和社会管理创新。"在 2014 年民事行政检察工作要点中进一步明确，要"积极探索对行政行为实施法律监督的途径和方式，充分发挥检察机关在法治政府建设中的积极作用，推动行政机关依法行政"，要对督促履行职责工作开展深入调研，明确案件范围、适用对象、工作程序和效果等问题，积极稳妥探索对诉讼外行政违法行为监督，着重研究行政诉讼监督与对行政机关及其工作人员违法行为监督的关系，发挥行政检察工作在服务经济社会发展、加强社会管理创新中的积极作用，促使行政机关依法履行职责。党的十八届四中全会所作出的《中共中央关于全面推进依法治国若干重大问题的决定》，作为新时期党和国家全面推进依法治国方略的纲领性文件，更是进一步明确规定，"检察机关在履行职责中发现行政机关违法行使职权或者不行使职权的行为，应该督促其纠正"。按照这一精神，2015 年 1 月 29 日出台的《最高人民检察院关于贯彻落实〈中共中央关于全面推进依法治国若干重大问题的决定〉的意见》明确要求，要"建立对履行职责中发现的违法行为的监督纠正制度"、"建立对涉及公民人身、财产权益行政强制措施的法律监督制度"。最高人民检察院民行厅在2015年工作要点中，亦明确要求"探索行政违法行为的检察监督"、"探索行政强制措施的检察监督"，"要制定探索行政违法行为监督、行政强制措施监督……的工作方案"，要"加强理论研究，在吸纳各地经验的基础上制定指导意见，规范行政违法行为监督、行政强制措施监督……加强调查研究，注重收集整理探索中的典型案例和相关材料，为行政程序法、行政监督法和人民检察院组织法等法律的修改做好准备"。

需要指出的是，对于督促履行职责案件，根据案件性质，受到或者可能受到侵害的国家利益、社会公共利益，可以通过民事诉讼方式进行救济，人民检察院可以督促相关部门提起民事诉讼，维护国家利益与社会公共利益。

三、履行民事行政检察职能的基本方式

（一）抗诉

《民事诉讼法》第二百零八条和《行政诉讼法》第六十四条，规定了人民检察院可以通过抗诉对发生法律效力的民事行政判决、裁定、调解书进行监督，这是检察机关履行民事行政检察职能的一项基本方式。准确理解抗诉的监督方式，应当注意以下几个方面：

一是抗诉机关。根据民事诉讼法的规定，最高人民检察院可以对各级人民法院符合条件的判决、裁定、调解书提出抗诉，上级人民检察院可以对下级人民法院符合条件的判决、裁定、调解书提出抗诉。按照这一规定，地方各级人民检察院不得对同级人民法院的判决、裁定、调解书向同级人民法院提出抗诉，基层县、市（区）人民检察院没有抗诉权。地方各级人民检察院认为同级人民法院的判决、裁定、调解书符合抗诉条件的，可以提请上级人民检察院提出抗诉。同时，抗诉机关应当向其同级人民法院提出抗诉，不得向上级人民法院提出抗诉。

二是抗诉范围。抗诉应当是针对已经发生法律效力的判决、裁定以及损害国家利益、社会公共利益的调解书。没有发生法律效力的判决、裁定或者调解书，不能通过抗诉的方式进行监督。此外，对于不适用再审程序的判决、裁

定，也不能通过抗诉的方式进行监督。

三是抗诉条件。抗诉应当符合法定条件，主要包括认定事实、适用法律和诉讼程序三个方面。就认定事实而言包括：有新证据，足以推翻原判决、裁定；原判决裁定认定的基本事实缺乏证据证明；原判决、裁定认定事实的主要证据是伪造的或者未经质证的；对审理案件需要的主要证据，当事人因客观原因不能自行收集，书面申请人民法院调查收集，人民法院未予调查收集；调解书损害国家利益或者社会公共利益。就适用法律而言，就是指适用法律错误。就诉讼程序而言，主要包括：审判组织的组成不合法或者依法应当回避的审判人员没有回避；无诉讼行为能力人未经法定代理人代为诉讼或者应当参加诉讼的当事人，因不能归责于本人或者其诉讼代理人的事由，未参加诉讼；违反法律规定，剥夺当事人辩论权利；未经传票传唤，缺席判决；原判决、裁定遗漏或者超出诉讼请求；据以作出原判决、裁定的法律文书被撤销或者变更；审判人员审理案件时有贪污受贿、徇私舞弊、枉法裁判行为的。

四是抗诉效力。抗诉效力包括两个方面：一是程序效力。《民事诉讼法》第二百一十一条规定，人民检察院提出抗诉的案件，接受抗诉的人民法院应当自收到抗诉书之日起三十日内作出再审的裁定。据此，接受抗诉的人民法院对抗诉没有受理审查权，应当在法定期限内裁定进入再审。二是再审范围效力。最高人民法院《关于适用〈中华人民共和国民事诉讼法〉审判监督程序若干问题的解释》第三十三条规定，人民法院应当在抗诉支持当事人请求的范围内审理再审案件。也就是说，人民检察院的抗诉范围决定了抗诉案件的再审范围。值得注意的是，上述司法解释虽然表述为"抗诉支持当事人的请求范围"，但这是就人民法院再审范围而言的，并不是说人民检察院的抗诉应当限定于当事人申请检察监督范围。实际上，《民事诉讼监督规则》明确规定："人民检察院审查民事诉讼监督案件，应当围绕申请人的申请监督请求以及发现的其他情形，对人民法院民事诉讼活动是否合法进行审查。"

五是提请抗诉属于检察机关内部流程。提请抗诉虽然也是一种案件审查终结方式，但只是检察机关办理诉讼结果监督案件的一项内部流程，是提请抗诉的人民检察院提请上级人民检察院提出抗诉的中间环节，不具有对外的法律效力。提请抗诉的案件，经上级人民检察院审查后，既可能作出抗诉的决定，也可能作出终结审查或者不支持监督申请的决定。

（二）再审检察建议

再审检察建议是指对于符合再审条件的民事行政判决、裁定和调解书，人民检察院建议人民法院再审的监督方式。理解这一监督方式，应当注意以下几个方面：

一是再审检察建议作为法定监督方式，是民事诉讼法对司法改革成果的确认。再审检察建议是民事行政检察实践中逐步发展起来的一种监督方式，最早见于 2001 年最高人民检察院制定的《人民检察院民事行政抗诉案件办案规则》。经过十年的探索实践，2011 年"两高"《关于对民事审判活动与行政诉讼实行法律监督的若干意见（试行）》，明确将再审检察建议规定为地方各级人民检察院对同级人民法院判决、裁定、调解书的监督方式。以此为基础，2012 年民事诉讼法修改，以民事诉讼基本法律的形式将再审检察建议确定为民事检察的法定监督方式。这是立法对司法改革成果的确认，是对再审检察建议制度所具有的同级监督、简化办案环节、节约办案资源的制度价值的确认。

二是再审检察建议是地方各级人民检察院适用的监督方式。最高人民检察院不适用再审检察建议监督方式。地方各级人民检察院认为同级人民法院已经发生法律效力的民事行政判决、裁定，以及损害国家利益或者社会公共利益的调解书，符合再审情形的，可以向同级人民法院提出检察建议。以再审检察建议的方式进行监督，应当经本院检察委员会决定。

三是再审检察建议与抗诉监督方式在适用范围上存在区别。基于认定事实和诉讼程序违法而进行的诉讼结果监督，可以适用再审检察建议方式进行监督，但如果已经发生法律效力的判决、裁定是经同级人民法院再审后作出的，或者是经同级人民法院审判委员会讨论作出的，或者审判人员审理案件时存在贪污受贿、徇私舞弊、枉法裁判行为的，以及原判决、裁定适用法律确有错误的，应当提请上级人民检察院抗诉。

四是再审检察建议与人民法院再审程序的衔接程序。在目前的民事行政诉讼法律规定条件下，人民检察院提出再审检察建议后，人民法院普遍采取的与之对接的审判监督程序是院长发现程序，即人民法院接收再审检察建议后，将之作为人民法院院长发现本院已经发生法律效力的判决、裁定、调解书符合再审情形的，提请本院审判委员会讨论决定是否再审。对于决定再审的，在再审裁判文书中载明人民检察院提出了再审检察建议；对于决定不再审的，依法回复提出再审检察建议的人民检察院。

（三）检察建议

检察建议是人民检察院在办理民事行政监督案件过程中，对于特定的违法情形或者问题，向涉案单位提出建议，由接受建议的单位依法处理的一种监督方式。

检察建议根据案件类型，可以区分为不同的类型：（1）纠正违法检察建议。检察机关在办理审判程序违法监督的案件中，经过审查认为人民法院的审判程序存在违法情形需要监督纠正时，可以提出检察建议，述明违法情形的理由和依据，建议人民法院依法纠正。（2）执行监督检察建议。检察机关在办理执行监督案件中，认为人民法院的执行活动违反法律规定，需要监督纠正的，可以依法提出检察建议，述明人民法院执行过程和情况，指出存在违法情形的理由和依据，建议人民法院依法纠正。（3）改进工作检察建议。人民检察院在办理案件过程中，发现人民法院对民事诉讼中同类问题适用法律不一致的，或者在多起案件中适用法律存在同类错误的，或者在多起案件中有相同违法行为的，或者有关单位的工作制度、管理方法、工作程序违法或者不当，需要改正、改进的，可以依法提出检察建议，述明检察机关查明的情况，指出该单位存在的问题与依据，再提出改进、改正的具体建议。

需要特别指出的是，根据《民事诉讼监督规则》，对于民事审判人员违法行为监督中需要提出检察建议的，适用纠正违法检察建议。执行人员的违法行为，则适用执行监督检察建议进行监督。而根据"两高三部"《关于对司法工作人员在诉讼活动中的渎职行为加强法律监督的若干规定（试行）》的规定，对于民事、行政审判、执行中司法人员的渎职行为，如果被调查人继续承办案件将严重影响正在进行的诉讼活动的公正性，且有关机关未更换办案人的，检察机关应当建议更换办案人。这样，从民事诉讼法的规定出发，协调以上两个司法文件，民事行政检察实践中，对于涉及司法人员渎职违法行为的监督，可以区分审判与执行两个阶段，将对司法人员个人责任追究的检察建议内容，分别归入纠正违法检察建议和执行监督检察建议。

对于检察建议的监督方式，还需注意的是检察建议方式实行同级监督原则，即对于人民法院审判程序违法和执行监督，人民检察院采取检察建议监督方式进行监督，监督案件应当由与被监督人民法院同级的人民检察院受理，办理该案件的人民检察院也应当向其同级的人民法院提出检察建议。

(四) 支持起诉书

支持起诉书是人民检察院在办理支持起诉案件中，对于符合支持起诉条件的案件，为阐明支持起诉的事实、理由和法律依据而出具的支持原告提起民事诉讼的法律意见书。

支持起诉书应当载明支持起诉机关，即办理支持起诉案件的人民检察院。在人民法院审理支持起诉案件中，支持起诉的人民检察院出席法庭，参加庭审。

对于审查后决定不支持起诉的，应当作出不支持起诉决定书。

(五) 督促履行职责检察建议书

督促履行职责检察建议书，是人民检察院在办理督促履行职责案件中，对于符合督促履行职责条件的案件，向被督促单位出具的、要求其依法履行行政管理职责、维护国家利益和社会公共利益的法律意见书。

督促履行职责检察建议书应当载明督促履行职责的人民检察院，并详细述明督促事项、被督促单位的行政管理职责、被督促单位没有依法履行行政管理职责的情况，再阐明督促履行职责的意见、依据。

对于审查后决定不予督促履行职责的，应当作出《不予督促履行职责决定书》。

第二节　民事行政检察基本办案流程

一、概念

民事行政检察办案流程，是指人民检察院依法办理民事行政监督案件中执法行为所经历的环节及顺序，是执法行为所遵循的执法程序在执法过程上的要求。不同的民事行政检察职能，对应着不同类型的民事行政检察案件，存在不同的执法办案标准，但从执法办案流程来看，却具有总体相同的一面。根据民事诉讼法、行政诉讼法、《民事诉讼监督规则》、《人民检察院民事行政抗诉案件办案规则》，以及"两高"《关于对民事审判活动与行政诉讼实行法律监督的若干意见（试行）》等法律、司法解释及规范性文件的规定，当前司法实践中的民事行政检察办案流程，总体上可以分为受理、审查、结案、后续监督四个主要办案流程。在每一个主要办案流程内，因为民事行政检察职能不同，民事行政检察案件类型不一样，甚至每一个具体案件由于案情的不同，具体的办案流程可能存在一定的区别，不能一概而论。

将办案流程区分为主要办案流程和具体办案流程，主要是有利于对民事行政检察执法办案流程进行整体把握和具体评价。主要办案流程，源于具体办案流程，可能包含或者可以再细分为若干个更具体的办案流程，因此是对具体办案流程的阶段性分类，具有一定的概括性和抽象性，主要是解决总体流程的共性问题，比如应当遵守的基本原则，应当注意的相关问题等。具体办案流程，则是具体案件所实际遵循的办案流程，对于每一个具体的民事行政检察案件，其执行的实际上都是具体的办案流程，当然也应当符合主要办案流程的要求。因此，主要办案流程与具体办案流程是抽象与具体的关系，是总体与部分的关系，二者结合才能更准确地把握民事行政检察执法办案流程。

二、受理

受理是案件进入监督的第一个环节，是启动检察监督的前提。案件受理作为一个主要办案流程，指的是检察机关对案件进行形式审查的办案环节。案件经过受理审查，符合条件的由检察机关受理，不符合条件的则不予受理。只有受理了的案件，检察机关才会对案件进行实质审查。

（一）基本原则

1. 受审分离原则

《民事诉讼监督规则》确立了民事诉讼监督案件实行受审分离原则，即案件受理、案件审查分别由检察机关不同的部门负责。民事行政检察部门是民事行政监督案件的办理部门，所以原则上民事行政检察部门不负责案件受理。实行受审分离原则，有利于增强检察机关内部各部门之间的相互制约，有效防止了一个部门同时负责受理和办理工作时，存在的选择性受理案件，或者以结案标准处理受理案件的弊端，也有效地确立了案件受理的形式审查标准，使案件受理与案件审查边界更加清晰。

2. 同级受理原则

同级受理是《民事诉讼监督规则》确立的又一项基本原则。按照该项原则，当事人向人民检察院申请检察建议或者抗诉，由作出生效民事判决、裁定、调解书的人民法院所在地同级人民检察院控告检察部门受理。当事人认为民事审判程序中审判人员存在违法行为或者民事执行活动存在违法情形，向人民检察院申请监督的，由审理、执行案件的人民法院所在地同级人民检察院控告检察部门受理。

3. 人民法院救济优先原则

《民事诉讼法》第二百零九条确立了当事人申请人民检察院对生效判决、裁定、调解书监督，应当先向人民法院申请再审的原则。《民事诉讼监督规则》则确立了当事人对审判程序和审判人员违法行为及民事执行活动违法申请监督，在法律规定可以提出异议、申请复议或者提起诉讼时，应当先向人民法院申请救济，否则人民检察院不予受理。

（二）受理部门

在确定民事检察部门作为民事监督案件的审查部门的原则下，按照受审分离的原则，《民事诉讼监督规则》针对不同类型的案件，分别规定了不同的案件受理部门：

一是控告部门受理。对于当事人申请监督的案件，不管是不服人民法院生效民事行政判决、裁定、调解书的案件，还是对审判程序违法情形、执行活动违法或者审判人员违法行为申请监督的案件，均由控告检察部门受理。而且，对于当事人控告审判人员违法的案件，同样按照当事人申请监督的案件处理，由控告检察部门受理。

二是案件管理部门受理。对于下级人民检察院提请监督的案件，同样包括对诉讼结果、审判程序违法、审判人员违法行为以及执行监督案件，均由案件管理部门受理。

三是民事行政检察部门受理，但需由案件管理部门登记受理。对于人民检察院依职权监督的案件，包括损害国家利益、社会公共利益的案件，审判人员、执行人员有贪污受贿、徇私舞弊、枉法裁判等行为的，以及人民检察院跟进监督的案件，由民事行政检察部门受理，但需到案件管理部门进行受理登记。

按照《民事诉讼监督规则》的规定，对于当事人申请支持起诉和申请督促行政机关履行职责的案件，应当由控告检察部门受理。人民检察院在办理案件中发现的应当依职权监督的督促履行职责案件，由民事行政检察部门受理，并到案件管理部门登记受理。

（三）受理结果

由于案件管理部门主要受理下级院提请监督案件，受理中一般不存在不予受理的问题，只是对于其中案件材料不符合规定的，应当要求补齐。民事行政检察部门受理的是依职权监督案件，不是当事人申请监督案件，实践中处理比较简单，由民事行政检察部门审查后直接作出处理决定即可。实践中，比较复杂的是当事人申请监督的案件，控告检察部门需要按照受理条件对案件进行形式审查后，根据不同情况对案件作出处理，案件流程也相应地继续延续或者终止：

一是对于符合受理条件的，应当作出受理决定，案件流程即进入审查环节。

二是属于人民检察院受理案件范围但不属于本院管辖的，应当告知申请人向有管辖权的人民检察院申请监督，此类案件本院没有受理，案件流程终止。

三是不属于人民检察院受理案件范围的，应当告知申请人向有关机关反映，此类案件本院没有受理，案件流程终止。

四是不符合受理条件，且申请人不撤回监督申请的，可以决定不予受理，此类案件本院没有受理，案件流程终止。

三、审查

审查是人民检察院在受理民事行政监督案件后，通过法定的监督手段与方法，对民事行政监督案件中人民法院或者有关行政机关的司法、执法行为是否符合法律规定进行调查核实的活动。

（一）基本原则

1. 依法审查

依法审查就是要求人民检察院在办理民事行政检察案件中，严格按照法律规定的期限、条件、程序和标准审查案件，依法采取审查措施，依法作出审查决定，依法保障当事人申请回避、知情权等诉讼权利。依法审查是规范审查的要求，是确保审查符合程序与实体规范的保障。所依据的"法"，是广义的法，包括国家制定的法律法规，也包括司法解释，以及司法实践中作出的各种规范执法办案的规范性文件。

2. 全面审查

全面审查是指人民检察院在审查当事人申请监督的案件中，审查范围不限于当事人申请监督的请求范围，而是应当对全案中人民法院或者行政机关的职务行为是否合法进行审查。贯彻全面审查原则，是民事行政检察公权力监督属性的要求与体现，即诉讼监督中，要求对人民法院的全部审判与执行活动是否合法进行监督；在督促履行职责案件中，应当对案件涉及的行政机关的全部执法行为是否合法进行监督。

3. 公开审查

公开审查要求人民检察院在审查案件中应当依法公开案件办理信息，包括承办人员的姓名、法律职务，办案进展，案件办理结果、理由、依据。

4. 客观审查

客观审查要求人民检察院在审查案件中坚持客观中立的立场，既要坚持以事实为依据、以法律为准绳的原则，客观评价人民法院的诉讼活动以及行政机关的行政行为，而不能主观臆断；又要秉持中立性，在诉讼监督中不偏袒任何一方当事人，不是任何一方当事人利益的代言人，不得破坏当事人在诉讼中应有的平衡的诉讼地位。在支持起诉中，虽然检察机关是支持一方当事人提起诉讼，但检察机关并不是一方当事人，其基本出发点在于维护国家利益与社会公共利益，并不是单纯为了维护所支持的当事人的利益，也正因为这样，支持起诉中更需要强调检察机关的客观审查义务。

（二）审查程序

审查程序是指在案件审查流程中，为完成案件审查任务而进行的各个执法行为的程序。

1. 分案

分案就是确定案件承办人。从司法实践看，案件经过受理审查后，进入民事行政检察部门。民事行政检察部门内勤收到案件后，对于符合形式要求的案件，报告部门负责人。部门负责人根据确定的分案规则，将案件指定给符合办案资格要求的特定的办案人员。对于不符合形式要求的，内勤与案件受理部门联系，待其按照要求补齐材料后，再报部门负责人确定案件承办人。

2. 初步审查

内勤根据部门负责人的指令，将案件材料交案件承办人。案件承办人接收案件后，先对案件进行初步审查，即对当事人提供的申请监督材料进行审查，对于依据申请监督材料审查可以作出结案处理的案件，依法结案，办案流程随之结束；对于需要进一步审查才能作出决定的案件，启动进一步审查程序，流程继续进行。

3. 进一步审查

案件经过初步审查后尚需要进行调（借）阅案卷或者进行调查核实，才能查明案件事实，作出结案结论的，承办人根据案情需要，可以采取以下措施进行进一步审查：一是调（借）阅人民法院的审判或者执行卷宗；二是查询、调取、复制其他相关证据材料；三是组织当事人进行听证；四是就相关案件事实进行询问、咨询，必要时委托进行鉴定、评估、审计，勘验物证、现场等。

四、结案

结案是指人民检察院在对民事行政监督案件审查后，依法对监督案件处理终结的办案活动与环节，包括制作审查终结报告，组织集体讨论，制发相应的法律文书，结束案件审查。

（一）结案程序

1. 制作审查终结报告

承办人认为案件事实已经查清，适用法律和诉讼程序等各个方面的问题均已审查完毕后，需要就案件办理情况、处理情况提出书面意见，形成案件审查终结报告。

2. 集体讨论

审查终结的案件，承办人报请领导批准进行案件集体讨论。实践中，有的分管检察长参与讨论，此时案件讨论应当报请分管检察长批准；有的根据承办人拟处理意见的不同，区分情况报请部门正职或者部门副职批准进行案件讨论。报请领导批准讨论案件，一般采取口头方式，必要时可以将审查终结报告连同此前已经取得的需要归档的相关文书、材料、证据一并报送审批领导审阅。

3. 起草法律文书

承办人根据集体讨论意见，制作相应的法律文书，按照最低审批权限要求，层报分管检察长或者部门负责人审批。

4. 制作法律文书

承办人根据达到最低批准权限要求的分管检察长或者部门负责人的意见，制作正式法律文书，结束案件审查流程。

（二）结案类型

1. 初步审查后的结案类型

（1）承办人初步审查后，认为需要交办、转办或者移送其他人民检察院办理的，依照规定分别交办、转办、移送相应的人民检察院。

（2）承办人初步审查后，对于当事人申请监督案件或者当事人以外的公民、法人及其他组织控告、检举的案件，认为申请监督理由明显不成立的，可以直接制作审查终结报告，经过规定程序后，依法作出不支持监督申请决定；对于依职权监督案件，则审查终结后作出终结审查决定。

2. 进一步审查后的结案类型

（1）提出抗诉。认为下级人民法院的生效判决、裁定、民事调解书符合抗诉情形的，由本院向同级人民法院提出抗诉。

（2）提出再审检察建议。认为同级人民法院的生效判决、裁定、民事调解书、行政赔偿调解书符合再审情形，但又不属于适用法律错误、审判人员存在贪污受贿、徇私舞弊、枉法裁判行为以及同级人民法院再审或者审判委员会讨论决定的，由本院向同级人民法院提出再审检察建议。

（3）提出检察建议。检察建议包括以下几种情况：一是民事行政审判过程中人民法院的审判行为存在违反法律规定情形的，提出纠正违法的检察建议。二是在民事行政执行过程中，人民法院的执行行为存在违反法律规定的，提出执行监督的检察建议。三是民事行政诉讼过程监督中，发现被调查的司法人员存在渎职行为，如果被调查人继续承办案件将严重影响正在进行的诉讼活动的公正性、且有关机关未更换办案人的，提出检察建议建议该单位更换办案人。四是在办理民事行政检察案件中，发现人民法院审查案件存在同类错误的，或者在多起案件中有相同违法行为的，或者有关单位的工作制度、管理方法、工作程序违法或者不当，需要改正、改进的，提出检察建议建议其改进工作。五是在督促行政机关履行职责的案件中，发现有关行政机关未依法履行职责，造成或者可能造成国家利益、社会公共利益受到损害的，可以提出督促履行职责的检察建议。

（4）支持起诉。在支持起诉案件中，审查后认为符合支持起诉条件的，依法作出支持起诉决定，制作支持起诉书。

（5）不支持监督申请。承办人经进一步审查后，认为人民法院生效判决、裁定、民事调解书不符合监督条件的，依法作出不支持监督申请决定。对于当事人申请支持起诉与申请督促行政机关依法履行职责的案件，认为不符合支持起诉条件和督促履行职责条件的，分别作出不支持起诉决定和不予督促履行职责决定。

（6）终结审查。经进一步审查，认为案件符合终结审查条件的，依法作出终结审查决定。终结审查的具体情形主要包括：一是人民法院已经裁定再审或者已经纠正违法行为的；二是申请人撤回监督申请或者当事人达成和解协议，且不损害国家利益、社会公共利益或者他人合法权益的；三是申请监督的自然人死亡，没有继承人或者继承人放弃申请，且没有发现其他应当监督的情形的；四是申请监督的法人或者其他组织终止，没有权利义务承受人或者权利义务承受人放弃申请，且没有发现其他应当监督的违法情形的；五是发现已经受理的案件不符合受理条件的；六是人民检察院依职权发现的案件，经审查不需要采取监督措施的；七是其他应当终结审查的情形。

五、后续监督

后续监督是指人民检察院对民事行政检察案件审查终结、作出处理决定后，为实现监督目的而依法进一步实施执法行为的办案流程。后续监督根据案件类型和案件情况的不同，在具体案件中可能不完全一样。实践中，主要存在以下情形：

（一）出席再审法庭

出席再审法庭主要是人民法院再审抗诉案件时，人民检察院派员出席再审法庭，支持抗诉，并对再审庭审情况进行监督。对此，需要把握以下几点：一是一般是同级出席再审法庭，即抗诉后如果案件由接受抗诉的人民法院再审，则由抗诉的人民检察院出席再审法庭；如果案件由下级人民法院再审，则抗诉的人民检察院通常指令下级人民检察院出席再审法庭。二是抗诉案件必定启动再审程序，人民检察院应当依法出席再审法庭；但再审检察建议案件不一定启动再审程序，而且，实践中，即使启动再审程序，人民法院也不一定通知人民检察院出席再审法庭，从应然的角度看，人民检察院应当出席再审法庭，这既是宣读并阐述抗诉意见和再审检察建议的需要，也是对再审法庭庭审活动进行监督的需要。三是出席再审法庭的基本程序是先宣读抗诉书或者再审检察建议，开始再审；其次是在法庭调查阶段，对依职权调查的证据予以出示和说明；最后是发现庭审活动违法的，待休庭或者庭审结束后，以人民检察院的名义提出检察建议。

（二）跟进监督

跟进监督是人民检察院在对人民法院的审判、执行、人员违法以及司法管理工作等提出监督意见后，人民法院没有依法处理或者处理结果仍然需要监督时，人民检察院进一步提出监督意见，以实现监督效果的办案流程。跟进监督的主要情形包括：一是人民法院审理民事抗诉案件作出的判决、裁定、调解书仍符合抗诉条件的；二是人民法院对人民检察院提出的检察建议未在规定的期限内处理并书面回复的；三是人民法院对检察建议的处理结果错误的。跟进监督的基本方式主要有再次提出抗诉、检察建议，或者提请上级人民检察院依法进行监督。具体方式的选择应当根据具体案件的情况而定。

（三）出庭支持起诉

人民检察院作出支持起诉决定后，人民法院开庭审理支持起诉案件，支持起诉的人民检察院应当派员出席庭审，阐明支持起诉意见，并对庭审活动进行法律监督。实践中，有的法院不通知人民检察院出席庭审，也不在判决文书中载明支持起诉的检察机关，这是需要以后在工作中进一步协调改进的。值得指出的是，支持起诉案件一审审结后，如果被支持起诉人不服一审判决提出上诉，或者人民检察院认为需要上诉的，被支持起诉人上诉后，人民检察院能否支持上诉，支持上诉机关应否调整，目前是一个没有定论的问题。从妥当性的角度分析，我们认为这种情况下，人民检察院仍然可以支持上诉，因为上诉权是起诉权的当然延伸。在支持上诉机关的问题上，我们倾向于认为由原支持起诉的人民检察院的上级人民检察院提出支持上诉意见、出席二审法庭比较妥当。

（四）督促履行职责的后续监督

被督促履行职责的行政机关没有按照督促履行职责检察建议依法进行处理并回复的，提出督促履行职责检察建议的人民检察院可以向该行政机关所属的人民政府提出检察建议，或者提请上级人民检察院向上级行政机关提出检察建议进行后续监督。

第三节　民事行政检察岗位及操作规程

一、民事行政检察岗位概述

民事行政检察岗位，是指人民检察院履行民事行政检察职能的职位，是民事行政检察权运行的终端。民事行政检察职能，是通过法定的执法主体，在法定的执法范围内，针对法定的执法对象，按照法律规定程序、条件实施执法行为而实现的。民事行政执法行为是民事行政检察职能实现的载体与核心。民事行政执法行为的法定历程，构成民事行政检察执法办案流程。但执法行为是执法岗位上执法人员的行为，只有特定的执法岗位才能赋予执法职责。因此，执法岗位才是执法职权职责的具体承载点，是执法主体、执法行为、执法对象的结合点。规范民事行政检察执法行为，根本上而言必须规范民事行政检察岗位。把握民事行政检察岗位的内涵，应当注意以下几个方面：

一是根据民事行政检察岗位确定民事行政检察执法主体。民事行政检察执法主体指的是履行民事行政检察职能、实施民事行政检察执法行为的检察人员。检察官、书记员、法警，属于具有法律职务的检察人员，但其实施具体行为时是否构成民事行政检察执法主体，不能仅仅因为其检察人员身份就当然确认其为民事行政检察执法主体，甚至不能因为其是民事行政检察部门的检察人员，就确认其为民事行政检察执法主体，而应当看其行为是否基于民事行政检察岗位做出而定。只有基于民事行政检察岗位而做出职务行为，检察人员才属于民事行政检察执法主体，该职务行为才能产生民事行政检察执法效力。因此，不管检察人员是否属于民事行政检察部门，不管属于哪一级人民检察院，只要其依法处于民事行政检察岗位，就属于民事行政检察执法主体。而不同的民事行政检察岗位，也对应着不同的执法主体要求。如民事行政检察执法决策岗位，其执法主体只能是履行决策职能的检察长、分管检察长或者检察委员会；民事行政检察执法辅助岗位，其执法主体通常是由书记员来承担。

二是通过民事行政检察岗位规范民事行政检察执法行为。民事行政检察执法行为是执法主体在民事行政执法岗位上实施的职务行为。规范执法行为是实现执法目的、保障执法效果的根本途径，执法行为具有动态性、灵活性，实施过程中往往需要执法主体根据实际情况进行自由裁量。因此，直接规范执法行为往往难以精确而又不失裁量空间。执法岗位是执法职责的承载点，是执法行为归属的最小单元，既可以设定明确的执法行为规范，又可以通过明确执法岗位的目标，为执法过程中自由裁量预设必要的空间。因此，民事行政检察执法行为的内容、方式、目标、程序、标准等，应当通过规范民事行政检察岗位的职责、行为方式、目标、管理要求等来明确。

三是民事行政检察岗位反映民事行政检察执法对象。民事行政检察执法对象，是指民事行政检察执法行为所作用的具体事项，执法对象所在领域构成民事行政检察监督范围。从民事行政检察职能而言，民事行政检察执法对象主要包括人民法院在民事行政诉讼中的公权力行使行为，即人民法院在民事行政诉讼中行使审判权和执行权的行为；行政机关在行政诉讼中被诉的行政行为及在诉讼中的诉讼行为，以及影响诉讼进行的行为；行政机关在行使社会管理职责过程中损害或者可能损害国家利益、社会公共利益的违法行为。不同的执法对象，具有不同的公权力运行规律与特点，也要求按照不同的规律与规则进行监督。为了实现对民事行政检察执法对象的有效监督，实践中按照类型化监督的要求，通常将执法对象归入相应的民事行政检察岗位，并依据执法对象的类型来确定主办执法岗位的类型，如民事行政检察中的审判结果监督岗位，对应的就是审判权运行的结果；执行监督岗位，对应的就是人民法院的执行行为；诉讼违法监督岗位，对应的就是诉讼过程中人民法院及其审判人员的审判行为，等等。可以说，执法对象的不同，基本上决定了主办执法岗位的不同；不同的主办执法岗位，也体现出不同执法对象的特点与规律。

二、民事行政检察岗位类型

依据不同的标准，可以将民事行政检察岗位划分为不同的类型。以执法岗位主体角色为标准，可以将民事行政检察岗位划分为民事行政检察执法决策岗位、民事行政检察执法管理岗位、民事行政检察执法主办岗位、民事行政检察协办岗位和民事行政检察执法辅助岗位五种类型。以民事行政检察职能类型为标准，可以将民事行政检察岗位划分为审判结果监督执法岗位、诉讼违法监督执法岗位、执行监督执法岗位、督促履行职责执法岗位和支持起诉执法岗位。两种标准的划分各有特点与侧重，在内容上也是交叉重合的。即执法决策岗位包含对各种民事行政检察职能类型执法的决策，而每一种民事行政检察职能类型的执法亦都包含决策、管理、主办、协办以及辅助等各种角色的执法。不同职能类型的执法岗位，在不同角色的执法岗位上的区别是有大有小的，更进一步言，不同职能类型的民事行政检察岗位，在决策、管理、协办及辅助岗位的区别较小，而在主办岗位的区别则是主要的。下面以执法主体的角色为主线，以主办岗位的职能类型划分为重点，对民事行政检察岗位类型作进一步了解。

（一）民事行政检察决策岗位

民事行政检察执法决策岗位是指对民事行政检察执法工作履行决策、指挥、组织、协调、监管等职能的岗位。从事这一岗位的执法主体一般为检察委员会、检察长、分管副检察长，个别情况也包括民事行政检察部门负责人，如案件转办可由部门负责人决定，部分调查核实措施，如查询、调取、复制相关证据材料，询问当事人或者案外人，咨询专业人员、相关部门或者行业协会等对专门问题的意见，勘验物证、现场等，可由部门负责人审批。决策结果主要包括：是否受理、交转办理、提出抗诉、提出再审检察建议、提请抗诉、提出检察建议、终结审查、不支持监督申请、支持起诉、督促履行职责等。

（二）民事行政检察管理岗位

民事行政检察执法管理岗位是指对民事行政检察执法工作履行管理、协调、监督和组织等职能的岗位。这一岗位的执法主体通常由民事行政检察部门负责人（包括正、副职）担任。管理内容主要包括：负责案件线索移送、案件分配、决定办案人员；协调处理采取有关调查核实措施；对办案进度进行监督、管理；组织部门内的案件讨论以提出部门处理意见，对应当由检察长、分管检察长或者检察委员会决策的执法工作提出参考意见；对民事行政检察法律文书进行审核把关；等等。

（三）民事行政检察主办岗位

民事行政检察执法主办岗位是指为主办理民事行政检察案件的岗位，是民事行政检察岗位的主体部分。主办岗位一般根据民事行政检察职能内容进行了一定的细分，如有的区分为民事检察和行政检察岗位，有的还进一步细分出执行检察和违法行为检察岗位。按照《民事诉讼监督规则》确定的受审分离原则，主办岗位也可以区分为受理岗位与审查岗位。但在基层人民检察院，由于从事民事行政检察工作的人员本身就少，基本上没有对主办岗位按职能类型再进行细分。主办岗位的执法内容与办理结果因民事行政检察职能差异而存在不同。在执法主体上，在民事行政检察执法办案实践中，案件办理基本上由一名检察官负责，必要时由另外的检察官予以协助。

1. 审判结果监督主办岗位

审判结果监督主办岗位是指为主办理审判结果监督案件的执法岗位。审判结果监督案件传统上属于各级院民事行政检察监督的主要内容，根据修改后民事诉讼法和《民事诉讼监督规则》，审判结果监督案件仍然属于地市级以上，特别是省级以上人民检察院的民事行政检察主要执法职能。审判结果监督的主办岗位，主要负责对发生法律效力的民事行政判决、裁定、民事调解书、行政赔偿调解书进行审查，对于需要调查核实的进行调查核实，再根据案件情况分别提出是否受理、交转办理、提出抗诉、提出再审检察建议、提请抗诉、终结审查、不支持监督申请等审查意见；对于具备和解因素的，可以促成当事人之间达成和解；对于提出监督意见的，依法做好后续监督工作；对于作出监督处理决定后当事人不服的，依法配合有关部门做好息诉工作。

2. 审判程序违法情形监督主办岗位

审判程序违法情形监督主办岗位是指为主办理审判程序违法情形监督案件的执法岗位。审判程序违法情形监督属于审判过程监督，各级人民检察院均承担此项职责，但以基层院人民检察院办理为主；主要负责对民事行政审判过程中程序违法问题进行审查与调查核实，并对违法问题是否存在及如何处理提出审查意见；在监督决定做出后，依法做好后续监督工作，纠正审判过程中的违法情形。

3. 司法人员违法行为监督主办岗位

司法人员违法行为监督主办岗位是指为主办理司法人员渎职违法行为案件的监督岗位。司法人员违法行为监督属于对人监督，各级人民检察院按照同级监督原则均承担此项监督职责，但同样以基层人民检察院办理为主；主要负责对司法人员在审判过程中是否实施了违法行为、其主观上是否存在可归责事由、是否造成了损害后果、违法行为与损害后果之间是否存在因果关系等进行审查与调查核实，并提出审查意见；对于提出监督意见的，依法做好后续监督工作，追究相关司法人员的违法责任。

4. 执行监督主办岗位

执行监督主办岗位是指为主办理执行活动监督案件的监督岗位。执行案件绝大部分发生在基层人民法院，因此，虽然各级人民检察院均有执行监督职责，但执行监督仍然主要是基层人民检察院的监督职责。执行监督是对人监督与对事监督的结合，不仅包括对人民法院执行活动的监督，也包括对司法人员在执行活动中发生的渎职违法行为的监督。执行监督的主办岗位主要负责审查执行申请监督材料、执行卷宗、调查核实人民法院执行是否违法、司法人员在执行活动中是否存在渎职违法行为等，并提出审查意见；对于提出监督意见的，依法做出后续监督工作，纠正违法执行活动，追究渎职违法司法人员的违法责任。

5. 督促履行职责主办岗位

督促履行职责岗位是指为主办理督促履行职责案件的岗位。从民事行政检察实践情况看，目前督促履行职责案件主要是基层人民检察院办理。督促履行职责的主办岗位，主要是负责审查并调查核实行政机关是否存在申请督促的行政管理职责，是否依法履行了行政管理职责，是否对国家利益、社会公共利益造成了或者可能造成损害，行政机关未依法履行职责与国家利益、社会公共利益受到或者可能受到损害之间是否存在因果关系，受损害的国家利益与社会公共利益是否能通过民事诉讼的方式进行救济等，并提出审查意见；对于作出督促履行职责意见决定的，按照规定做好后续监督工作。

6. 支持起诉主办岗位

支持起诉主办岗位是指为主办理支持起诉案件的岗位。支持起诉案件目前也主要是基层人民检察院办理。但对于支持案件原告败诉又提起上诉的，检察机关认为需要继续支持的，可以由上级人民检察院出庭支持上诉。支持起诉主办岗位主要负责审查并调查核实申请支持起诉案件是否属于损害国家利益和社会公共利益案件，原、被告是否适格，并可以就支持原告诉讼请求的有关证据进行调查核实、提供证据，包括要求被告承担责任的各项构成要件的证据，再提出审查意见；对于作出支持起诉决定的案件，依法做好后续工作，包括出庭发表支持起诉意见，同时对人民法院的审判活动进行法律监督。

（四）民事行政检察协办岗位

民事行政检察执法协办岗位是指协助主办岗位的检察执法人员办理民事行政检察案件的岗位。协办岗位是因为特定情况下，仅有主办执法岗位执法人员难以完成执法事项，而由执法决策或者执法管理人员决定配备给主办岗位人员的协助者，其与主办岗位的执法主体具有相同的执法职权，但应在主办人员的领导下开展执法工作，也只对其负责承办的执法事项负责。因此，协办岗位的执法人员也应由检察官承担。民事行政检察案件办理中的书面审查工作等执法事项，通常由承办案件的检察官一人负责即可，但在听取当事人意见、组织听证活动、开展调查核实、出席再审法庭等执法活动中，应当由两名或两名以上检察官进行。因此，有的案件在办理中，可能没有协办岗位执法人员参与，如初步审查后即作出不支持监督申请决定的案件；有的则可能有多名协办岗位执法人员的参与。

（五）民事行政检察辅助岗位

民事行政检察执法辅助岗位是指为执法主办岗位和协办岗位所承担的执法事项提供辅助性、服务性工作的岗位。执法辅助岗位广泛地存在于所有的民事行政检察执法办案中。执法辅助岗位主要负责案件材料接收移送，听取当事人意见笔录、听证笔录等记录，告知当事人诉讼权利义务、案件承办人的姓名和法律职务，法律文书发送，装订案卷，归档等工作。执法辅助岗位通常由书记员承担。

三、民事行政检察岗位操作规程

（一）概述

民事行政检察岗位操作规程，是以民事行政检察岗位为规范对象，统一和规范各类民事行政检察岗位履职行为的目标、内容、形式、方法、程序、要求的制度，其主要内容包括：民事行政检察执法内容和目标、执法程序与规则、执法方式和方法，以及执法禁忌四个方面。民事行政检察岗位是民事行政权运行的终端，民事行政检察职能实现的载体，是执法主体、执法行为、执法对象的结合。因此，准确界定执法各环节、各个具体执法行为的主体要求，明确规范执法行为、执法方式、执法程序，正确认定执法对象，即建立民事行政检察岗位操作规程，加强执法岗位规范制度建设，是规范民事行政检察执法行为的需要，是确保民事行政检察执法职能全面正确实施的需要，也是检察制度建设的重要内容。

民事行政检察岗位操作规程，其目的在于实现民事行政检察职能，核心在于规范民事行政检察执法行为，因此其类型由民事检察职能决定，其体系要与执法办案流程相适应，既在内容上体现全部民事行政检察职能，又在顺序上体现民事行政检察执法办案的流程秩序。同时，由于各种类型的操作规程之间，存在许多的相通之处，有些甚至是相同的，因此，从科学建立规程体系的角度而言，需要将具有共同性的民事行政检察执法规程抽列出来，形成民事行政检察执法一般操作规程，而将特色性的规范单独列出，形成特定类型的民事行政检察岗位专用操作规程。同时需要指出的是，以民事行政检察职能为标准确定的各类型的民事行政检察执法操作规程，均包括决策、管理、主办、协办、辅助角色的操作规程在内，但这五种角色的岗位操作规程也不是在每一种类型的操作规程中均机械地、完全地、同样地甚至是重复地进行规定，其中属于共同性的，如辅助性岗位中的调卷、发送法律文书等操作规程，各种类型的检察执法办案都需要，但没有必要在每一种类型的执法操作规程中重复规定，就作为一般性操作规程抽列出来。因此，要将一般操作规程与专用操作规程结合起来，将民事行政检察职能与民事行政检察执法办案流程结合起来，有机地、融会贯通地理解民事行政检察岗位操作规程整体。

（二）基本体系

1. 一般操作规程

民事行政检察执法一般操作规程，是指各种民事行政检察职能类型的执法工作都具有共通性的执法岗位操作规程。整体地看，各类民事行政检察案件办理中，在受理、审查、结案以及后续处理的各个主要流程均存在一般执法岗位操作规程。

（1）受理阶段的一般性操作规程。受理是全部的民事行政检察案件进入办理程序的第一个环节，包括申请监督人提交案件线索材料、人民检察院审查是否符合受理条件并作出是否受理的决定、受理部门将案件材料移送民事行政检察部门进行审查，以及人民检察院依职权发现案件线索、决定是否受理的执法阶段。该环节相应地主要包括以下两个操作规程：一是受理操作规程。根据《民事诉讼监督规则》确定的受审分离原则，民事行政检察案件区分不同类型分别由控告检察、案件管理和民事行政检察三个部门负责，其中最主要的部分，包括当事人申请监督、案外人举报、控告等来源的案件，接收材料、进行审查、决定是否受理均由控告检察部门负责。案件管理部门受理的为下级院提请监督的案件，是检察机关内部的一个受理环节。民事行政检察部门受理的则为依职权监督案件。因此，受理操作规程实际上也一分为三，控告检察部门负责当事人申请监督、案外人举报、控告等来源案件受理操作规程；案件管理部门负责下级院提请监督案件的受理操作规程；民事行政检察部门负责依职权监督案件的受理操作规程。本分册是从民事行政检察部门的角度来介绍民事行政检察岗位操作规程，因此，没有将当事人申请监督、案外人举报、控告的案件受理，以及下级院提请监督案件的受理纳入本分册，只介绍了民事行政检察部门受理案件的受理操作，而且，为了明确这一受理范围上的区别，没有将之称为"受理操作规程"，而是称之为"依职权监督启动操作规程"。二是案件材料接收操作规程。案件材料接收操作规程，主要规范了控告检察部门和案件管理部门将受理案件的案件材料移送民事行政检察部门时，民事行政检察部门内勤接收中应当清查的项目、如何处理、登记事项、案件分流、注意事项等操作事项。

（2）审查阶段的一般性操作规程。民事行政检察部门对于已经正式受理的民事行政检察案件，无论哪一种类型，一般都要经过初步审查和进一步审查两个办案流程，各个流程中也要根据审查情况分别对案件作出不同的处理，在审查过程中，很多审查方式和调查措施是相通的。根据民事行政检察司法实践，本部分主要包括以下七个一般操作规程：一是交办、转办操作规程，主要规范上级院发现所受理的案件属于下级院可以受理的案件时，将案件交或者转下级院办理的执法行为。二是调卷操作规程，主要规范案件审查岗位需要调（借）阅人民法院的审判、执行卷宗的执法行为，明确该岗位应当遵守的操作规范。三是调查核实操作规程，主要是规范案件审查过程中，采取调查核实措施的条件、程序、方式、效力、注意事项等。四是听取当事人意见操作规程，主要是规范案件审查过程中，为保障当事人的知情权、诉讼参与权，准确掌握案件情况，正确评价人民法院在民事行政诉讼中的公权力运行行为，而听取当事人意见的方式、程序、内容等事项。五是中止审查操作规程，主要是规范案件审查过程中停止案件审查工作和案件审查期限计算的情形、条件、程序、效力、执法禁忌及恢复审查等事项。六是延长审查期限操作规程，主要是规范行政审判结果监督案件中，延长审查期限的情形、条件、程序、效力等事项。七是案件集体讨论操作规程，主要是规范民事行政检察案件经过审查后，提请集体讨论的案件类型、条件、程序，以及案件讨论时的程序、汇报要点、讨论要点、讨论意见形成、讨论禁忌等事项。

（3）其他一般性操作规程。其他一般性操作规程，主要包括以下三个：一是司法建议处理操作规程，主要规范民事行政检察案件办理过程中或者办理后，人民法院针对人民检察院的检察监督行为或者检察人员涉嫌的渎职违法行为提出司法建议时，人民检察院的处理程序、处理分工、处理要求等事项。二是案件请示操作规程，主要是规范下级人民检察院在办理民事行政检察案件过程中，针对案件所涉及的司法政策、法律适用、案件处理等事项存在疑问、不能决断时，请求上级人民检察院予以指导并明确处理意见，以及上级人民检察院进行处理的条件、程序、内容、效力等事项。三是法律文书发送操作规程，主要是规范民事行政检察案件办理过程中，将相关法律文书发送给当事人、上、下级人民检察院、同级人民法院的文书类型、发送程序、内容、发送要求、发送效力等事项。

2. 审判结果监督操作规程

审判结果监督是指人民检察院对人民法院已经发生法律效力的民事行政判决、裁定、民事调解书、行政赔偿调解书进行的监督。审判结果监督主要包括四个规程：

（1）卷宗材料审查操作规程。卷宗材料审查操作规程又可以细分为两个操作规程：一是当事人申请监督材料审查操作规程，主要规范对当事人申请监督材料的审查程序、内容、要点、审查处理等事项。二是审判卷宗审查操作规程。由于审判卷宗是审判活动的全程性、实时性的法定性记录，因此，审判卷宗审查在审判结果监督中具有非常重要的意义，占据审判结果案件审查的绝大部分内容，也是审查工作的主要部分，因此，本规程着重从审判应当遵守的程序、事实认定及法律适用标准出发，详尽规范人民法院审判卷宗审查的内容、程序、重点、注意事项等。

（2）听证操作规程。听证是审判结果监督中的一项选择性执法行为，不是在每一个审判结果监督案件中必须适用。由于听证具有让双方当事人当面陈述关于案件事实、适用法律和诉讼程序等方面的意见的功能，对于查明案件事实、明确并解决争议具有非常重要的意义。听证操作规程主要从听证的原则、听证的适用范围、听证实施和听证所应遵循的通用规程的角度对听证的实施进行了规范，其中听证实施是核心，重点规定了启动听证程序、听证准备、听证参加人、听证进行顺序等事项。

（3）结案操作规程。结案操作规程在审判结果监督案件中主要包括以下四个操作规程：一是审结报告撰写与审批操作规程，主要规范审判结果监督案件中审结报告撰写的基本条件、总体要求、写作要求等事项。二是法律文书撰写与审批操作规程，主要规范审判结果监督案件的结案法律文书类型、制作的总体要求、具体要求、审批流程与要点等事项。三是和解操作规程，主要规范人民检察院在发现当事人存在和解意愿的案件中，根据当事人的和解申请或者建议当事人和解，达成和解协议，终结案件审查的执法行为。四是息诉操作规程，主要规范人民检察院在案件审查中以及审查决定作出后，对申请监督人和其他当事人进行释法说理的目的、情形、程序、禁忌事项等。

（4）出席再审法庭操作规程。出席再审法庭操作规程是人民法院开庭再审人民检察院抗诉案件，人民检察院指派检察员出席庭审支持抗诉，并对再审进行法律监督的执法规程。人民法院根据再审检察建议启动再审的案件，人民检察院如果出席再审法庭，遵循与出席抗诉案件再审法庭相同的操作规程。出席再审法庭操作规程可以细分为三个操作规程：一是指令（派员）出席再审法庭，主要规范人民法院裁定再审后，人民检察院指令下级院或者指派本院检察人员出席再审法庭的程序及对再审裁定的监督。二是促审促判操作规程，主要规范对人民法院收到抗诉书后未及时依法裁定再审，或者裁定再审后未依法及时安排审理，或者审理后未依法及时审结等违法行为进行监督的程序、内容、要求等事项。三是再审庭审监督操作规程，主要是规范人民检察院出席再审法庭的程序、职责、法庭位置、履职要求等事项。

3. 诉讼违法行为监督操作规程

诉讼违法行为监督操作规程，是指对人民法院在民事行政审判过程中的违法情形，以及人民法院司法人员在民事行政审判和执行中的违法行为进行监督的操作规范，包括两个操作规程：

（1）审判程序违法情形监督操作规程。审判程序违法情形监督操作规程是对人民法院在审判过程中的违法情形进行监督的操作规程，主要规范审判程序违法情形监督的基本原则、启动条件与程序、实施监督的范围、程序、情形，以及提出监督意见的条件、方式、程序等事项。

（2）司法人员违法行为监督操作规程。司法人员违法行为监督操作规程，是对人民法院的司法人员在民事行政诉讼中的渎职违法行为进行监督的操作规程，又可以细分为六个操作规程：一是监督启动操作规程，主要规范监督主体、对象、范围、线索处理等事项。二是监督实施操作规程，主要规范监督机制、监督对象责任确定等事项。三是监督终结操作规程，主要规范监督事项完成标准、调查终结报告制作等事项。四是监督决定操作规程，主要规范监督决定作出程序、集体讨论和决定类型等事项。五是监督决定异议答复操作规程，主要规范被监督人提出异议、被监督人所在机关提出异议及检察机关答复处理程序与要求等事项。六是监督决定督促履行操作规程，主要规范监督决定作出后，人民检察院开展后续监督、确保监督决定得到及时处理与答复的程序与要求等事项。

4. 执行监督操作规程

执行监督操作规程，是指对人民法院的民事行政执行活动进行法律监督的操作规程。为了将对人监督统一规定论述，执行活动中涉及的司法人员渎职违法行为监督并入"司法人员违法行为监督操作规程"，执行监督操作规程只介绍以人民法院为主体的执行违法活动监督。执行监督操作规程包括三个规程：

（1）执行监督启动操作规程。执行监督启动操作规程主要规范执行监督案件进入检察监督时的执法行为，可以细分为两个操作规程：一是监督线索审查操作规程，主要规范执行监督案件线索初步审查、立案等执行监督执法行为。二是执行监督调卷操作规程，主要规范执行监督案件中调（借）阅人民法院执行卷宗的条件、程序、要求等事项。

（2）执行监督审查操作规程。执行监督审查操作规程是规范执行监督案件审查中执法标准、执法行为、执法内容、程序等事项的操作规程，可以细分为两个操作规程：一是审查案卷操作规程，主要规范对执行卷宗所记载的执行活动进行审查时所应遵循的程序、条件，所审查的具体内容等事项。二是调查核实操作规程，主要规范执行监督中审查卷宗材料之外，对案件有关事实、法律和程序问题进行调查核实的方式、程序、标准、要求、注意事项等执行监督事项。

（3）执行监督结案操作规程。执行监督结案操作规程是执行监督案件审结时作出监督决定的操作规程，主要规范审结报告撰写、集体讨论、检委会决定、执行行为违法性质认定、监督决定作出及跟进监督等事项。

5. 行政机关履职监督操作规程

行政机关履职监督操作规程是督促行政机关履行职责、维护国家利益和社会公共利益的执法监督操作规程，包括三个操作规程：

（1）督促履职监督操作规程，主要规范督促行政机关履行职责时的监督对象、范围、基本原则、办案流程、跟踪监督、自身监督等事项。

（2）督促起诉操作规程，主要规范在督促履职工作中，可以通过民事诉讼的方式救济国家利益和社会公共利益时，检察机关督促行政机关提起诉讼的案件的受理、审查、审查终结、案件处理的程序、标准，跟踪监督、自身监督等事项。

（3）与行政诉讼相关行为监督操作规程，主要规范监督与行政诉讼相关行政行为的监督对象、监督范围，案件办理流程、监督措施、程序、标准、案件处理、跟踪监督、自身监督等事项。

6. 支持起诉操作规程

支持起诉操作规程是办理支持起诉案件的操作规程，主要规范开展支持起诉工作的基本原则，办理支持起诉案件中受理案件来源、条件、程序，审查案件时的审查内容、方式方法、程序、案件处理、出庭等执法行为和事项。

第二章 一般操作规程

第一节 受理类操作规程

一、案件管辖操作规程

【定义】案件管辖是指人民检察院内部受理民事行政案件的分工和权限。

▶ **1. 一般管辖**

▶▶ 1.1 民事行政案件的管辖问题由控告部门进行审查，移送民行部门后，民行部门也有权对管辖问题进行审查。依职权监督的案件管辖问题由民行部门进行审查。

▶▶ 1.2 对已经发生法律效力的民事行政判决书的监督案件，最高人民检察院、作出该生效法律文书的人民法院所在地同级人民检察院和上级人民检察院均有管辖权。

▶▶ 1.3 对民事行政审判程序中审判人员违法行为的监督案件，由审理案件的人民法院所在地同级人民检察院管辖。

▶▶ 1.4 对民事行政执行活动的监督案件，由执行法院所在地同级人民检察院管辖。执行法院既包括作出执行裁定、决定等执行法律文书的法院，也包括采取具体执行措施的法院。

▶▶ 1.5 对支持起诉的案件，由对案件有管辖权的人民法院所在地同级人民检察院管辖。

▶▶ 1.6 对督促履职案件，由行政机关所在地同级人民检察院管辖。

▶▶ 1.7 控告部门或民行部门检察人员应区分不同的案件类型，根据上述一般管辖原则，来评判本级检察院是否对案件具有管辖权。

▶ 2. 移送管辖

▶ 2.1 控告部门或民行部门检察人员发现受理的民事行政案件不属于本院管辖的，应当层报分管副检察长制作移送函，连同当事人提供的证据材料移送有管辖权的人民检察院。

▶ 2.2 受移送的人民检察院应当受理。受移送的人民检察院认为不属于本院管辖的，应当报请上级人民检察院指定管辖，不得再自行移送。

▶ 3. 指定管辖

▶ 3.1 有管辖权的人民检察院由于下列特殊原因，不能行使管辖权的，报请上级人民检察院指定管辖：

(1) 地震、海啸等自然灾害；

(2) 当地戒严或进入紧急状态等社会事件；

(3) 案件与当地党委和政府有利害关系；

(4) 案件与该检察院有利害关系；

(5) 其他特殊原因。

▶ 3.2 人民检察院之间因管辖权发生争议，由控告部门或民行部门负责办理案件的检察人员将情况层报至分管副检察长，由争议双方派出代表在三十日内协商解决；协商不能解决或超过三十日仍未协商好的，再依法逐级上报并协商，直至由共同上级人民检察院指定管辖。指定管辖决定作出后，应通知报送检察院和被指定检察院，被指定行使管辖权的检察院应及时通知当事人。

▶ 4. 管辖权转移

▶ 4.1 上级人民检察院认为确有必要的，可以办理下级人民检察院管辖的民事诉讼监督案件。主要有两种情况：一是下级人民检察院在执行政策和法律上与有关部门争议较大，审查较困难；二是下级人民检察院在审查时很可能有失公平或产生不良影响。

▶ 4.2 对于下级人民检察院已经受理的案件，上级人民检察院应作出提级办理的决定并送达下级人民检察院，下级人民检察院在收到该决定七日内应将案卷材料移送上级人民检察院；对于下级人民检察院还未受理的案件，直接由上级人民检察院受理。

▶ 4.3 下级人民检察院对有管辖权的民事诉讼监督案件，认为需要由上级人民检察院办理的，可以报请上级人民检察院办理，上级人民检察院应在收到报请材料三十日内作出是否提级办理的决定。主要有两种情况：一是案情重大、特别复杂、涉及面很广，下级检察院审查有困难；二是由于自然灾害的原因，下级检察院审查有困难。

▶▶4.4 下级检察院报请上级检察院审查应由自己管辖的案件时，应当取得上级检察院的同意，上级检察院认为案件仍应由下级检察院审查的，下级检察院应当服从上级检察院的决定。

▶ 5. 专门管辖

军事检察院等专门人民检察院对民事行政案件的管辖，依照有关规定执行。

▶ 6. 操作禁忌

▶▶6.1 两个以上检察院都有管辖权的案件，先受理的人民检察院不得将案件移送给另一个有管辖权的人民检察院。人民检察院在受理前发现其他有管辖权的人民法院已先受理的，不得重复受理；受理后发现其他有管辖权的人民检察院已先受理的，将案件移送给先受理的人民检察院。

▶▶6.2 上级人民检察院非有必要，不得办理下级人民检察院管辖的民事行政案件。

▶▶6.3 下级人民检察院对有管辖权的民事行政案件不得随意报请上级人民检察院办理。

▶▶6.4 人民检察院之间因管辖权发生争议时，在争议未解决前，任何一方不得先行对案件进行审查并作出决定。

二、依职权监督案件启动操作规程

【定义】依职权监督案件是指没有当事人申请监督或者公民、法人和其他组织控告、举报，但检察机关认为有必要予以监督的案件。

▶ 1. 依职权监督案件的范围和来源

▶▶1.1 依职权监督案件包括以下范围：

（1）损害国家利益或者社会公共利益的；

（2）审判、执行人员有贪污受贿、徇私舞弊、枉法裁判等行为的；

（3）依照有关规定需要人民检察院跟进监督的。

▶▶1.2 依职权监督案件线索包括以下来源：

（1）检察机关在办理案件过程中发现的依职权监督案件线索，包括民事行政检察部门在办理民事行政监督案件中发现的线索，以及其他部门办理自侦案件或刑事监督案件中发现的线索；

（2）人大代表、政协委员转来案件；

（3）党委、人大、政府等其他机关转来的案件；

（4）媒体报道；

（5）其他途径包括检察机关领导批办案件或者其他内设机构以机构名义转来案件。

▶ 2. 依职权监督程序的启动

▶ 2.1 损害国家利益或者社会公共利益、审判、执行人员有贪污受贿、徇私舞弊、枉法裁判等行为案件的启动由民事行政检察处接收案件线索并登记。线索登记应当载明以下内容：

（1）案件线索来源；

（2）涉案双方当事人基本情况；

（3）案由；

（4）是否属于依职权监督案件范围；

（5）所涉依职权监督案件类型。

▶ 2.2 案件线索登记后应当报部门负责人，由部门负责人指定案件承办人。

▶ 2.3 案件承办人初步审查后，填写依职权监督审批表报部门负责人审批。审批表应当载明：

（1）案件线索来源；

（2）涉案双方当事人基本情况；

（3）案由；

（4）原诉讼案件基本案情；

（5）在控告、举报审判人员、执行人员贪污受贿、徇私舞弊、枉法裁判案件中，控告、举报的理由和依据；

（6）是否属于依职权监督案件范围；

（7）所涉依职权监督案件类型；

（8）案件是否属本院管辖；

（9）案件承办人处理意见。

▶ 3. 跟进监督案件的启动

▶ 3.1 跟进监督的条件：

（1）人民法院审理民事抗诉案件作出的判决、裁定、调解书仍符合抗诉条件的；

（2）人民法院对人民检察院提出的检察建议未在规定的期限内作出处理并书面回复的；

（3）人民法院对检察建议的处理结果错误的。

▶ 3.2 跟进监督案件包括以下来源：

（1）当事人反映情况。当事人既可以向原作出监督决定的检察机关反映情况，也可以向上级检察机关反映情况；

（2）原作出监督决定的检察机关依职权跟进监督。

▶ 3.3 跟进监督程序的启动包括以下方面：

（1）民事行政检察处收到人民法院对民事诉讼监督案件作出的再审判决、裁定或者其他处理决定后，应当将上述材料交由该案件的原承办人进行审查；

（2）原承办人对人民法院的处理结果进行审查后，应填写《检察监督案件处理结果审查登记表》；

（3）对不涉及国家利益和社会公共利益的案件，原承办人审查后，认为人民法院的处理结果错误，可以跟进监督，且应当提出抗诉或再审检察建议的，必须先征求案件当事人的意见，当事人同意再审的，人民检察院才可做出提出抗诉或再审检察建议的跟进监督决定。当事人不同意再审的，人民检察院只能以其他方式进行跟进监督；

（4）承办人认为符合跟进监督条件的案件，应当填写依职权监督审批表，报部门负责人审批。

▶ 3.4 《检察监督案件处理结果审查登记表》应当载明：

（1）原监督机关；

（2）原监督案件案号；

（3）接受监督的审判机关；

（4）案件当事人基本情况；

（5）案由及基本案情；

（6）原监督机关监督理由；

（7）再审审判机关；

（8）再审裁判理由或处理结果；

（9）承办人对人民法院再审处理结果的审查意见。

▶ **4. 依职权监督的程序**

▶ 4.1 部门负责人批准启动依职权监督后，交案件管理部门登记受理。

▶▶ 4.2 部门负责人指定民事行政检察处办案工作人员承办，对案件进行审查。

▶▶ 4.3 需要通知当事人的，承办人应当制作《受理案件通知书》和告知办案人员姓名和法律职务《通知书》，并在受理之日起 3 日内发送当事人。

▶▶ 4.4《受理案件通知书》应当载明：

　　（1）案件线索来源；

　　（2）检察机关依职权监督的法律依据。

▶▶ 4.5《通知书》应当载明：

　　（1）案件受理时间；

　　（2）案件承办人姓名；

　　（3）案件承办人法律职务；

　　（4）案件承办人联系电话及联系地址。

▶▶ 4.6 上级检察院决定将案件交有管辖权的下级检察院办理的，承办人应当制作《交办通知书》，并将有关材料移送有管辖权的下级检察院。《交办通知书》应当载明：

　　（1）交办的法律依据；

　　（2）要求受移送人民检察院在两个月内将审查意见报送本院审核。

▶▶ 4.7 上级检察院决定将案件转有管辖权的下级人民检察院办理的，承办人应当制作《转办通知书》，并将有关材料移送有管辖权的下级检察院。《转办通知书》应当载明：

　　（1）转办的法律依据；

　　（2）审结后向上级检察院备案。

▶▶ 4.8 交办或转办案件如影响当事人的申诉或答辩权利的行使的，应当制作《通知书》，并发送当事人。

▶ 5. 对不启动依职权监督案件的处理

▶▶ 5.1 经审查认为案件不符合依职权监督条件，或者虽符合依职权监督条件，但并无明显错误，不符合《中华人民共和国民事诉讼法》第二百条规定的监督条件的，应当作出《终结审查决定书》。

▶▶ 5.2 案件审查结果需要告知当事人的，应当将《终结审查决定书》发送当事人。

▶▶ 5.3 对其他国家机关或人大代表、政协委员转来的案件，应对相应机关或人员去函进行回复，并将《终结审查决定书》一并送达相应机关或人员。

▶▷ 5.4《终结审查决定书》应当载明作出决定的法律依据。

▶ **6. 操作禁忌**

▶▷ 6.1 依职权监督是人民检察院主动介入案件，对人民法院审判权或执行权的行使是否正当进行审查。不符合上述适用范围的一般案件，当事人不主动申诉监督的，检察机关不应主动监督。

▶▷ 6.2 对是否损害国家利益和社会公共利益应当严格把握，不能随意扩大解释。

▶▷ 6.3 人民检察院办理依职权监督的案件，不得收取案件受理费。

▶▷ 6.4 申请复印、鉴定、审计、勘验等产生的费用由申请人直接支付给有关机构或者单位，人民检察院不得代收代付。

三、案件材料接收和登记操作规程

【定义】案件材料接收和登记是指控告检察部门或案件管理部门将受理后的民事行政监督案件移送民事行政检察部门，由内勤（或书记员）对收到的案件材料清点、检查、接收、签名并在案件登记簿上登记的活动。

▶ **1. 接收种类和内容**

▶▷ 1.1 民事行政检察部门接收的案件种类包括：

（1）控告检察部门受理的民事行政监督案件；

（2）案件管理部门移送的下级院提请抗诉案件。

▶▷ 1.2 控告检察部门移送的民事行政监督案件材料包括：

（1）民事、行政监督案件移送函 1 份；

（2）移送材料清单 1 份；

（3）当事人送达地址确认书 1 份；

（4）民事、行政监督案件受理通知书（份数依当事人的人数确定）；

（5）民事、行政监督申请书（份数＝当事人的人数＋2）；

（6）申请人的身份证明 1 份；

（7）诉讼过程中的形成的所有法律文书各 2 份（包括一审、二审法律文书、如有再审程序包括再审法律文书）；

（8）证据材料。

▶▷ 1.3 案件管理部门移送的下级院提请抗诉案件材料包括：

（1）接收案件通知书 1 份；

（2）提请抗诉报告书8份，其中正本1份，副本7份；

（3）诉讼过程中形成的所有法律文书一式2份；

（4）监督申请书一式2份；

（5）提请抗诉检察卷宗（不区分正副卷，要求具备提请抗诉报告书，当事人申请监督书和其他当事人答辩意见，原审法院一、二、再审判决、裁定、调解书等法律文书、主要证据材料、审查案件的内部讨论审批程序等）；

（6）原审法院卷宗或复印卷宗。

▶ **2. 接收的其他规范方法**

▶ 2.1 按以下要求接收监督申请书：

（1）注意清点监督申请书正副本份数。监督申请书正本1份，副本按照其他当事人的人数确定份数，副本份数不足时，应告知控告检察部门通知申请人补齐；

（2）监督申请书的内容必须按规定格式写明申请人、其他当事人的姓名、名称、年龄、住址等基本情况。必须要有明确的申请监督的理由、事实，结尾处应有申请人签章；

（3）监督申请书正本、副本的内容必须保持一致；

（4）监督申请书可以手写或者打印，手写的应用蓝黑或黑色钢笔或者水笔书写，如发现用铅笔或圆珠笔书写的，应通知申请人另行抄写或打印；

（5）审查当事人签名或印章。申请人为完全民事行为能力自然人的，应由申请人本人在监督申请书及其副本结尾处签章（如系文盲，可捺指印。下同），签名时应用蓝黑或黑色钢笔或者水笔书写，如发现用铅笔或圆珠笔书写的，应通知申请人另行签名；

（6）申请人为无行为能力人或者限制行为能力人的，由申请人的法定代理人在监督申请书及其副本结尾处签章；

（7）申请人是法人或其他组织的，应在申请书及其副本结尾处加盖法人或其他组织印章。在法人或其他组织印章被他人控制的情况下，可由法定代表人以法人或其他组织名义申请监督，监督申请书可由法定代表人或负责人签章。

▶ 2.2 按以下要求接收其他诉讼材料：

（1）审查当事人的身份证明。申请人为自然人的，应有身份证、军官证、士兵证或者护照等能够证明本人身份的复印件，申请人为法人或者其他组织的，应提供营业执照副本、组织机构代码证书和法定代表人或者主要负责人的身份证明等复印件。如发现非申请人本人亲自前来申请的，要注意查收代为申请人的身份资料及委托手续，防止冒名申请监督或违背申请人意愿申请监督的情况发生。

（2）证据材料的审核。主要是审查申请人提交的证据材料的名称和份数与其提交的证据清单中的名称和份数是否一致，如有不一致，在签收案件时应向内勤（或书记员）说明，由内勤（或书记员）在证据清单中注明情况，之后及时与当事人联系并限其重新补充未提交的证据。

（3）核对移送材料清单所列内容是否与移送的材料相符。

（4）核查申请人是否填写了送达地址确认书，未提供的，要求其提供。

（5）核对统一业务应用系统中的案件基本信息有无差错，认真核对案号、收案时间、当事人基本情况等案件信息。

（6）核对控告检察部门移送的民事行政监督案件是否在受理通知书作出之日起三日内移送；案件管理部门移送的下级院提请抗诉案件是否在接收案件通知书作出之日起三日内移送。

（7）清点控告检察部门是否一并移送当事人权利义务书。

（8）清点受理通知书副本是否按照其他当事人的人数制作并移送。

（9）检查受理通知书中法律援引是否正确。

▶▶ 2.3 对申请人提交的小于 A4 纸或纸张很薄易损材料，为防止材料被遗失或损坏，需粘衬在 A4 纸上。

▶ **3. 接收后的处理**

▶▶ 3.1 经审核符合要求的案卷材料，内勤（或书记员）应做好案件登记工作。可将控告检察部门受理的民事行政监督案件和案件管理部门移送的下级人民检察院提请抗诉案件分别登记造册。

▶▶ 3.2 按以下要求办理以控告检察部门受理的民事行政监督案件的登记：

（1）民事监督案件登记的案件信息内容包括：案件的收案日期、案号、当事人名称、案由、终审法院、终审裁判文书文号、承办人、结案日期、办理结果等信息，如办理结果为提请抗诉，登记的信息还包括上级人民检察院是否采纳提请抗诉意见；

（2）行政监督案件登记的案件信息同民事监督案件。但办理结果为抗诉的，登记的信息还包括再审裁定日期、再审裁定文书文号、再审裁定结果、出席再审法庭人员及日期、再审判决裁定书文号、日期、再审结果等重要信息。

▶▶ 3.3 案件管理部门移送的下级人民检察院提请抗诉案件登记的案件信息内容包括：

　　（1）案件的收案日期、案号；

　　（2）当事人名称、案由、终审裁判文书文号；

　　（3）移送的案卷数、承办人、结案日期、办理结果；

　　（4）采纳了下级人民检察院的提抗意见提出抗诉的，登记的信息还应包括再审裁定日期、再审裁定文书文号、再审裁定结果、出席再审法庭人员及日期、再审判决裁定书文号、日期、再审结果等重要信息。

▶▶ 3.4 分案可以采取以下不同规则：

　　（1）不管案件的性质和类别，也不区分案件地域，一律将所有案件依次分配给部门所有有承办案件资格的办案人员办理；

　　（2）将辖区内的地域分片，由部门的不同人员或办案组负责不同片区内的案件办理；

　　（3）根据对民事行政监督案件的不同分类将案件分给不同的办案组或办案人员办理；

　　（4）根据案件的案由将案件分配给不同的部门或人员办理。

▶▶ 3.5 内勤（或书记员）将收案的案件信息登记完毕后，根据处室制定的分案规则将案件分配给各承办人，承办人在案件信息登记册上签收。

▶▶ 3.6 内勤还需将分配的案件在统一业务应用系统中分配给签收的承办人。

　　▶ 4. 依职权启动监督案件的受理

▶▶ 4.1 符合依职权启动监督的案件，承办人将案件材料交由内勤（或者书记员），统一到案件管理部门办理登记受理，案件管理部门将案件信息录入至统一业务应用系统，并将案件分配至民事行政检察部门。

▶▶ 4.2 内勤（或书记员）参照上述的方法将案件分配给承办人。

▶▶ 4.3 依职权启动监督的案件，如为检察机关之前监督过，但法院没有回复或者没有纠正的，有再跟进监督的必要的，此类案件的案件材料可以沿用之前的。

▶▶ 4.4 依职权启动监督的案件，如不属跟进监督的，而是在办其他案件过程中发现的或者党委、人大、政府等其他机构转来的案件，可依照依职权监督案件进行审查，符合受理条件的，与当事人取得联系，参照控告检察部门受理的案件通知当事人补充案件材料。

▶ 4.5 依职权启动监督的案件在案件管理部门登记受理分配给承办人后，承办人根据需要，确定是否制作《受理通知书》发送给当事人。

第二节 审查类操作规程

一、回避操作规程

【定义】回避是指检察人员和其他有关人员，出现可能影响案件公正处理的情形，依法退出案件办理的一种制度。

▶ **1. 回避的适用范围和条件**

▶ 1.1 检察人员有下列情形之一的，应当自行回避，当事人有权用口头或者书面方式申请他们回避：

（1）是本案当事人或者与当事人、诉讼代理人有近亲属关系的；

（2）本人或其近亲属与本案有利害关系的；

（3）担任过本案的审判人员、承办检察人员、证人、翻译人员、鉴定人、勘验人、诉讼代理人的；

（4）与本案的诉讼代理人有夫妻、父母、子女或者兄弟姐妹关系的；

（5）与本案的审判人员或执行人员有近亲属关系；

（6）与本案当事人、诉讼代理人有其他关系，可能影响对案件公正办理的。

▶ 1.2 近亲属包括与检察人员有夫妻、直系血亲、三代以内旁系血亲及近姻亲关系的亲属。

▶ 1.3 当事人发现检察人员违反规定具有下列情形之一的，有权申请其回避：

（1）私下会见本案一方当事人及其诉讼代理人的；

（2）为本案当事人推荐、介绍诉讼代理人或者为律师、其他人员介绍办理该案件的；

（3）索取、接受本案当事人及其受托人的财物、其他利益，或者要求当事人及其受托人报销费用的；

（4）接受本案当事人及其受托人的宴请，或者参加由其支付费用的各项活动的；

（5）向本案当事人及其受托人借款，借用交通工具、通讯工具或者其他物品，或者索取、接受当事人及其受托人在购买商品、装修住房以及其他方面给予的好处的；

（6）有其他不正当行为，可能影响案件公正办理的。

▶ 1.4 检察人员有上述行为的，应当依法追究法律责任。

▶ 1.5 检察人员包括各级人民检察院检察长、副检察长、检察委员会委员、部门正职、部门副职、检察员和助理检察员。

▶ 1.6 关于回避的规定，适用于书记员、翻译人员、鉴定人、勘验人等。

▶ **2. 回避的适用程序**

▶ 2.1 检察人员自行回避的，可以口头或者书面方式提出，并说明理由。

▶ 2.2 以口头方式提出的应以口头方式作出决定，以书面方式提出的应以书面方式作出决定。

▶ 2.3 口头提出申请的，案件承办人应当将回避情况和作出的决定记录在卷。

▶ 2.4 作出回避决定的，原承办人应通知当事人，并告知当事人新承办人姓名、法律职务等信息。

▶ 2.5 当事人申请回避，应当在人民检察院作出提出抗诉或者检察建议等决定前以口头或者书面方式提出，并说明理由。

▶ 2.6 口头提出申请的，案件承办人应当将申请情况和作出的决定记录在卷。

▶ 2.7 因检察人员违反规定，当事人提出回避申请的，应当提供相关证据。

▶ 2.8 检察人员应当回避而本人没有自行回避、当事人也没有申请其回避的，副检察长或者检察委员会在知晓回避事由后，应当决定其回避。

▶ 2.9 被申请回避的人员在人民检察院作出是否回避的决定前，应当暂停参与本案工作，但案件需要采取紧急措施的除外。

▶ 2.10 检察长/副检察长的回避，由需要回避的检察长/副检察长向检察委员会作出说明，由检察委员会讨论决定；检察人员和其他人员的回避，层报至副检察长，由副检察长决定。检察委员会讨论检察长/副检察长回避问题时，需要回避的检察长/副检察长不得参加。

▶ 2.11 人民检察院对当事人提出的回避申请，应当在三日内作出决定，并通知回避申请人。回避申请人对决定不服的，可以在接到决定时以口头或书面方式向原决定机关申请复议一次。人民检察院应当在三日内作出复议决定，并通知复议申请人。以口头方式提出的应以口头方式作出复议决定，以书面方式提出的应以书面方式作出复议决定。口头提出申请的，案件承办人应当将申请复议情况和作出的复议决定记录在卷。复议期间，被申请回避的人员不停止参与本案工作。

▶▷ 2.12 案件承办人被决定回避的，应将案件材料移交给其他检察人员承办，并不得参与该案的讨论、审批。非案件承办人被决定回避后，不得参与该案的讨论、审批。

▶ **3. 操作禁忌**

▶▷ 3.1 案件承办人不得虚构回避事由，用以逃避复杂疑难、重大风险案件的办理。

▶▷ 3.2 非案件承办人不得虚构回避事由，用以逃避对重大风险案件的讨论或审批。

▶▷ 3.3 检察人员和其他相关人员在具有回避情形时，应当自觉、主动地提出回避的请求，不得借口当事人未提出回避申请而继续参与案件的办理工作。

二、交办、转办操作规程

【定义1】交办是指对于同级人民检察院和上级人民检察院都有管辖权的民事行政监督案件，上级人民检察院受理后，发现交由下级人民检察院办理更合适的，将案件交有管辖权的下级人民检察院办理。

【定义2】转办是指上级人民检察院受理了下级人民检察院有管辖权的民事行政监督案件，同时案件不存在不适宜由下级人民检察院办理或者没有重大社会影响的案件，上级人民检察院可以转下级人民检察院办理。

▶ **1. 适用交、转办的案件种类和条件**

▶▷ 1.1 可适用交、转办的案件包括以下几种：

（1）对人民法院生效的判决书、裁定书、调解书申请监督的案件；

（2）对审判程序审判人员违法行为进行监督的案件；

（3）对民事、行政执行活动进行监督的案件。

▶▷ 1.2 适用交办的案件为重要、具有一定社会影响或者指导意义的案件，同时还应满足以下条件：

（1）同级人民检察院和上级人民检察院都有管辖权；

（2）上级人民检察院受理了本由下级人民检察院受理的案件；

（3）党委、人大、政府交转的案件材料需由下级人民检察院受理的，按照管辖的相关规定交由有管辖权的下级人民检察院；

（4）案件交由下级人民检察院办理有利于查明案件事实的；

（5）案件需要上级人民检察院审核同意后才能作出决定。

▶▷1.3 适用转办的案件应需满足以下条件：

（1）上级人民检察院受理了本由下级人民检察院受理的案件；

（2）案件不存在不适宜由下级人民检察院办理或者没有重大社会影响的；

（3）案件的办结结果下级人民检察院可依法直接作出，无须报上级人民检察院审批的案件。

▶▷1.4 承办人提出转、交办意见，应当是在对申请人提供的申请监督材料以及其他当事人提供的答辩材料等书面材料进行初步审查后、尚未进入下一步实质审查之前，认为交或者转由下级人民检察院办理较为合适时。

▶ **2. 交、转办案件的审批程序和文书制作**

▶▷2.1 交转办意见应当由承办人提出。承办人对受理的民事行政监督案件初步审查后，尚未进入下一步实质审查之前，认为符合交、转办条件的，可提出交、转办意见，制作拟交、转办审批表，交办案件层报分管副检察长审批，转办案件层报部门负责人审批。

▶▷2.2 交转办意见应当由部门负责人审核。部门负责人审核交、转办理由是否成立，并签署审核意见，不同意的应注明理由。

▶▷2.3 交转办意见应当由检察长审批。交办案件部门负责人签署审查意见后，提交分管副检察长审批，决定是否交办。

▶▷2.4 分管副检察长或部门负责人审批后，承办人应当起草《交（转）办通知书》。《交（转）办通知书》包括以下内容：

（1）文书名称：××××人民检察院交（转）办通知书；

（2）文书编号：××检民（民违/民执）监〔××××〕×号；

（3）交、转办依据：民事监督案件依据《民事诉讼监督规则》第四十五条第一款（或第四十六条），行政监督案件依据《人民检察院民事行政抗诉案件办案规则》第十五条；

（4）当事人的姓名或名称；

（5）案由、案号；

（6）案件的审查期限（交办案件遵守两个月的审查期限，转办案件遵守 3个月的审查期限）；

（7）案件的前置审核程序（交办案件有）；

（8）落款。交办案件落款单位为××××人民检察院，落款日期为分管副检察长审批日期；转办案件落款单位为××××人民检察院民事行政检察部门，落款日期为部门负责人的审批日期。

▶ 2.5 交办案件凭分管副检察长的签字或盖章，加盖人民检察院院印；转办案件凭部门负责人的签字或盖章，加盖民事行政检察部门印章。

▶ 2.6 上级人民检察院将《交（转）办通知书》连同案件有关材料移送下级人民检察院。需要通知案件当事人的，上级人民检察院应制作《通知书》发送案件当事人。

▶ 3. 交、转办案件的办理和审核

▶ 3.1 下级院办理交、转办案件应当按照以下审查期限：

（1）交办案件的审查期限为下级人民检察院收到《交办通知书》之日起两个月内办结；

（2）转办案件的审查期限应遵守《民事诉讼监督规则》三个月的规定。

▶ 3.2 下级人民检察院不得将上级院交办的案件再行交办。

▶ 3.3 交办案件作出决定前，其审查意见需报上级人民检察院审核同意。

▶ 3.4 上级院对报送的交办案件审查意见的审核原则上仍由原作出交办意见的承办人审核，审核程序与办理民事行政监督案件的操作流程和方法一致。

▶ 3.5 根据交办案件的不同案件类型，具体可参照结果监督类操作规程、违法行为监督操作规程、行政执法监督操作规程处理。

▶ 3.6 上级人民检察院审核后同意下级人民检察院对交办案件的审查意见的可以允许下级人民检察院予以结案；不同意下级人民检察院的审查意见的，退回下级人民检察院承办部分的重新办理。

▶ 3.7 转办案件下级人民检察院民事行政检察部门依法审查后，可直接作出决定，对案件处理结果负责，无须将审查意见报上级人民检察院审核。

三、调卷操作规程

▶ 1. 调卷的条件

▶ 1.1 承办人通过初步审查监督申请和答辩材料，认为有以下情形之一的，可以调阅原审审判卷宗：

（1）案件事实尚不能确认；

（2）适用法律是否正确不能确定；

（3）诉讼程序可能存在违法等问题的；

（4）案件的事实与法律关系比较复杂，需要进一步审查原审审判卷宗的。

▶ 1.2 如承办人通过书面审查监督申请书、生效的裁判法律文书等材料即可认定当事人申请监督的主张明显不成立的，可以不调阅诉讼卷宗，直接制作审查终结报告，提出处理建议。

▶ 1.3 为全面了解案情和证据状况，更好地做好当事人的释法说理工作，原则上应当调阅原审审判卷宗。

▶ 2. 调卷的程序

▶ 2.1 按下列要求制作调卷函：

（1）领取统一制式的《人民检察院调阅案卷单》，按文书格式填写好调卷单位、案号、当事人、案由及用途，经分管副检察长批准后，加盖人民检察院印章或办公室印章；

（2）也可在统一业务应用系统中，在"公用文书"栏目中选取自动生成的《人民检察院调阅案卷单》，层报分管副检察长审批后，加盖人民检察院印章或办公室印章。

▶ 2.2 领取统一制式的《介绍信》，按统一格式填写，报分管副检察长签字，加盖人民检察院印章。

▶ 2.3 根据被调卷法院的远近及所在城市，按以下要求选择合适的交通工具：

（1）被调卷法院与所需调卷的检察院为同城的，承办人应事先与单位的后勤保障部门取得联系，安排好车辆；

（2）被调卷的下级人民法院与所需调卷的检察院不在一个城市的，承办人可以委托与下级人民法院同级的人民检察院调卷，承办人认为必须由自己亲自调卷的，应事先选择合适的交通工具；

（3）承办人不得以任何理由乘坐当事人提供的车辆前往被调卷法院调卷。

▶▶ 2.4 到法院调卷应由两名检察人员进行，并携带好工作证、介绍信和调卷函。

▶▶ 2.5 承办人应先到被调卷法院的档案部门，出示工作证、介绍信和调卷函，说明来意，根据被调卷法院的规章制度和内部操作程序，调阅诉讼卷宗。

▶▶ 2.6 承办人通过拷贝电子卷、查阅、复制、摘录等方式满足办案需要的，可以不调出诉讼卷宗。

▶▶ 2.7 承办人仅复印诉讼卷宗的，应要求被调卷法院在复印的卷宗上加盖"本件与原件核对无异"章。

▶▶ 2.8 复印费由监督申请人直接支付给有关单位和机构，检察机关不代收代付。

▶▶ 2.9 调卷期限应当符合以下要求：

（1）人民检察院向人民法院调阅诉讼卷宗的时间为三个月；

（2）特殊情况需延长调阅期限的，应重新办理调阅手续，连续调阅期限不超过六个月。

▶▶ 2.10 上级人民检察院向下级人民法院调阅诉讼卷宗，且被调卷法院与所需调卷的检察院不在一个城市的，可委托与下级法院同级的人民检察院，同时将《人民检察院调阅案卷单》发送委托调卷的人民检察院。

▶▶ 2.11 被委托的人民检察院应尽快完成调卷，并将复印后的法院诉讼卷宗通过检察快递或机要信件的方式邮寄到委托的人民检察院。

▶ **3. 卷宗保管和保密**

▶▶ 3.1 在使用诉讼卷宗过程中，应当严格执行谁批准谁负责、谁使用谁负责的制度。

▶▶ 3.2 使用人应做好保密工作，确保诉讼卷宗安全。对于违反保密规定，泄露审判、秘密的，或者篡改、损毁、丢失卷宗的，应依法依纪追究相关人员的责任。

▶▶ 3.3 案件办结后，复印的诉讼卷宗应当按照以下规定处理：

（1）案件办结结果为提请抗诉，其复印的诉讼卷宗需随提抗的检察卷和提抗报告一同寄送给上级检察院；

（2）办结结果为抗诉，复印的诉讼卷宗应当随抗诉案件的诉讼档案一同归档；

（3）办理结果为不支持监督申请决定，复印的诉讼卷宗随所办案件的诉讼档案归档作为短期保存；

（4）短期保存的复印卷宗需要销毁的，应由案件承办人决定。

四、调查核实操作规程

【定义】民事检察监督调查核实，是指人民检察院在民事诉讼法律监督活动中，就人民法院生效的民事裁判、民事调解是否具备法定监督事由，审判人员及执行人员在民事诉讼活动中是否存在违法情形，依照法定程序所采取的调取相关证据材料、询问相关人员、勘验、鉴定等方式，向案件当事人或案外人进行调查取证、核实案情的活动。

▶ **1. 调查核实的主体**

▷▷ 1.1 人民检察院进行调查核实，应当由两名以上具有检察官职务的检察人员共同进行。

▷▷ 1.2 进行调查核实前，应向调查对象出示工作证件，并对监督案件申请监督情况作简要说明。

▷▷ 1.3 调查核实的具体实施应当由负责承办该案件的一名检察官主持，其他检察官协助。需要制作相应调查笔录的，可以由书记员负责记录。

▶ **2. 调查核实的启动**

▷▷ 2.1 承办人办理的监督案件，可能存在以下情形需要进行监督，但仅通过阅卷及审查现有材料难以认定的，可以进行调查核实：

（1）有新的证据，足以推翻原判决、裁定的；

（2）原判决、裁定认定的基本事实缺乏证据证明的；

（3）原判决、裁定认定事实的主要证据是伪造的；

（4）原判决、裁定认定事实的主要证据未经质证的；

（5）对审理案件需要的主要证据，当事人因客观原因不能自行收集，书面申请人民法院调查收集，人民法院未调查收集的；

（6）原判决、裁定适用法律确有错误的；

（7）审判组织的组成不合法或者依法应当回避的审判人员没有回避的；

（8）无诉讼行为能力人未经法定代理人代为诉讼或者应当参加诉讼的当事人，因不能归责于本人或者其诉讼代理人的事由，未参加诉讼的；

（9）违反法律规定，剥夺当事人辩论权利的；

（10）未经传票传唤，缺席判决的；

（11）原判决、裁定遗漏或者超出诉讼请求的；

（12）据以作出原判决、裁定的法律文书被撤销或者变更的；

（13）审判人员审理该案件时有贪污受贿，徇私舞弊，枉法裁判行为的；

（14）可能损害国家利益、社会公共利益的；

（15）其他因履行法律监督职责提出检察建议或者抗诉的需要情况。

▶▶ 2.2 调查核实应当符合下列要求：

（1）基于履行民事法律监督的职责；

（2）需要调查核实的事项应当是原审诉讼过程中法院应当依职权调取或当事人申请法院调取法院无正当理由拒绝调取的证据；

（3）证明执行人员在执行过程中可能违法情形的证据；

（4）证明法官及其他司法人员存在违法行为的证据。

▶▶ 2.3 调查核实的启动形式有以下三种：

（1）承办人建议启动：承办人根据案件具体情况或者当事人的申请，认为需要调查核实的，可以提出调查核实建议；

（2）讨论决定启动：案件经集体讨论认为有必要就案件某一问题进行调查核实的，可以报经领导同意启动调查核实；

（3）审批决定启动：部门负责人或分管副检察长在审批案件过程中，认为需要对案件进行调查核实的，可以决定启动调查核实。

▶▶ 2.4 当事人申请对案件进行调查核实的，承办人应当进行必要性审查，经审查决定进行调查核实的，应当提出调查核实的建议；经审查决定不予调查核实的，应当告知申请人并说明理由。

▶▶ 2.5 当事人申请调查核实的请求以及承办人必要性审查过程，应当在案件审结报告中体现。

▶▶ 2.6 承办人建议启动或讨论决定启动的，应提出调查核实建议，调查核实建议应当说明调查核实的必要性、调查核实初步目标、调查核实的可行性等基本问题，并以书面形式提出。审批决定启动的，无须提出书面建议。

▶▶ 2.7 部门负责人根据承办人提出的调查核实建议，作出同意或者不同意的决定，对调查核实建议中某些问题可予以修改。

▶▶ 2.8 调查核实建议经批准的，承办人根据拟采取的具体调查核实措施，分别填写审批表，逐级履行审批程序，其中，拟调取、复制相关证据材料、查询、询问、咨询的，报部门负责人审批；拟进行委托鉴定、评估、审计的，经部门负责人审核后报分管副检察长审批。

▶ 3. 调查核实的准备

▶▶ 3.1 根据需要调查核实的问题，依次确定调查核实对象。调查核实对象可以是案件当事人，也可以是案外人，或者某专门领域、专门行业的专业人员。

▶▶ 3.2 调查核实对象是未成年人的，应当通知其监护人；调查核实对象是聋哑人或者少数民族、不通汉语的外籍人士的，在确定对象同时应确定到场翻译人员。

▶▶ 3.3 确定调查核实对象时应明确其常住地址及联系方式。

▶▶ 3.4 按照以下内容确定调查核实目标：

（1）需要查明什么问题；

（2）需要排除什么疑虑；

（3）需要查明的案件事实要素；

（4）诉讼过程中是否存在程序违法问题。

▶▶ 3.5 根据需要查明的问题，确定相应的调查核实对象及措施。根据拟采取的调查核实措施填写相应的审批表层报领导审批，经审批同意后制作法律文书，加盖院印后发送调查核实对象及其他有关人员或单位。

▶▶ 3.6 制作调查核实方案包括以下几个方面的内容：

（1）调查核实拟采取的具体措施及实施计划。拟采用多个调查措施的，按拟进行先后顺序列明，并依据案件具体情况及被调查对象的具体情况分别制定相应的实施计划，如联系被调查对象、确定调查地点、依情况联系见证人或者其他辅助人员（如居委会、村委会工作人员等）；

（2）进行调查核实拟采用的工作方法。包括是自行调查还是委托调查、是否需要相关单位协助调查、需要配备人员及条件等；

（3）准备相应的法律文书、介绍信和工作证；

（4）根据案件事实及申诉情况，对可能遇到的特殊情况及突发情况作基本预测，并做好相应防范应对措施。

▶▶ 3.7 根据下列不同调查核实措施，做好相应的准备工作：

（1）拟采用询问、咨询进行调查核实的，应同时明确基本询问提纲、咨询提纲；

（2）拟进行查询的，应填写相应查询通知书；

（3）需要相关单位协助的，应填写协助查询通知书或委托调查文书；

（4）拟进行鉴定、评估、审计的，应当填写相应委托函；

（5）需要到其他单位进行调查核实的，应当准备介绍信，介绍信凭调查核实建议及方案加盖人民检察院印章，并注明有效期限。

▶ 4. 调查核实的实施

▶ 4.1 人民检察院可以采取以下调查核实措施：

（1）调取、复制相关证据材料；

（2）查询相关证据材料；

（3）询问当事人或案外人；

（4）就某些专业问题咨询专业人员、相关部门或行业协会的意见；

（5）委托鉴定、评估、审计；

（6）勘验物证、现场；

（7）法律允许的其他措施。

▶ 4.2 承办人应当确认需要调取、复制的证据材料所在地，必要时可先与证据所有人或所在单位取得联系。

▶ 4.3 拟调取、复制的证据材料应当确认为原件。证据材料可以复制的，调取复制件。

▶ 4.4 复制有困难或者基于监督需要要求调取证据材料原件的，应当出具证据材料收据，列明所调取证据材料名称、规格、型号、数量、颜色、新旧程度、完整程度等基本信息，并由调查核实人员、证据材料持有人双方签字盖章确认。

▶ 4.5 对证据材料进行复制的，复制工作可以由调查核实人员自行复制，也可以在有调查核实人员在场的情况下交由证据材料持有人复制，调查核实人员应当核对其一致性。

▶ 4.6 复制件应当由证据持有人签名并注明"复印属实"和日期。持有人为单位的，应加盖该单位档案部门或其他负有保管职责部门的"复印属实"章。

▶ 4.7 调取证据为物证的，调取原物有困难或者不便保存的，可以对原物进行拍照、录像，拍照、录像应当足以反映原物的外形、内容及原物存放地点等情况。

▶ 4.8 所调取、复制的证据材料涉及国家秘密、公民个人隐私的，应当严格保密。

▶ 4.9 查询与监督案件有关的金融财产和案件凭证券资料的，应当按以下要求办理：

（1）首先明确相关当事人金融财产线索，包括确切姓名或名称、身份证号码等；

（2）仔细填写《协助查询金融财产通知书》，并携带工作证、介绍信前往银行或其他金融单位进行查询；

（3）查询与监督案件有关的企业会计凭证、账簿等资料，或者当事人其他信息资料的，应当携带工作证、介绍信前往相关单位进行查询。

▶▶ 4.10 进行查询前应先出示相关证件及法律文书，经调查对象单位负责人签字并指定有关业务部门根据所出示的相关法律文书提供资料。

▶▶ 4.11 查询所得相关证据资料可以抄录、复制、照相，抄录件与复制件应经资料持有单位盖章。查询金融财产的，由相关金融单位填写《协助查询金融财产通知书》回执并盖章。

▶▶ 4.12 询问当事人或案外人应当按照下列要求办理：

（1）询问前应根据监督案件情况做好相应准备工作，制定《询问提纲》，列明应当注意的问题，并对询问对象的心理状况及可能反应有所预估；

（2）询问可以到询问对象所在单位或者住处进行，也可以通知询问对象到人民检察院接受询问，除此外不得另行指定其他询问地点；

（3）进行询问应首先问明询问对象的基本情况及与当事人或监督案件的关系，并告知询问对象的相关权利义务及法律责任；

（4）询问提出问题应当明确清楚，不使用提示性、暗示性、诱导性、欺骗性及威胁恐吓性的言辞进行询问；

（5）询问也可以使用书面方式进行。使用书面方式进行的，调查核实人员仍应口头进行确认；

（6）应当如实、完整制作询问笔录；

（7）询问结束后，询问笔录应交询问对象核对，询问对象无阅读能力的，应向其宣读由其核对；

（8）询问对象可以对询问笔录进行补充或修正，经核对无误后，询问对象应在每页笔录末尾及修正部分签名或盖章予以确认，参加询问人也应当在笔录上签名。询问对象拒不签名的，询问人应当注明情况。

▶▶ 4.13 询问笔录应当包括以下内容：

（1）询问时间、地点；

（2）参加询问人、笔录制作人姓名、职务；

（3）询问对象基本情况；

（4）证言详细内容。

▶ 4.14 人民检察院办理监督案件过程中，对案情涉及专业领域、特定行业或某些专门事项行政管理部门的专门知识，无法或者无须通过鉴定、评估等方式解决，但对事实认定或案件审查具有决定性作用的，可以咨询专门人员的意见。

▶ 4.15 专门人员的范围包括专业人员、相关部门以及行业协会等。专门知识必须是在特定领域人员才知悉或者只在一定范围内的专家掌握的知识，特定领域问题包括医疗、网络、生物等专业领域，也包括建筑、外贸、行业生产等行业通用规则，以及金融管制、证券期货等与行政管理职能相关的内容。在普通领域或行业中具有相当学识或经验即可掌握的知识，不属于专门知识。

▶ 4.16 咨询可以用口头方式进行，也可以用书面方式进行。口头进行的，应当制作笔录，并由接受咨询的专业人员签名或者盖章。拒绝签名的，应当由调查核实人员记明情况。

▶ 4.17 拟采取咨询专业意见调查核实措施的，应当先审查咨询专业意见的必要性，应遵照民事诉讼监督是公权力监督的本质属性要求，需要咨询的专门知识应当对判断人民法院审判行为、执行行为是否合法、判断进行检察监督是否确有必要具有决定性作用。

▶ 4.18 委托鉴定、评估、审计应当符合必要性原则。人民检察院办理民事监督案件过程中认为某些与监督案件事实认定，或者与查明人民法院审判活动或执行活动是否符合法律规定有关的问题，只能依靠科学方法、通过其他方式不能解决的，可以委托鉴定、评估、审计。能够直接判断诉讼过程中依法应当鉴定、评估、审计而法院对当事人的申请未予准许的，无须启动鉴定程序。

▶ 4.19 办理民事诉讼监督案件，当事人向人民检察院申请鉴定、评估、审计的，鉴定、评估、审计费用由当事人承担；人民检察院依职权自行决定的，鉴定、评估、审计费用由人民检察院承担。

▶ 4.20 承办人认为应当委托鉴定、评估、审计的，应当经部门负责人审核并报分管副检察长批准后，制作《委托鉴定（评估、审计）函》，列明需要委托鉴定、评估、审计的具体事项，发送受委托单位。

▶ 4.21 委托鉴定、评估、审计应当选择有相应资格的鉴定、评估、审计单位及具体实施人员，同时该单位和个人应当与监督案件或监督案件当事人没有利害关系、不具有应当回避的情形。

▶ 4.22 委托鉴定、评估、审计时，应当为鉴定人、评估人、审计人提供必要条件，及时向其送交有关检材、样本及相关材料。前述材料由监督案件一方当事人持有的，该当事人有义务配合鉴定、评估、审计；由其他行政管理部门或上级部门持有的，人民检察院应依法调取。向鉴定、评估、审计机构送交的材料应当是原始材料。

▶ 4.23 调查核实人员应当对鉴定、评估、审计结论进行审查，如是否符合法定形式要求，是否需签名或盖章。对鉴定、评估、审计结果应当告知监督案件各方当事人。

▶ 4.24 检察监督过程中进行的鉴定、评估、审计应当尽量避免重复，原则上在人民法院诉讼过程中已经进行鉴定、评估、审计的，一般不再委托鉴定、评估、审计，而应重点审查原鉴定意见、评估报告、审计报告所采用的标准、依据、方法等是否符合证据采信规则。

▶ 4.25 监督案件涉及不动产或者一些重要证据因无法移送、难以搬运的，如确有必要，可以勘验物证或现场。勘验物证、现场的，应当邀请与案件无关的当地基层组织或者当事人所在单位派人作为见证人参加。当事人或者当事人的成年家属应当到场，拒不到场的，不影响勘验的进行。

▶ 4.26 勘验物证的，应当对物证进行固定后进行记录，对物证所在具体环境，如有必要的，应当一同记录。勘验物证时，物证的大小应当放置标尺或者参照物予以反映并记录。

▶ 4.27 勘验现场的，应当同步进行照相、录像。现场照相、录像应当准确记录现场方位、周围环境及整体布局等，现场照片应当加注文字说明。

▶ 4.28 勘验结束应当制作勘验笔录或者现场绘图。勘验笔录或现场绘图应当与照片、录像情况吻合。现场绘图应当标明方位坐标及比例尺，描述方位应当采用东、西、南、北向表述。笔录及现场绘图应当由调查核实人员、勘验人、当事人和见证人签名或盖章。当事人拒不签名的，调查核实人员应当注明情况。

▶ 4.29 涉及土地、矿产、林木等方面专门领域案件需要勘验现场的，可以邀请相关部门、机构的专业人员一起参加。

▶ 4.30 勘验物证、现场系当事人向人民检察院申请勘验的，勘验费用由当事人承担；人民检察院依职权自行决定的，勘验费用由人民检察院承担。

▶ 4.31 因查明案件事实所需，需要采取其他措施进行调查核实的，案件承办人员根据案件情况可向部门负责人提出具体措施及实施计划，由部门负责人审批。

▶ 4.32 对调查核实所取得的结果应当以书面证据材料或者电子证据的形式进行固定，调查核实结果的固定应当遵循客观、真实、完整、全面的原则，并遵循笔录制作规范、书面证据材料收取规范等通用规程。

▶ 4.33 人民检察院进行调查核实，有关单位和个人应当配合。拒不配合或妨碍调查核实的，人民检察院可以向有关单位或者其上级主管部门提出检察建议，责令纠正；拒绝配合或妨碍调查核实行为构成刑事犯罪的，依法移送有关机关处理。

▶ **5. 辅助调查核实的程序**

▶ 5.1 人民检察院在办理民事监督案件过程中，上下级人民检察院之间或者平级人民检察院之间对核实案情、调查取证事项应当进行协作、配合与合作，包括协助调查核实、指令调查核实以及委托调查核实。

▶ 5.2 协助调查核实包括以下内容：

（1）根据案情需要赴外地对有关单位和个人进行调查核实的，承办人员应当携带工作证、单位介绍信和相关调查核实法律文书和公函，及时与当地人民检察院联系请求协助，并告知需要当地人民检察院提供协助的具体内容；

（2）协助调查核实请求应当合法、具体、明确，内容应当包括调查核实的目的、调查核实对象、请求协助的具体事项和必要的线索等；

（3）请求协助调查核实，法律手续应当完备，如即时情况变化导致手续不能及时出具的，可以向当地人民检察院说明并商请事后补办，补办应当及时。

▶ 5.3 指令调查核实包括以下内容：

（1）证据所在地或者调查对象所在地是承办案件人民检察院辖区内下级人民检察院的，如所需调查核实情况较简单的，或者由当地人民检察院进行调查核实更为方便、快捷的，经部门负责人批准，可以指令下级人民检察院调查核实。

（2）指令调查核实的，承办人应当填写《指令调查通知书》，注明调查核实事项的具体内容，包括调查核实目的、调查核实要求及其他需要注意的情况等，同时应注明调查核实对象的名称及确定地址、联系方式、证据线索等，以确保调查核实工作顺利进行。

（3）被指令人民检察院收到相关法律文书后，应当在十五日内完成调查核实工作并书面回复。有客观原因不能在期限内完成的，应当及时向上级人民检察院报告，并说明情况。

（4）被指令人民检察院应当按照指令调查核实要求完成调查核实事项，如被指令人民检察院认为调查核实要求存在操作方面问题的，可以向上级人民检察院报告，请示是否变更。

▶ 5.4 委托调查核实包括以下内容：

（1）证据所在地或者调查对象所在地在承办案件人民检察院辖区外的，如所需调查核实情况较简单、委托当地人民检察院进行调查核实更为方便、快捷的，由承办人提出建议，经部门负责人审核后报分管副检察长批准，可以委托外地人民检察院进行调查核实。

（2）委托调查核实的，承办人应当填写《委托调查函》，注明调查核实事项的具体内容，包括调查核实目的、调查核实要求及其他需要注意的情况等，同时应注明调查核实对象的名称及确定地址、联系方式、证据线索等，以确保调查核实工作顺利进行。

（3）受委托人民检察院在收到相关法律文书后，应当在十五日内完成调查核实工作并书面回复。有客观原因不能在期限内完成的，应当及时反馈，并说明突发或特殊情况。

（4）受委托人民检察院可以对委托调查核实事项的可操作性进行审查，并与委托人民检察院共同商讨、协调，决定是否变更调查核实计划。委托调查核实中发生争议无法协商解决的，报各自上级人民检察院或共同上级人民检察院协调，经协调确定的意见，受委托人民检察院应当执行。

▶ 5.5 协助调查核实的，因调查核实支出的费用，除民事诉讼法和《民事诉讼监督规则》明确规定由申请监督人承担的外，由承办案件人民检察院承担；指令调查核实、委托调查核实的，除民事诉讼法和《民事诉讼监督规则》明确规定由申请监督人承担的外，相关费用由被指令或受委托人民检察院承担。

▶ 6. 调查核实结果运用

▶ 6.1 调查核实结束，案件承办人应当根据调查核实情况整理形成调查核实成果，调查核实成果包括调取的各项证据材料制复制件、笔录、查询结果文书或回执等证据材料。

▶ 6.2 案件承办人应当对调查核实成果进行审查，审查内容主要包括：

（1）根据该调查核实成果查明的事实与法院认定的事实之间是否有差异，差异程度如何，差异原因为何；

（2）差异是否足以推翻原判决；

（3）能否认定原审法院诉讼程序或执行程序中存在违法情形；

（4）能否认定监督案件存在虚假诉讼、虚假调解情形；

（5）其他情形等。

▶ 6.3 对调查核实情况，应当在案件审结报告中的"审查认定的事实"一项中予以体现。经调查核实，认定的事实与法院认定事实不一致的，应写明分歧与依据，经调查核实，认定事实对法院认定事实有补充的，应写明新情况。同时应写明本院所作调查核实情况。

▶ 6.4 调查核实成果在案件集体研究时应予以展示并进行讨论。

▶ 6.5 制作结案文书时，如有必要，应当对调查核实情况予以说明。

▶ 6.6 监督案件审查结案后，对调查核实成果应作为证据材料归档保存。对于提出检察建议、抗诉的案件，应当将调查核实成果复制，并对复制件加盖"本件与原件核对无异"章后，附卷移送人民法院。

▶ **7. 操作禁忌**

▶ 7.1 调查核实不得破坏当事人在民事诉讼结构中的平衡关系，避免代替一方当事人搜集证据。

▶ 7.2 调查核实过程中不得侵犯调查对象合法的人身、财产权利：

（1）人民检察院不得以调取证据为由，对调查对象财产实施查封、扣押等强制性措施；

（2）人民检察院查询金融资产，不得采取查封、扣押、冻结财产等强制性措施；

（3）人民检察院询问调查对象，询问结束应让询问对象离开，不得以询问为由变相限制调查对象的人身自由；

（4）人民检察院调查核实过程中，调查核实对象是未成年人的，应当注意保护未成年人权益，执法过程中应注意执法态度和方法，不得做有损未成年人身体、心理健康成长发育的行为。

▶ 7.3 调查核实过程中必须注意保密：

（1）不得以调查核实为由，打探调查对象的个人隐私和商业秘密；

（2）调查核实所获取的有关个人隐私和商业秘密的内容，不得对外发布或泄露；

（3）不得对调查对象泄露办案过程中承办人意见、参与案件讨论人员意见以及案件讨论结果等情况。

➡ 7.4 人民检察院对辅助调查核实事项负有配合、协助义务，不得推脱或阻碍调查核实进行。

➡ 7.5 辅助调查核实过程中发生争议请示上级人民检察院或者报请上级人民检察院协调的，对上级人民检察院答复指令或者协调决定必须执行，不得拖延。

五、听证操作规程

【定义】听证是指当事人对人民法院生效的民事行政判决、裁定或调解书不服，申请人民检察院监督，或人民检察院依职权监督民事行政判决、裁定或调解书，在必要时由人民检察院组织当事人围绕双方争议的焦点，面对面发表意见的活动。

➡ **1. 听证的原则**

➡ 1.1 必要性原则。人民检察院监督民事行政案件，确有必要时，可以举行听证。

➡ 1.2 公正原则。听证遵循直接对面、公正依法、讲究效率、简便易行的原则。

➡ 1.3 公开原则。除涉及国家秘密、个人隐私或者法律另有规定的以外，听证应当公开进行。离婚分割财产案件、涉及商业秘密的案件，当事人申请不公开听证的，可以不公开听证。

➡ 1.4 平等原则。当事人在听证活动中的诉讼地位平等，拥有平等的陈述意见和辩论的权利。

➡ 1.5 合法原则。人民检察院依法组织当事人听证，充分保障当事人的诉讼权利。

➡ **2. 听证的适用范围**

➡ 2.1 对下列有涉事实、证据争议的案件可以组织听证：

（1）申请人提出新的证据，可能推翻原判决、裁定的案件；

（2）原判决、裁定采用未经质证、认证的证据或者未采用已经质证、认证的证据认定案件事实，可能导致认定事实和实体处理错误的案件；

（3）原判决、裁定认定事实的主要证据可能是伪造的案件；

（4）需要听证的其他事实问题案件。

▶▷ 2.2 对由于现行法律的滞后性，以及现实生活的复杂性，案件缺乏具体明确的法律依据的案件，可以组织听证。

▶▷ 2.3 有涉群体性申诉案件，关系社会稳定的案件，社会广泛关注或者当地党委、政府高度重视的案件，重大复杂的疑难案件，可能引起矛盾激化的案件，可以组织听证。

▶ **3. 听证程序**

▶▷ 3.1 听证程序依以下方式启动：

（1）当事人申请而启动；

（2）检察院依职权启动。

▶▷ 3.2 当事人申请听证的，应提交书面申请书，由检察院决定是否举行听证。检察院决定不举行听证的，应口头告知申请人不举行听证的理由。

▶▷ 3.3 承办人员应当认真做好听证前的准备工作。

▶▷ 3.4 承办人应当认真审核诉讼材料，熟悉案情，主要内容包括：

（1）审阅一审、二审、再审判决、裁定、调解书，了解案件的基本情况；

（2）审阅当事人的申请监督书及答辩状，掌握当事人的争议焦点；

（3）围绕当事人的争议焦点全面客观地审查已有全部证据材料，包括双方当事人提交的证据和庭审笔录；

（4）根据需要调查核实相关证据，并了解与本案相关领域的基本知识。

▶▷ 3.5 检察院决定听证后，应在听证前三日内通知当事人、其他听证参与人，并告知时间、地点、听证主持人和书记员姓名、听证重点、听证目的等。

▶▷ 3.6 听证参加人包括以下人员：

（1）当事人委托的代理人；

（2）邀请与案件没有利害关系的人大代表、政协委员、人民监督员、特约检察员、专家咨询委员、人民调解员；

（3）当事人所在单位、居住地的居民委员会委员；

（4）专家、学者等其他社会人士；

（5）与听证案件有关的证人、鉴定人、勘验人、翻译人员。

▶▷ 3.7 代理人出席听证的，应出具授权委托书，委托应载明委托事项和权限。

当事人众多的，可以推选两至三名代表人参加听证。

▶ 3.8 听证主持人、书记员、翻译人员、鉴定人、勘验人或者其他参加人有下列情形之一的，应当自行回避，当事人有权申请其回避：

（1）是本案当事人或者当事人、诉讼代理人近亲属的；

（2）与本案有利害关系的；

（3）与本案当事人、诉讼代理人有其他关系，可能影响对案件公正判断的；

（4）有接受当事人、诉讼代理人请客送礼情形的；

（5）违反规定会见当事人、诉讼代理人的。

▶ 3.9 听证组织按下列要求组成：

（1）听证由承办该案件的检察人员主持，书记员记录。没有配备书记员的，由部门负责人安排其他人员担任记录。

（2）承办人为两人时，由具备检察官资格的人担任听证主持人。

（3）听证应当在人民检察院专门听证场所内进行。听证场所应配备录音录像设备。

▶ 3.10 听证主持人查明听证参与人是否到场，宣布听证纪律，核对当事人，宣布主持人、书记员等其他听证参与人的名单，告知当事人权利义务，询问是否提出回避。申请回避的，应说明理由并提供相应证据。

▶ 3.11 当事人在听证过程中，有权申请回避，申请出示证据，发表质证意见，反驳对方的请求，请求和解，撤回监督申请。

▶ 3.12 听证按下列顺序进行：

（1）当事人发言，有申诉人的，申诉人先发言，依职权启动的由听证主持人确定当事人发言顺序；

（2）告知证人的权利义务，证人作证，宣读未到庭的证人证言，当事人向证人发问质证；

（3）当事人出示新的书证、物证、视听资料和电子数据，说明证据来源、证明目的，对方质证；

（4）出示人民检察院调查取得的证据，由双方质证；

（5）宣读新的鉴定意见，当事人向鉴定人员发问质证；

（6）宣读新的勘验笔录，当事人向勘验人员发问质证；

（7）当事人作总结发言；

（8）宣布听证结束。

▶ 3.13 听证应制作笔录，经发言人校阅后，由发言人签名或盖章。拒绝签名盖章的，应当记明情况。

▶ 3.14 听证笔录应写明案由、当事人、时间、地点、参与人，全面真实反映听证整个过程。

▶ 3.15 在听证的过程中，发现当事人双方有和解的愿望，应及时组织当事人和解。能及时履行的，可以不形成书面协议，由书记员记录在案，双方签字认可；如不能及时履行，应形成书面协议，由双方当事人签字或盖章，效力等同于执行和解。

▶ 3.16 参加听证的人员应当遵守听证纪律，服从听证主持人指挥。

▶ 3.17 对违反听证秩序的，人民检察院可以予以训诫，责令退出听证场所；对哄闹、冲击听证场所，侮辱、诽谤、威胁、殴打检察人员等严重扰乱听证秩序的，依法追究责任。

▶ 3.18 依当事人申请检察院决定听证的，申请人不准时参加听证、事先又未提出延期申请的，或未经听证主持人许可退出听证的，视为撤回听证申请。其他当事人无正当理由不准时参加听证，或未经听证主持人许可退出听证的，不影响听证的进行。

▶ 3.19 依职权启动的，当事人无正当理由不准时参加听证，或未经听证主持人许可退出听证的，不影响听证的进行。

▶ 3.20 有下列情形之一的，可以延期听证：

（1）必须参加听证的当事人和其他听证参与人有正当理由不能参加听证的；

（2）当事人临时提出回避申请的；

（3）需要通知新的证人参加听证，调取新的证据，重新鉴定、勘验，或者需要补充调查的；

（4）其他应当延期听证的情形。

▶ 3.21 人民检察院决定延期听证的，应及时通知当事人及其他听证参与人。

▶ **4. 操作禁忌**

▶ 4.1 听证不是法院庭审，只围绕双方争议焦点进行听证，不得面面俱到。

▶ 4.2 听证主要听取当事人意见，不得以主持人为主导。

六、听取当事人意见操作规程

【定义】听取当事人意见是指检察机关在审查民事行政监督案件过程中，为了全面了解案件事实、准确掌握当事人之间的争议焦点、正确评价原审人民法院在原审中的诉讼活动情况，并充分保障各当事人的诉讼权利，通过书面或者当面形式听取当事人对原审审判活动、审判结果及检察监督的意见、要求的活动。听取当事人意见是办理民事行政检察监督案件过程中的必经程序，办案人员应当依法保障当事人对案件提出意见的权利。

▶ 1. 听取当事人意见的主体

▶ 1.1 人民检察院在办理民事行政检察监督案件中听取当事人意见，应当由两名以上具有检察官职称的检察人员共同进行。

▶ 1.2 听取当事人意见时，一般应当由负责承办该案件的一名具有检察官职称检察人员主持，其他检察人员可以协助。

▶ 1.3 听取当事人意见，可以由书记员负责记录。

▶ 2. 听取当事人意见的其他参与人员

▶ 2.1 需要进行录音录像时负责录音录像的检察技术人员。

▶ 2.2 哑语、少数民族语言、当地方言和外国语言的翻译人员。

▶ 2.3 未成年人的监护人。

▶ 2.4 其他根据情况需要参加的人员，如医护人员，邀请的人大代表、政协委员、人民监督员、特约检察员等。

▶ 3. 听取当事人意见的启动

▶ 3.1 依职权启动。承办人在审查案件过程中，认为需要听取当事人意见的，可以通知当事人，听取其意见。

▶ 3.2 依申请启动。在案件审查期间，任何一方当事人认为有必要的，可以向检察机关申请听取其意见。

▶ 3.3 依职权不启动。符合下列情形之一的，可以依职权不启动听取当事人意见程序：

（1）受理申请监督案件后，申请监督人申请撤回监督申请，而且不损害国家利益、社会公共利益或者他人合法权益的，可以不启动听取其他当事人意见程序；

（2）在申请监督案件中，申请监督理由明显不成立，而且不损害国家利益、社会公共利益或者他人合法权益的，可以不启动听取其他当事人意见程序；

（3）在依职权监督案件中，检察机关认为不需要听取当事人意见的；

（4）在复查案件中，申请人在提出申请时未提出证明存在错误的证据材料，也未说明理由和依据或者提交的证据材料和说明的理由、依据明显不成立，拟径行作出维持决定的，可以不启动听取其他当事人意见程序。

▶ **4. 当事人的范围**

▶▷ 4.1 当事人包括申请监督人。

▷▷▷ 4.1.1 听取当事人意见，首先是听取申请人民检察院进行监督的申请监督人的意见。

▷▷▷ 4.1.2 申请监督人包括以下人员：

（1）原审原告和原审被告；

（2）原审上诉人和原审被上诉人；

（3）原审中的第三人，包括有独立请求权的第三人和无独立请求权的第三人。

▶▷ 4.2 当事人包括其他当事人，是原审案件的当事人中除申请监督人之外的其他诉讼当事人，包括：

（1）原审原告和原审被告；

（2）原审上诉人和原审被上诉人；

（3）原审中的第三人，包括有独立请求权的第三人和无独立请求权的第三人。

▶▷ 4.3 当事人的诉讼代理人包括：原审中诉讼代理人和申请监督中的代理人，均不是独立的听取意见的主体。在办理申请监督案件中，听取当事人的诉讼代理人的意见，只是听取当事人意见的另一种形式。

▶ **5. 听取当事人意见的方式和要求**

▶▷ 5.1 当事人以书函形式提交其对原审诉讼情况、诉讼结果以及检察监督的意见的，可以以审查书面意见的方式听取其意见。

▶▷ 5.2 当事人认为需要当面口头提出其对原审诉讼情况、诉讼结果以及检察监督的意见的，或者办案人员认为有必要当面听取其意见的，可以当面听取当事人的意见。

▶▷ 5.3 当面听取当事人意见一般是指面对面地听取。遇到特殊情况，经分管检察长同意，可以通过视频进行。视频听取当事人意见的全过程，应当按照同步录音录像的要求办理。

▶ 5.4 听取当事人意见应当按照以下要求进行：

（1）双方当事人分开进行；

（2）一方人数众多的，原则上应当逐个分开听取其意见；

（3）当事人可以就案件提出自己的意见，也可以不提出意见，当事人放弃提出意见或者认为没有意见的不影响检察机关办理案件；

（4）听取当事人意见属于必经程序，不能省略；

（5）可以一次性听取当事人意见，也可以多次听取当事人意见，但能在一次意见听取中解决的问题应尽量在一次听取中全部解决。

▶ **6. 听取当事人意见的时间**

▶ 6.1 听取当事人意见原则上应当在案件受理并对当事人申请监督材料和案件的案件卷材料进行初步审查后，案件审结报告制作之前进行。

▶ 6.2 听取当事人意见的时间应当安排在工作日的工作时间内。

▶ 6.3 一次听取当事人意见的时间根据案件情况的需要而定，可长可短，但应当尽量提高工作效率。

▶ **7. 听取当事人意见的地点**

▶ 7.1 听取当事人意见地点应当在办公场所进行，有专门的当事人接待室的应当在当事人接待室内进行。

▶ 7.2 对于具有下列情形的，也可以在当事人所在地或住所听取其意见：

（1）由于年老体弱等身体健康原因确实行走不便的；

（2）正在医院就诊，无法在合适的办案期限内到检察机关听取其意见的；

（3）被司法机关羁押失去人身自由，不能到检察机关听取其意见的；

（4）其他有正当理由不能来检察机关而办案又确有必要听取其意见的。

▶ **8. 听取当事人意见的准备**

▶ 8.1 掌握案件基本情况，做好以下几点：

（1）认真审查当事人申请监督材料，归纳并掌握当事人申请监督的主要理由、依据及诉求；

（2）认真审查案卷材料，全面、准确了解人民法院在原审中的诉讼程序、事实认定、法律适用等方面的做法、观点等情况。

▶ 8.2 对照当事人申请监督材料与原审案卷材料，进一步确立当事人申请监督及审查中自行发现的监督要点。

▶ 8.3 查找准备相关法律法规。根据确定的监督要点,进一步查找、准备相关的法律法规和规定,确保对可能的争议问题的相关依据准备充分。

▶ 8.4 分析当事人的思想活动和心理状态,科学预测听取意见过程中当事人可能进一步提出的问题、可能出现的相关紧急情况等。

▶ 8.5 确定听取当事人意见的整体思路和重点。通过上述了解、比较、分析、查找资料等准备工作,综合确定听取当事人意见的主要内容、重点。

▶ 8.6 认真准备、精心制作听取当事人意见提纲,应当包括以下内容:

(1) 案件基本情况;

(2) 当事人基本情况及思想、心理分析;

(3) 申请监督的主要理由与依据;

(4) 答辩要点与依据;

(5) 案卷审查中发现的其他问题;

(6) 听取当事人意见的时间、地点安排;

(7) 听取当事人意见时需要进一步了解、确定的有关问题;

(8) 听取当事人意见的人员分工安排,包括发问人员、记录人员,必要时其他辅助人员的分工情况;

(9) 需要采取安全防范措施的,应当附有安全防范方案与措施。包括案件风险分类、风险级别评估、需要请求共同参加预防风险的相关部门与人员、需要采取的风险预防与控制措施等;

(10) 听取当事人意见应当注意的有关事项。

▶ 9. 告知权利和相关事项

▶ 9.1 告知当事人听取意见的时间、地点、联系方式。

▶ 9.2 听取当事人意见时应当告知当事人及其法定代理人有依法申请回避的权利,并告知办理案件的检察人员、书记员等的姓名、法律职务等有关情况。

▶ 9.3 告知回避情形。

▶ 9.4 在审判结果监督案件办理过程中,检察人员应当告知当事人有和解的权利,并可建议其依法和解。

▶ 9.5 进行同步录音录像前,应依法告知当事人将对听取意见过程同步录音录像。

▶ **10. 听取当事人意见的程序和内容**

▶ 10.1 听取当事人意见开始时，先由承办案件的检察人员简要介绍案件来由，包括当事人申请监督、下级院提请监督、本院依职权发现等，以及办理本案的检察人员（听取意见时的发问人员）、书记员（听取意见时的记录人员）的姓名和法律职务，并出示工作证。

▶ 10.2 承办检察人员核对当事人的以下情况：

(1) 姓名、出生年月日、籍贯、身份证号码；

(2) 民族、职业、文化程度；

(3) 工作单位及职务、住所；

(4) 当事人的身体状况是否能正确表达意志。

▶ 10.3 承办检察人员告知当事人在检察监督案件办理过程中以下诉讼权利和义务：

(1) 可以申请回避；

(2) 可以委托诉讼代理人；

(3) 应当遵循诚实信用原则行使诉讼权利履行诉讼义务；

(4) 应当配合检察机关调查核实。

▶ 10.4 承办检察人员告知当事人简要陈述对案件的意见，包括对原审诉讼的证据采信、诉讼程序、裁判结果、司法人员的职务行为等方面，其中已经在监督申请书、答辩状中表达过的只需要提出观点，不需要详细论述。

▶ 10.5 听取当事人对于案件事实方面的意见应当包括以下内容：

(1) 原审在证据方面是否全面审核了全部证据；

(2) 原审是否存在人民法院依法应当调取而没有调取的证据；

(3) 原审证据是否存在伪造；

(4) 是否存在再审新证据问题；

(5) 原生效裁判认定的案件事实与证据支持的事实是否不相符合。

▶ 10.6 听取当事人对于法律适用方面的意见，包括就原审所适用的法律是否存在错误，理由是什么，本案应当适用的法律有哪些等问题进行阐述。

▶ 10.7 听取当事人对于诉讼程序方面的意见，主要是就原审诉讼过程中存在的程序违法之处、程序违法后果、纠正程序违法意义等方面阐述意见。

▶ 10.8 听取当事人对于原审诉讼过程中司法人员存在的渎职行为方面的意见，主要是就原审诉讼过程中司法人员是否存在渎职行为、渎职行为情节、造成的损害后果及其证据等方面阐述意见。

▶ 10.9 承办检察人员简要归纳当事人陈述意见的观点及理由，结合其他当事人的答辩意见或者申请监督人的申请监督意见，以及检察机关在审查案件中发现的有关问题，归纳当事人之间就原生效裁判监督之间的争议焦点和其他需要听取当事人意见的问题。

▶ 10.10 由当事人就争议焦点的确定，以及确定的争议焦点和其他需要听取其意见的有关问题补充陈述新的意见。

▶ 10.11 对于当事人在陈述意见提到的有关证据规则和法律适用规则理解错误或者不当等问题，承办检察人员可以进行解释或释明。

▶ 10.12 不是首次听取当事人意见的，应当对以前听取意见中所涉及的适合进行答复的有关问题先行答复，并记录在卷。

▶ 11. 听取当事人意见笔录的制作

▶ 11.1 书记员应当按照真实、准确、全面的原则对听取当事人意见的人员、时间、地点、程序、内容等，认真地记录在卷。

▶ 11.2 听取当事人意见笔录在听取意见结束后，由书记员进行初步校阅、修改，再交由当事人核对。

▶ 11.3 当事人核对笔录后可以对其陈述部分进行修改，但应当在修改之处签字确认。

▶ 11.4 听取当事人意见笔录，应当由参与听取意见的检察人员、书记员、当事人、其他听取意见参与人员签字或盖章，当事人拒绝签字的应当在笔录中注明。

▶ 11.5 当事人请求自行书写对案件的意见的，应当允许。

▶ 12. 操作禁忌

▶ 12.1 除特殊情况并经分管副检察长审批外，严禁在非办案、办公场所外听取当事人意见。

▶ 12.2 严禁使用威胁、引诱、欺骗的方法获取当事人的意见。

▶ 12.3 严禁听取当事人意见主体在当事人在场时商量、谈论有关案情的事项。

▶ 12.4 严禁听取当事人意见主体在听取当事人意见时就案件的处理发表个人意见。

▶ 12.5 严禁听取当事人意见主体自问自记。

▶▶ 12.6 严禁在听取当事人意见时不尊重代理律师的执业权利，不依法处理代理律师的意见。

七、中止审查操作规程

【定义】中止审查是指在案件受理后、办结前的审查阶段，因法定情形的出现，停止案件审查工作和案件审查期限计算，待中止情形消灭后，恢复案件审查工作和继续计算办案期限的制度。

▶ **1. 提出中止审查的主体和中止审查的情形**

▶▶ 1.1 当事人在人民检察院办理民事行政诉讼监督案件中，非因其可归责事由出现特定情形，该情形不消除将严重影响人民检察院诉讼监督工作进行时，可书面向人民检察院申请中止审查。当事人包括：

（1）申请监督人，包括提出监督申请的当事人，除原告、被告，上诉人、被上诉人之外，还包括有独立请求权和无独立请求权的第三人；

（2）其他当事人，包括提出监督申请的当事人之外的其他当事人，同样可能是原审原告、被告，上诉人、被上诉人，也可以是有独立请求权和无独立请求权的第三人。

▶▶ 1.2 当事人申请人民检察院中止审查的，是否中止审查由人民检察院决定。

▶▶ 1.3 人民检察院在办理民事行政诉讼监督案件中，认为需要中止审查的，可以依职权作出中止审查决定。

▶▶ 1.4 中止审查包括以下情形：

（1）申请监督的自然人死亡，需要等待继承人表明是否继续申请监督的；

（2）申请监督的法人或者其他组织终止，尚未确定权利义务承受人的；

（3）本案必须以另一案的处理结果为依据，而另一案尚未审结的；

（4）申请监督的自然人丧失诉讼行为能力，尚未确定法定代理人的；

（5）应当调阅的人民法院的原审诉讼卷宗或者执行卷宗没有归档，不能调阅，且通过借阅、摘录、复制等其他方法不能实现办案需要的；

（6）当事人之间具有和解意愿，正在进行和解的；

（7）案件审查中需要就有关事项进行委托鉴定的；

（8）需要听取当事人意见，而该当事人由于客观原因或者不能归责其本人的原因而无法在正常办案期限内陈述意见，从而需要延长审查期限的；

（9）检察机关在办案过程中遭遇不可抗力，需要中止审查的；

（10）其他确实可能影响当事人权益或使监督程序不能或不宜进行，需要暂停直至阻碍程序进行的障碍消除的情形。

▶ 2. 中止审查审批程序

▶ 2.1 中止审查意见由承办人提出。承办人在审查当事人提出的中止审查书面申请，或者发现需要中止审查的情形后，应当认真审查，提出中止审查意见，制作中止（恢复）审查审批表层报分管副检察长审批。

▶ 2.2 部门负责人审查中止审查理由是否成立，并签署审核意见，不同意中止审查的应注明理由。

▶ 2.3 部门负责人签署审查意见后，提交分管副检察长审批，决定是否中止审查。

▶ 2.4 分管副检察长审批后，承办人起草《中止审查决定书》。《中止审查决定书》内容包括：

（1）文书名称：××××人民检察院中止审查决定书；

（2）文书编号：××检民（民违/民执）监〔××××〕×号；

（3）当事人的姓名或名称；

（4）案由；

（5）中止审查事由；

（6）中止审查依据；

（7）告知中止审查情形消除后，将恢复审查；

（8）落款。落款日期为分管副检察长审批日期。

▶ 2.5 凭分管副检察长签字或盖章，加盖人民检察院院印。

▶ 2.6 《中止审查决定书》由承办人发送给当事人，但依职权监督的案件，《中止审查决定书》不必发送给原审案件当事人。

▶ 2.7 中止审查的内容为承办人暂时停止案件审查，监督案件办理程序暂时停止推进，审查时限暂时停止计算。

▶ 2.8 中止审查的效力如下：

（1）对审查确定的中止事由具有中止效力，如果出现新的中止事由，在本次中止期间内不重复中止审查；

（2）本次中止审查事由消除后，其他中止事由仍未消除，或者出现新的中止事由，应当重新办理中止审查审批手续；

（3）中止审查之前已经进行的审查活动不受中止审查的影响；

（4）中止审查的起算时间为分管副检察长审批同意之日起至中止事由消除、决定恢复审查之日止；

（5）中止审查开始之前已经进行审查期限属于有效期限，应当计入总的审查期限。

▶ 3. 恢复审查

▶ 3.1 确定中止审查的以下情形消除后，应当恢复审查：

（1）申请监督的自然人死亡后没有继承人或者继承人已经表明是否继续申请监督的；

（2）申请监督的自然人丧失诉讼行为能力，其法定代理人已经确定并表明是否继续申请监督的；

（3）申请监督的法人或者其他组织终止后，其权利义务承受人确定并表明是否继续申请监督的；

（4）本案必须以另一案的处理结果为依据的，另一案已经审结且裁判已经发生法律效力；

（5）影响调卷的原因消除已经调阅案卷的；

（6）当事人签订和解协议或者确定和解不成的；

（7）需要委托鉴定的，鉴定事项完成或者取消了鉴定委托的；

（8）应当听取当事人意见的已经听取其意见；

（9）办案过程中遭遇的不可抗力已经消除的；

（10）其他原来可能影响当事人权益或者使监督程序不能或者不宜进行的情形消除，监督程序依法应当继续进行的。

▶ 3.2 承办人审查认为应当恢复审查的，应当及时提出恢复审查意见，制作《中止（恢复）审查审批表》，经部门负责人审核，报分管副检察长审批。

▶ 3.3 经分管副检察长审批后，承办人制作恢复审查通知书。

▶ 3.4 凭分管副检察长签字或者盖章，加盖人民检察院院印。

▶ 3.5 发送恢复审查通知书至相关当事人。

▶ 3.6 领导审批恢复审查之日起继续计算审查期限、继续进行审查活动，原来已经进行的审查期限有效。

▶ 4. 操作禁忌

▶ 4.1 严禁不制作中止审查决定书并发送当事人就中止审查、暂停办案期限计算。

▶ 4.2 严禁中止审查事由消除后不及时恢复审查，损害当事人的诉讼期限利益。

▶ 4.3 严禁滥用中止审查事由，必须严格审查中止审查事由是否成立，并遵守严格的审批程序。

▶ 4.4 严禁重复中止审查，但不排除连续中止审查。

▶ 4.5 严禁滥用中止审查制度规避办案期限。

▶ 5. 中止审查注意重点

▶ 5.1 中止审查与延长审查期限的关系。最高人民检察院 2001 年制定的《人民检察院民事行政抗诉案件办案规则》规定了延长审查期限制度，实践中，民事行政抗诉案件办理中确实需要延长办案期限的，均按照该规定经检察长批准延长了审查期限。但《民事诉讼监督规则》没有规定延长审查期限制度，而规定了中止审查制度，因此，现在办理民事诉讼监督案件，应当适用新的规定，对于符合要求的案件依法采取中止审查的形式解决案件期限问题，而不再适用《人民检察院民事行政抗诉案件办案规则》规定的延长审查期限制度。但由于新规则只规定了民事诉讼监督案件，因此，行政诉讼监督案件的办理中延长审查期限制度仍有适用余地。

▶ 5.2 中止审查与扣除办案期限的关系。民事诉讼法、行政诉讼法规定了人民法院在审理民事、行政案件中需要扣除办案期限的法定情形，《民事诉讼监督规则》没有规定扣除办案期限，实践中出现的一些特定情况不消除、检察监督程序将不能推进，或者将严重影响当事人的诉讼权利和查明案件事实的，可以采取中止审查的方式解决办案期限问题。

▶ 5.3 中止审查的各种情形均属于可以中止审查的情形，也就是说，当这些情形出现时，并不是必然导致审查中止。实践中，尽管出现了这些情形，但如果同时出现别的情形，导致案件可以作出其他处理决定，如人民法院已经裁定再审，本案应当作出终结审查决定的，则不应当再作出中止审查决定。

八、终结审查操作规程

【定义】终结审查是指人民检察院办理民事行政检察案件的监督程序开始后，出现特殊情况，导致监督程序不能继续进行或者继续进行没有意义的，或者人民检察院依职权发现的案件经审查不需要采取监督措施的，人民检察院依法作出决定结束监督程序的制度。

▶ 1. 提出终结审查的主体

▶ 1.1 当事人在人民检察院办理民事行政检察案件中，出现特定情形，导致监督程序不能继续进行或者继续进行没有意义的，可书面向人民检察院申请终结审查。当事人包括：

（1）申请监督人：提出监督申请的当事人，除原告、被告，上诉人、被上诉人之外，还包括有独立请求权和无独立请求权的第三人；

（2）其他当事人：提出监督申请的当事人之外的其他当事人，同样可能是原审原告、被告，上诉人、被上诉人，也可以是有独立请求权和无独立请求权的第三人。

▶ 1.2 当事人申请人民检察院终结审查的，是否终结审查由人民检察院决定。

▶ 1.3 人民检察院在办理民事行政检察案件中，认为监督程序不能继续进行或者继续进行没有意义的，可以依职权作出中止审查决定。

▶ 2. 终结审查的情形

▶ 2.1 有下列情形之一，应当终结审查：

（1）原告死亡，没有继承人，或者继承人放弃诉讼权利的；

（2）被告死亡，没有遗产，也没有应当承担义务的人的；

（3）离婚案件一方当事人死亡的；

（4）追索赡养费、抚养费、抚育费以及解除收养关系案件的一方当事人死亡的。

▶ 2.2 有下列情形之一，人民法院应当终结审查：

（1）申请人撤销申请的；

（2）据以执行的法律文书被撤销的；

（3）作为被执行人的公民死亡，无遗产可供执行，又无义务承担人的；

（4）追索赡养费、扶养费、抚育费案件的权利人死亡的；

（5）作为被执行人的公民因生活困难无力偿还借款，无收入来源，又丧失劳动能力的；

（6）人民法院认为应当终结执行的其他情形。

▶ 3. 终结审查案件的审查

▶ 3.1 人民法院已经裁定再审或者已经纠正违法行为案件的审查，应按以下要求进行：

（1）结果监督类案件主要审查人民法院是否已经作出了再审裁定，并将再审裁定书附卷备查；

（2）民事结果类监督案件中如当事人是对再审判决不服申请监督的，应审查再审裁定作出的时间，以确定其与生效判决之间的关系；

（3）对于审判人员违法行为监督类案件和执行监督类案件，不仅要审查人民法院是否已经纠正违法行为，还要审查人民法院纠正的违法行为与当事人申请监督或者依职权启动监督所指向的违法行为是否系同一违法行为。

▶▶ 3.2 申请人撤回监督申请或者当事人达成和解协议，且不损害国家利益、社会公共利益或者他人合法权益的，主要审查以下内容：

（1）申请人是否撤回监督申请；

（2）申请人口头表示撤回监督申请的，应当由其提交书面的撤回监督申请，附卷备查；

（3）申请人通过邮寄方式提交书面的撤回监督申请的，应当及时与申请人取得联系，核实撤回监督申请是否为其真实意思的表示；

（4）申请人表示已经达成和解协议，申请人民检察院作出终结审查决定的，应当要求其提交和解协议复印件附卷备查；

（5）申请人以外的其他当事人提供和解协议，并申请人民检察院作出终结审查决定的，应当及时与申请人取得联系，核实和解协议是否为其真实意思表示；

（6）是否损害国家利益、社会公共利益或者他人的合法权益。

▶▶ 3.3 申请监督的自然人死亡，没有继承人或者继承人放弃申请，且没有发现其他应当监督的违法情形的，主要应当审查以下内容：

（1）申请监督的自然人死亡的事实是否存在；

（2）是否有继承人；

（3）继承人是否放弃申请；

（4）如继承人口头表示放弃监督申请的，应当由其提供书面材料并附卷备查；

（5）如继承人通过邮寄方式提交书面材料表示放弃监督申请的，应当及时与继承人取得联系，核实书面材料是否其真实意思表示。

（6）是否存在其他应当监督的违法情形。

▶▶ 3.4 申请监督的法人终止，没有权利义务承受人或者权利义务承受人放弃申请，且没有发现其他应当监督的违法情形的，主要审查以下内容：

（1）申请监督的法人终止的事实是否存在；

（2）是否有权利义务承受人；

（3）权利义务承受人是否愿意继续申请监督；

（4）如权利义务承受人口头表示放弃监督申请的，应当由其提供书面材料并附卷备查；

（5）如权利义务承受人通过邮寄方式提交书面材料表示放弃监督申请的，应当及时与权利义务承受人取得联系，核实书面材料是否其真实意思表示；

（6）是否存在其他应当监督的违法情形。

▶▶ 3.5 发现已经受理的案件不符合受理条件的，主要审查以下内容：

（1）民事结果类监督案件，当事人是否已经向人民法院申请再审，或者申请再审是否超过法律规定的期限而被法院裁定驳回再审申请；

（2）人民法院是否正在对民事再审申请进行审查，人民法院对民事再审申请的审查是否已经超过了三个月的法定期限；

（3）是否属于对判决、调解解除婚姻关系不服而申请监督的案件，是否属于对财产分割部分不服的案件；

（4）是否属于人民检察院已经审查终结并作出决定的案件；

（5）结果监督类案件，法院生效判决、裁定、调解书是否属于人民法院根据人民检察院的抗诉或者再审检察建议再审后作出的；

（6）是否属于本院管辖的案件。

▶▶ 3.6 人民检察院依职权发现的案件，经审查不需要采取监督措施的，应当终结审查。

▶ 4. 终结审查审批程序

▶▶ 4.1 终结审查由承办人提出。承办人在当事人提出终结审查书面申请后，或者发现需要终结审查的情形后，应当认真审查，提出终结审查意见，制作终结审查审批表，层报分管副检察长审批。

▶▶ 4.2 终结审查由部门负责人审核。部门负责人审查终结审查理由是否成立，并签署审核意见，不同意终结审查的应注明理由。

▶▶ 4.3 终结审查由检察长或者分管副检察长审批。部门负责人签署审查意见后，提交检察长审批，决定是否终结审查。

▶▶ 4.4 承办人提出终结审查意见后，部门负责人不同意终结审查的，应在审批表上签署意见后，报分管副检察长审批，由其作出决定。

▶▶ 4.5 承办人提出终结审查意见未获分管副检察长批准的，承办人应当继续审查案件，并在规定期限内办结案件。

▶ **5. 终结审查文书制作与发送**

▶▶ 5.1 分管副检察长审批后，承办人应当制作《终结审查决定书》。《终结审查决定书》内容包括：

（1）文书名称：××××人民检察院终结审查决定书；

（2）文书编号：如××检民（行）（民违/民执）监〔××××〕×号；

（3）当事人的姓名或名称；

（4）案由；

（5）终结审查事由；

（6）终结审查依据：《民事诉讼监督规则》第七十五条第一款的具体项；

（7）落款。落款日期为分管副检察长审批日期。

▶▶ 5.2 凭检察长签字或盖章，加盖人民检察院院印。

▶▶ 5.3 终结审查决定书发送。需要通知当事人的案件，《终结审查决定书》发送给当事人。

▶ **6. 终结审查的效力**

▶▶ 6.1 案件作出终结审查的决定后，案件的审查程序即行终止，案件办结，并应及时立卷归档。

▶▶ 6.2 案件作出终结审查的决定后，当事人一般不得就同一案件再次向人民检察院申请监督，但有下列情形之一的除外：

（1）不属于某一人民检察院管辖的案件，该人民检察院作出终结审查的决定后，当事人可以向其他有管辖权的人民检察院提出监督申请；

（2）人民检察院以当事人未向人民法院申请再审为由作出终结审查决定后，当事人向人民法院申请再审，人民法院驳回再审申请的，当事人可以就生效判决再次向人民检察院提出监督申请，但人民法院以申请再审超过法律规定的期限为由驳回再审申请的除外；人民法院裁定再审的，当事人可以就再审判决向人民检察院申请监督；

（3）人民检察院以人民法院正在对民事再审申请进行审查为由作出终止审查决定后，人民法院驳回再审申请的，当事人可以就生效判决再次向人民检察院申请监督；人民法院裁定再审的，当事人可以就再审判决向人民检察院申请监督。

九、延长审查期限操作规程

▶ 1. 提出延长审查期限的主体

▶ 1.1 当事人在人民检察院办理民事行政检察案件中，出现需要补充证据等特殊情形时，可书面向人民检察院申请延长审查期限。当事人包括：

（1）申请监督人，即提出监督申请的当事人，除原告、被告，上诉人、被上诉人之外，还包括有独立请求权和无独立请求权的第三人；

（2）其他当事人，即提出监督申请的当事人之外的其他当事人，同样可能是原审原告、被告，上诉人、被上诉人，也可以是有独立请求权和无独立请求权的第三人。

▶ 1.2 当事人申请人民检察院延长审查期限的，是否延长由人民检察院决定。

▶ 1.3 人民检察院。人民检察院在办理民事行政检察案件中，如遇特殊情况不能在规定期限内审查终结的，可以依职权作出延长审查期限的决定。

▶ 2. 延长审查期限的对象

▶ 2.1 人民检察院延长审查期限的措施只适用于行政诉讼结果监督类案件。

▶ 2.2 本级人民检察院直接受理的下列行政案件可以延长审查期限：

（1）当事人对人民法院二审或再审行政判决、裁定不服，向人民检察院申请监督的案件；

（2）人民法院作出的行政补偿调解书损害国家利益和社会公共利益，且当事人不服向人民检察院申请监督的案件；

（3）当事人对人民法院违法作出的行政调解书不服，向人民检察院申请监督的案件；

（4）当事人对人民法院生效的一审行政判决、裁定不服，且有正当理由未在法定期限内提出上诉，而向人民检察院申请监督的案件。

▶ 2.3 下级人民检察院提请抗诉的行政案件可以延长审查期限。

▶ 2.4 人民检察院依职权发现的行政诉讼结果监督类案件可以延长审查期限。

▶ 3. 延长审查期限的情形及审查

▶ 3.1 三个月期限的计算按以下起算点：

（1）下级院提请抗诉的案件，三个月的期限从本院受理提请抗诉案件之日起计算；

（2）当事人申请监督的案件，从调（借）阅审判案卷之日起计算；

（3）人民检察院依职权发现的案件，从调（借）阅审判案卷之日起计算。

▶▶ 3.2 可以延长审查期限包括以下具体情形：

（1）案情重大复杂，无法在规定期限内办的；

（2）案件审查过程中需要调查核实、补充相关证据材料，无法在规定期限内办结的；

（3）有和解可能，需要做和解工作的案件；

（4）当事人向检察机关申请延长审查期限，且有正当理由的；

（5）其他可以延长审查期限的情形。

▶ **4. 延长审查期限的程序**

▶▶ 4.1 承办人提出。案件在规定期限内不能审查终结而需要延长审查期限的，承办人应当填制《报请延长审查期限审批表》，载明需要延长审查期限的事实和理由，并附上相关证据材料报批。承办人一般应在期限届满前半个月完成上述工作。

▶▶ 4.2 部门负责人审核。部门负责人审查延长审查期限的理由是否成立，并签署审核意见，不同意延长审查期限的应注明理由。

▶▶ 4.3 分管副检察长审批。部门负责人签署审查意见后，提交检察长审批，决定是否终结审查。应当注意的是，部门负责人不同意延长审查期限的，也应在审批表上签署意见后，报分管副检察长审批，由其作出决定。

▶▶ 4.4 签批件加盖院印入卷，并将签批件复印件送本院案件管理部门备案。

▶▶ 4.5 下级检察院提请抗诉的，承办人应当及时通知提请抗诉的人民检察院，并由其通知申请监督人及其他当事人。

▶▶ 4.6 本院直接受理或者依职权发现的案件，承办人应当及时通知相关当事人。

▶▶ 4.7 案件报请延长审查期限未获批准的，承办人应及时审查案件，在原有的期限内将案件办结，否则应承担办案超期的责任。

▶▶ 4.8 延长审查期限，一次不得超过三个月。

▶▶ 4.9 经批准延长的审查期限，自分管副检察长审批之日起算。起始日不计算在期间之内，期间届满的最后一日为节假日的，以节假日后的第一日为期间届满的日期。

▶▶ 4.10 延长审查期限届满，案件仍不能办结的，承办人应当在期限届满前再次报请延长审查期限。

▶▶ 4.11 延长审查期限依法没有次数限制，但是检察机关审查案件应遵循及时高效的原则，不得滥用延长审查期限措施拖延办案。

▶ **5. 本操作规程说明**

《人民检察院民事行政抗诉案件办案规则》规定了民事行政抗诉案件的延长审查期限制度，而《民事诉讼监督规则》根据修改后民事诉讼法的新规定，在民事诉讼监督中取消了延长审查期限制度。由于《行政诉讼法》尚未修改，《行政诉讼监督规则》亦尚未制定，而《民事诉讼监督规则》的相关规定只适用于民事诉讼监督，因此检察机关办理行政诉讼监督案件仍可适用《人民检察院民事行政抗诉案件办案规则》的相关规定。基于上述原因，本规程对检察机关办理行政抗诉案件如何延长审查期限进行了规定。

十、集体讨论案件操作规程

【定义】案件集体讨论是指民事行政检察部门对各承办人所办案件集体进行审查并讨论形成处理意见的办案制度。

▶ **1. 讨论启动**

▶▶ 1.1 民事行政检察案件通常应由部门集体讨论，形成处理意见。经部门负责人提出审核意见后，报分管副检察长批准，作出处理决定。分管副检察长认为必要的，可以提请检察委员会讨论以作出处理决定。

▶▶ 1.2 检察委员会集体讨论包括以下案件：

（1）审判结果监督案件；

（2）审判程序监督案件；

（3）执行监督案件；

（4）司法人员渎职行为监督案件；

（5）督促行政机关履职案件；

（6）支持起诉案件；

（7）复查纠正的案件；

（8）下级院向上级院请示的案件；

（9）撤回监督意见的案件；

（10）撤销或者变更下级院决定案件；

（11）指令纠正（包括指令撤回监督意见）案件。

▶▶ 1.3 可以提交部门集体讨论的包括以下案件：

（1）交办、转办案件；

（2）改变管辖、解决管辖争议案件；

（3）下级院对口业务部门请示的案件。

▶▷ 1.4 讨论启动的主体及程序：

（1）案件集体讨论会原则上定期召开，特殊、紧急情况下可以临时召开；

（2）对应当提交讨论的案件，承办人审查终结并层报分管副检察长审批同意后，可向部门负责人申请提交案件集体讨论；

（3）部门负责人认为需要集体讨论的案件，由部门负责人直接决定组织集体研究。

▶ **2. 讨论准备**

▶▷ 2.1 按以下要求确定讨论人员：

（1）由本部门全体人员进行案件集体讨论。十人以上部门有过半数人员参与方能举行。十人以下部门须有三分之二以上人员参与方能举行。部门也可以专门安排符合前述最少人数规定的固定人员参与案件讨论。参与讨论人数（包括承办人）应为单数；

（2）符合法律、法规、司法解释规定回避情形的人员应依法回避，不得参加部门集体案件讨论。

▶▷ 2.2 确定集体讨论的时间和地点。案件集体讨论会定期召开的，按照固定时间和地点安排讨论。特殊、紧急情况下，由部门负责人确定举行讨论的时间和地点。

▶▷ 2.3 承办人印制审查终结报告。承办人根据审查终结报告审批所反馈的意见适当修改审查终结报告，并按照预计参与集体讨论的人数印制相应份数的审查终结报告。

▶▷ 2.4 告知。部门负责人应安排专人在案件讨论三日以前，将拟讨论的案件、举行讨论会时间和地点通知本部门参会人员，并分送审查终结报告等相关材料，使其尽早熟悉案情，以提高讨论效率。

▶ **3. 讨论实施**

▶▷ 3.1 讨论应由部门正职主持，部门正职因故不能参加的，应委托部门副职主持。

▶▷ 3.2 承办人负责讨论事项的汇报。承办人应根据审查终结报告，全面客观、条理清晰地汇报案件基本情况及审查意见，尽量避免整篇通读审查终结报告。

应着重介绍案件是否符合监督事由相关的事实认定、法律适用等内容。

▶ 3.3 审判结果监督案件汇报包括以下重点：

（1）生效裁判所定的事实与承办人审查认定的事实是否存在差异及其依据。调查核实、听证等对认定事实的影响；

（2）生效裁判适用法律是否存在错误。相关法律关系认定、请求权基础之间的差异及甄别；

（3）生效裁判在审判程序上是否存在符合法律规定的监督事由的情形及其依据；

（4）生效调解书是否存在违反国家利益、社会公共利益的情形及其依据。

▶ 3.4 审判程序监督、执行监督案件汇报包括以下重点：

（1）是否存在违反法律有关规定。如果确定违反了法律规定，还应说明查明并排除了一切例外情形；

（2）审判或执行程序的当前进程。

▶ 3.5 司法人员渎职行为监督案件汇报包括以下重点：

（1）司法人员渎职行为是否存在及其性质、情节、后果；

（2）调查核实相关情况；

（3）与案件相关的司法人员的职责依据。

▶ 3.6 督促行政机关履职案件汇报包括以下重点：

（1）行政机关是否存在不履行或怠于履行职责、履行职责违法等情形；

（2）国家利益、社会公共利益是否因而受到侵害或有受侵害危险。

▶ 3.7 支持起诉案件汇报包括以下重点：

（1）享有诉权的主体有起诉意愿但存在起诉困难、不便等诉讼能力欠缺情形；

（2）是否存在国家利益、社会公共利益受损或虽为特定人利益受侵害但具有普遍意义的情形。

▶ 3.8 与会人员提问、讨论应按照以下要求进行：

（1）与会人员应以审查终结报告为基础，结合承办人的汇报情况，围绕各类案件的重点，就事实、证据、法律适用等进行提问，承办人应说明或解答；

（2）承办人说明或解答不能让提问人获得较为满意解答或认识上存在较大分歧的，讨论会主持人应适时概括争议焦点，组织与会人员就争议焦点逐一发表讨论意见。承办人应在一轮意见后进一步说明情况和表达意见。讨论中如出现新的分歧，讨论会主持人可进一步概括争议焦点并组织集中讨论；

（3）讨论会主持人概括争议焦点应当征询与会人员意见，与会人员可以提出应当作为焦点的问题；

（4）讨论会主持人概括争议焦点并组织集中讨论应基本遵循"先事实、证据后法律适用"的顺序进行。

▶ 3.9 与会人员发表意见按以下要求进行：

（1）讨论会主持人应当征询与会人员意见以决定是否进入发表最终意见环节；

（2）发表意见应当按照与会人员职级由低到高的顺序进行，最后由主持人发表意见；

（3）发表意见应围绕讨论的重点、焦点，就案件的事实认定、法律适用等进行。发表意见应客观公正，有事实和法律依据。要明确表达是否赞同承办人意见、是否提出监督意见及提出何种类型的监督意见。

▶ 3.10 按以下要求形成讨论意见：

（1）主持人对案件讨论情况进行总结。按照与会人员发表的意见，并按照少数服从多数的原则，以多数人意见作为讨论的结论；

（2）与会人员意见分歧较大的，主持人可以决定暂不作出决定，在补充审查提供相关材料后另行讨论；

（3）部门正职不同意多数人意见的，应报请分管副检察长决定，并可以请示上级检察院相应的业务部门；

（4）对重大疑难案件或者意见分歧较大的案件，分管副检察长可以提交检察委员会决定。

▶ 3.11 集体讨论、决定的情况和与会人员的发言，应由主持人指定专人做好记录，经参加讨论者签字确认并入卷存档。

▶ 4. 讨论决议的执行

▶ 4.1 讨论决议应当经部门正职同意方可执行。受委托主持会议的部门副职应当在会后将会议的情况和意见，及时报告部门正职。部门正职同意的，决定方可执行。

▶ 4.2 经部门集体讨论的案件，承办人应当及时执行。

▶ 4.3 承办人应当根据讨论意见进行补充、修改，必要时应当与有关方面进行沟通、协调，并向部门负责人说明采纳意见的情况和补充修改的情况。

▶▷ 4.4 承办人因特殊原因不能及时执行集体讨论决定的，应当提出书面报告，说明有关情况和理由，经部门负责人审核后报分管副检察长决定。

▶ **5. 操作禁忌**

▶▷ 5.1 禁止具有回避情形的人员参与集体讨论。

▶▷ 5.2 禁止参加集体讨论的人员外传或泄露会议内容或资料。

▶▷ 5.3 禁止当事人、诉讼代理人查阅会议记录。

第三节 其他类操作规程

一、司法建议处理操作规程

【定义】司法建议处理是指检察机关在办理民事行政检察案件过程中，对于人民法院针对人民检察院及其工作人员的监督行为提出的司法建议，进行调查核实、作出处理、进行回复的制度。

▶ **1. 司法建议的类型**

▶▷ 1.1 针对人民检察院的民事行政检察监督行为的司法建议，包括以下情形：

（1）针对具体民事行政检察监督案件的检察监督意见的司法建议，即人民法院就人民检察院在具体案件中的监督意见，认为在认定事实、适用法律、处理意见及监督程序等方面不符合法律规定，需要改正而提出的建议；

（2）针对民事行政检察监督工作制度与工作机制的司法建议，即人民法院针对人民检察院办理民事行政检察监督案件中的具体管理制度、工作机制等方面存在缺陷，需要改进而提出的司法建议。

▶▷ 1.2 针对人民检察院民事行政检察工作中的司法工作人员存在的渎职行为提出的司法建议，即人民法院认为人民检察院履行民事行政检察工作职责的司法人员，在履行监督职责过程中涉嫌渎职，需要依法追究渎职责任而提出的司法建议。

▶ **2. 处理司法建议的责任单位和部门**

▶▷ 2.1 处理司法建议的责任单位为提出司法建议的人民法院对应的同级人民检察院。

▶▷ 2.2 上级人民法院提出的司法建议内容涉及下级人民检察院的监督行为的，

上级人民检察院可以直接办理，也可以交由下级人民检察院办理，下级人民检察院办理后应当及时将办理结果上报上级人民检察院，由上级人民检察院负责答复。

▶ 2.3 处理司法建议的责任部门根据建议内容的不同分为以下两种：

（1）针对人民检察院民事行政检察监督行为的司法建议，由民事行政检察部门负责；

（2）针对人民检察院民事行政检察工作中司法工作人员存在的渎职行为的司法建议，由纪检监察部门负责。

▶ **3. 司法建议办理程序**

▶ 3.1 司法建议受理按以下规定办理：

（1）人民法院提出的司法建议，统一由人民检察院办公（厅）室受理；

（2）人民检察院民事行政检察部门或者纪检监督部门或者其他部门收到人民法院提出的有关民事行政检察司法建议后，应当到办公（厅）室登记或者移交办公（厅）室登记后，由办公（厅）室根据建议内容进行分流。

▶ 3.2 人民检察院受理人民法院提出的司法建议后，根据建议内容分别分流到以下不同的责任部门：

（1）针对人民检察院民行行政检察监督行为的司法建议，分流到民事行政检察部门；

（2）针对人民检察院民事行政检察工作中司法工作人员存在的渎职行为的司法建议，分流到纪检监察部门。

▶ 3.3 针对具体民事行政检察监督案件的检察监督意见的司法建议，按以下程序审查：

（1）民事行政检察部门负责人指定原案件承办人以外的具有法律资格的检察人员负责承办；

（2）承办人审查人民法院的司法建议，对司法建议的事项、理由、依据、建议内容进行全面审查；

（3）承办人调阅原监督案件的案卷，对案卷进行全面审查；

（4）承办人就原监督案件的办理情况听取原承办人意见；

（5）承办人根据需要，对司法建议涉及的有关情况进行调查核实；

（6）承办人根据审查和调查情况，对司法建议写出审查终结报告；

（7）民事行政检察部门负责人召集会议，听取承办人汇报办理情况及审查终结报告，集体研究审查意见和司法建议处理意见；

（8）原案件承办人不参加集体研究，但在承办人汇报办理情况与审查终结报告之后集体讨论之前，可以就原案件办理情况向会议进行相关说明；

（9）根据集体研究意见，承办人起草司法建议办理意见，经民事行政检察部门负责人审核后，报分管民行检察工作的院领导审批；

（10）根据院领导审批意见，承办人制作司法意见处理结果文书，加盖院印后，交办公（厅）室统一反馈人民法院。

▶▶ 3.4 针对民事行政检察监督工作制度与工作机制的司法建议，按以下程序审查：

（1）民事行政检察部门负责人指定承办人负责承办；

（2）承办人审查司法建议的具体内容，重点审查司法建议指出的相关管理制度、工作机制方面存在的缺陷、理由、依据与建议内容；

（3）承办人收集司法建议涉及的相关管理制度、工作机制在民事行政检察工作中的规范及实践运行的相关情况，包括规范性文件、习惯做法，调研实践中存在的问题等；

（4）承办人与提出司法建议的人民法院联系沟通，进一步了解人民法院提出司法建议的背景、目的、存在的问题等，听取其对司法建议处理的建议等；

（5）承办人根据审查和调查、调研情况，对司法建议写出审查终结报告；

（6）需要征求相关部门意见的，承办人按照要求和程序征求相关部门意见；

（7）民事行政检察部门负责人召集会议，听取承办人汇报办理情况及审查终结报告，集体研究审查意见和司法建议处理意见；

（8）根据集体研究意见，承办人起草司法建议办理意见，经民事行政检察部门负责人审核后，报分管民行检察工作的院领导审批；

（9）根据院领导审批意见，承办人制作司法意见处理结果文书，加盖院印后，交办公（厅）室统一反馈人民法院。

▶▶ 3.5 针对人民检察院民事行政检察工作中的司法工作人员存在的渎职行为提出的司法建议，按以下程序审查：

（1）纪检监督部门负责人指定承办人负责办理；

（2）承办人按照纪检监察办案程序与要求，对民事行政检察工作人员在履行检察监督职责过程中是否存在违反法律的事实及其性质、情节、后果等进行核实、查证；

（3）承办人根据调查核实情况，对司法建议所提出的检察人员的渎职行为写出审查终结报告；

（4）纪检监察部门负责人召集会议，听取承办人汇报办理情况及审查终结报告，集体研究审查意见和司法建议处理意见；

（5）根据集体研究意见，承办人起草司法建议办理意见，经纪检监察部门负责人审核后，报分管副检察长审批；

（6）根据院领导审批意见，承办人制作司法意见处理结果文书，加盖院印后，交办公（厅）室统一反馈人民法院；

（7）在调查核实检察人员是否存在渎职行为的司法建议处理中，未经查实并作出停止执行职务的决定前，被调查人不停止执行职务。

▶▶3.6 调查核实应当做到以下几点：

（1）要听取民事行政检察部门的意见；

（2）要听取涉嫌渎职行为的当事人的陈述意见；

（3）根据需要听取提出司法建议的人民法院的意见与建议。

▶ 4. 司法建议处理措施

▶▶4.1 处理司法建议，可以根据实际情况，采取以下措施：

（1）询问有关当事人或者知情人；

（2）查阅、调取或者复制相关法律文书、案卷材料；

（3）咨询专业人员、相关部门或者行业协会等对专门问题的意见；

（4）委托鉴定、评估、审计；

（5）勘验物证、现场；

（6）调查核实有关事实所需要采取的其他措施；

（7）到有关单位进行调查研究等。

▶▶4.2 处理司法建议的程序，除本规程另有规定外，按照《调查核实操作规程》办理。

▶▶4.3 采取司法建议处理措施的应符合下列要求：

（1）人民检察院在处理司法建议中采取有关措施进行调查核实，不得采取限制人身自由和查封、扣押、冻结财产等强制措施；

（2）在处理司法建议过程中，要注意听取民事行政检察部门、原案件承办人、涉嫌渎职行为的检察人员的意见。

▶ 4.4 处理司法建议，应当注意听取人民法院相关部门与人员的意见。

▶ 4.5 在处理涉及相关管理制度与工作机制的司法建议的过程中，必要时要应当及时请示上级人民检察院。

▶ **5. 司法建议处理结果**

▶ 5.1 针对具体民事行政检察监督案件的检察监督意见的司法建议的处理包括以下结果：

（1）补正决定书。对于原检察监督意见中存在笔误的，制作《补正决定书》，文书制作参见《法律文书撰写与审批操作规程》。

（2）撤回监督意见决定书。经审查，人民检察院发现本院的原监督意见确有错误或者有其他情形需要撤回的，制作《撤回监督意见决定书》，文书制作参见《法律文书撰写与审批操作规程》。

（3）撤销监督意见决定书。经审查，上级人民检察院发现下级人民检察院的原监督意见错误或者不当的需要撤销的，制作《撤销监督意见决定书》，文书制作参见《法律文书撰写与审批操作规程》。

（4）维持原监督意见。经审查，认为原监督意见证据确实、充分，认定事实清楚，适用法律正确，监督程序合法的，及时向人民法院回复，说明建议处理情况。

▶ 5.2 针对民事行政检察监督工作制度与工作机制的司法建议的处理包括以下结果：

（1）对于原工作制度、工作机制存在缺陷、漏洞的，确认存在的相关问题，并提出完善和改进意见与方案；

（2）对于相关工作制度、工作机制短期内无法有效改进的，及时将对司法建议的处理及短期难以改进的原因等情况告知人民法院。

▶ 5.3 针对人民检察院民事行政检察工作中的司法工作人员存在的渎职行为的司法建议的处理包括以下结果：

（1）认为涉嫌犯罪需要追究刑事责任的，按照《刑事诉讼法》的规定追究刑事责任；

（2）对于确有渎职行为，但是尚未构成犯罪的，按照干部管理权限规定作出相应处理；被调查人继续承办案件将严重影响正在进行的诉讼活动的公正性的，更换办案人；

（3）对于司法建议情况不实的，及时向人民法院回复，说明调查核实情况。

▶5.4 处理结果确定后，人民检察院应当制作《司法建议处理情况答复函》（样式附后），载明司法建议来源情况，所反映的问题，人民检察院的处理情况及处理结果，同时制作了其他处理结果文书的，将该文书作为《司法建议处理情况答复函》的附件一并发送提出司法建议的人民法院。

▶6. 异议及被调查人申诉的处理

▶6.1 人民法院对人民检察院的司法建议处理结果有异议的，可以通过上级人民法院向上级人民检察院提出。

▶6.2 上级人民法院提出异议的，由上级人民检察院进行调查处理。上级人民检察院认为人民法院建议正确的，应当要求下级人民检察院及时纠正。

▶6.3 下级人民检察院要将纠正情况及时报告上级人民检察院。上级人民检察院将处理情况及下级人民检察院的纠正情况及时回复上级人民法院。

▶6.4 在反映民事行政检察人员在履行民事行政检察监督职责过程中存在渎职行为的司法建议处理中，被调查的检察人员不服人民检察院的调查结论的，可以向上级人民检察院申请复核。上级人民检察院应当进行复核，并在二十日内将复核决定及时反馈申诉人，并通知下级人民检察院。

▶6.5 上级人民检察院改变了原人民检察院的处理结果的，下级人民检察院同时将处理结果告知原提出司法建议的人民法院。

▶7. 司法建议处理期限

▶7.1 人民检察院处理人民法院的司法建议，一般应当在收到司法建议之日起一个月内将处理结果书面回复人民法院。一个月内无法确定处理结果的，应当先行将处理情况回复人民法院；待处理结果确定后，再及时回复人民法院。

▶7.2 人民法院对人民检察院的回复意见有异议，通过上级人民法院向上级人民检察院提出的，上级人民检察院应当在二十日内将处理情况及结果书面回复上级人民法院。

二、案件请示操作规程

【定义】案件请示是指下级人民检察院在办理民事行政监督案件过程中，对于涉及司法政策、法律适用、案件处理等事项存在疑问、不能决断时，请求上级人民检察院予以指导并明确处理意见的一种案件办理制度。

▶ 1. 请示案件的类型和条件

▶ 1.1 请示的案件包括以下方面：

（1）诉讼结果监督案件；

（2）审判程序违法情形监督案件；

（3）司法人员违法行为监督案件；

（4）执行监督案件；

（5）督促履职案件；

（6）支持起诉案件。

▶ 1.2 以下案件可以作为请示案件：

（1）涉案金额比较大、涉及司法人员或者其他国家工作人员行政级别比较高、社会影响比较大的重大案件；

（2）案件事实认定或者法律适用方面存在重大分歧、难以决断的疑难复杂案件；

（3）由于经济社会发展、科学技术进步而新出现的、现行法律没有明确规范的案件，包括法律关系主体、客体、内容等方面的新类型案件；

（4）案件事实在社会生活中重复出现的概率大、适用不同法律对较大范围内社会主体未来行为影响较大、具有普遍法律适用意义的案件；

（5）其他认为需要请示的案件：人民检察院在办理民事行政监督案件中，从案件的实际情况出发，认为需要上级院就案件认识与处理予以明确意见、解决分歧的其他案件。

▶ 1.3 重大案件的确定应符合以下要求：

（1）具体金额标准不同的地方可能不一样，可以参照人民法院级别管辖的案件金额大小确定。

（2）涉案人员为司法人员中的审判人员、执行人员、检察人员的案件，或者其他国家工作人员且符合刑事案件中要案标准的案件。

（3）社会影响较大主要是指社会关注度较高，造成国际或国内社会舆论影响较大的案件。

▶ 1.4 不宜请示的案件包括以下两种：

（1）一般事实问题的案件；

（2）下级人民检察院在结案处理上拟提请上级人民检察院监督的案件。

▶ **2. 案件请示内容**

▶▶ 2.1 在需要适用司法政策处理的案件中，对司法政策的精神、内容、适用存在分歧，可以请示上级人民检察院明确如何适用司法政策。

▶▶ 2.2 请示对法律的理解与适用，包括以下两个方面：

（1）法律有明确规定，但对法律精神及适用存在分歧，可以请示上级人民检察院明确；

（2）法律没有明确规定，如何适用法律原则、遵循法律精神存在分歧，请示上级人民检察院明确。

▶▶ 2.3 对案件事实认定出现重大分歧，严重影响案件处理，并具有重大社会影响的，可以请示上级人民检察院就案件事实认定问题明确意见。

▶▶ 2.4 对于可以请示的案件，如果案件处理方案出现重大分歧，且具有重大社会影响的，可以请示上级人民检察院就案件处理明确意见。

▶ **3. 案件请示的程序**

▶▶ 3.1 下级人民检察院提出请示应当符合以下条件：

（1）下级人民检察院已经对案件审查终结；

（2）案件经过下级人民检察院检察委员会讨论；

（3）有争议的案件须写清争议焦点和具体分歧意见，并写明检察委员会多数委员的意见；

（4）须有检察长的明确意见；

（5）须附全部案卷材料及检察委员会讨论记录；

（6）请示材料加盖院章。

▶▶ 3.2 下级人民检察院办公（厅）室负责将请示案件报送上级人民检察院办公（厅）室。

▶▶ 3.3 上级人民检察院办公厅（室）负责接收，并审查是否符合请示案件形式要件；按以下要求分别处理：

（1）对于符合形式要件的，呈报分管民事行政检察工作的副检察长批示给民事行政检察部门办理；

（2）对于不符合形式要件的，可以要求请示单位补正后重新报送。

▶▶ 3.4 在审判程序违法监督以及执行监督的案件中，如果人民法院的审判程序正在进行，或者执行程序正在进行，此时应当在案件请示中特别说明人民法院审判与执行程序的进行情况，以便于上级人民检察院掌握办案期限，减少或者避免因为超过办案期限而导致审判程序或执行程序的不当滞后，或者使监督意见因违法程序已经完成而失去纠正违法的实际意义。

▶ **4. 请示案件的办理程序**

▶ 4.1 上级院的民事行政检察部门接收请示案件材料后，由部门负责人指定具有检察官法律职务的检察人员办理。

▶ 4.2 承办人审查请示案件材料，需要调查核实、听取下级院意见的，可以调查核实、听取下级院意见。具体审查方法见《审查阶段一般操作规程》。

▶ 4.3 承办人提出审查意见，经过民事行政检察部门集体研究后根据集体研究意见制作请示案件答复函（呈批件）。

▶ 4.4 承办人将请示案件答复函（呈报件）层报分管副检察长审批。分管副检察长认为有必要的，可以提交检察委员会讨论。

▶ 4.5 承办人根据分管副检察长或者检察委员会讨论意见制作案件答复函。答复要点包括：

（1）案件来由：简要写明请示案件的案号、当事人、案由及请示的问题；

（2）案件审查：不必介绍案件审查过程，但经过检察委员会讨论决定的应当写明；

（3）答复意见。

▶ 4.6 答复函的答复意见应当符合以下要求：

（1）要针对请示问题分别答复，不能对多个请示问题笼统答复；

（2）答复意见要明确、清楚，内容要符合法律、司法解释和有关规定，符合检察工作实际；

（3）要求下级院自行处理的，要明确告知其视情况自行处理；

（4）答复意见一般为倾向性意见，不是结论性意见，案件仍需由请示的人民检察院依法作出处理决定。

▶ 4.7 接受请示的人民检察院认为对请示的问题需要再向其上级人民检察院请示的，应当以自己的名义按照请示案件办理程序向其上级人民检察院请示，待上级人民检察院答复后再正式答复原请示的人民检察院。

▶ 4.8 下级人民检察院报送的属于民事行政检察请示案件的，上级人民检察院办公厅（室）一般应当在三日之内呈报分管民事行政检察工作的副检察长批示给民事行政检察部门办理。

▶ 4.9 民事行政检察部门收到请示案件后，应当按以下要求及时办理：

（1）认为不属于民事行政检察部门职权范围的，及时向分管副检察长报告，经分管副检察长同意后将请示件退回办公厅（室）；

（2）对属于民事行政检察部门办理的案件，应当在案件办理期限内，且为下级人民检察院预留必要结案时间的基础上，尽快办结并答复下级人民检察院；

（3）对有时限要求的请示，应在要求的时限内办理完毕。

▶ 4.10 向上级人民检察院请示的期间，下级人民检察院可以计入中止审查期间，按照《中止审查操作规程》的相关规定办理。

▶ 4.11 对下级人民检察院的请示案件原则上应当以正式公文进行答复，答复意见应当加盖人民检察院印章。

▶ 4.12 情况紧急的，可以先用传真、电话等形式进行简易答复，但随后应及时制发公文进行正式答复。

▶ 4.13 在办理督促履职案件的请示案件中，上级人民检察院在答复中要充分注意下级人民检察院在办理该类案件时与地方人民政府及相关政府部门的联系协调情况，其所督促履行职责的案件的公性益、社会影响等因素。必要时，上级人民检察院可以与上级人民政府或者相应的上级政府相关部门进行联系协调，以确保答复意见的合法性、必要性、妥当性，以及检察监督的政治效果、法律效果与社会效果。

▶ **5. 操作禁忌**

▶ 5.1 不得滥用请示制度，不得将请示作为推卸责任的途径与借口。

▶ 5.2 不得未经本院检委会研究就请示上级人民检察院，检委会讨论记录应当附卷报送上级人民检察院。

▶ 5.3 案件请示只能由下级人民检察院向上级人民检察院请示，不得越级请示。上级人民检察院认为需要请示其上级人民检察院的，应当以其名义进行请示。

▶ 5.4 案件请示只能以人民检察院名义进行，不得以下级人民检察院民事行政检察部门的名义直接向上级人民检察院民事行政检察部门进行请示。

▶ 5.5 案件请示应当一文一案，不得在一次请示中同时请示多起案件，但在请示一件案件时可以同时请示多个问题。

▶ 5.6 案件请示不能代替案件办理。上级人民检察院的答复意见只是供下级人民检察院参考，下级人民检察院不得直接以上级人民检察院的答复意见作为结案文书，上级人民检察院也不得以答复意见直接代替下级人民检察院就案件作出决定。

▶ 5.7 案件请示要强化办案期限意识，下级人民检察院在请示的同时虽然可以决定案件中止审查，但不得滥用这一中止事由，拖延办案期限；上级人民检察院应当及时办结并告知下级人民检察院。

▶ 5.8 下级人民检察院民事行政检察部门就具体案件的办理，非正式请示上级人民检察院民事行政检察部门，但不能代替正式的案件请示：

（1）携带案卷到上级人民检察院民事行政检察部门进行汇报；

（2）以电子邮件的形式将审查意见报上级人民检察院民事行政检察部门审查；

（3）电话进行沟通听取对审查意见或者处理意见的意见。

三、法律文书发送操作规程

【定义】法律文书发送是指人民检察院依照法定程序和方式，将检察法律文书发往送出给当事人的诉讼行为。发送贯穿于民事行政监督案件受理、审查、办结的始终，是每个案件办理阶段必不可少的环节。

▶ 1. 法律文书发送环节

▶ 1.1 案件受理环节法律文书的发送按照以下要求办理：

（1）由控告检察部门受理的民事行政监督案件，控告检察部门应当在决定受理之日起 3 日内制作《受理通知书》，并向申请人发送《受理通知书》和《权利义务告知书》，需要通知其他当事人的，应将监督申请书副本和《受理通知书》、《权利义务告知书》发送其他当事人；

（2）由民事行政检察部门依职权受理的案件，需要通知当事人的，由民事行政检察部门负责制作《受理通知书》并在 3 日内发送；

（3）下级人民检察院提请抗诉、提请其他监督的案件，案件管理部门登记受理后，需要通知当事人的，由民事行政检察部门负责制作《受理通知书》并在三日内发送。

▶ 1.2 案件审查环节法律文书的发送按照以下要求办理：

（1）案件确定了承办人后，承办人应当制作告知办案人员姓名和法律职务《通知书》发送当事人；

（2）承办人在办理案件中认为需要通知其他当事人的，应当将《受理通知书》副本和监督申请书副本一并发送其他当事人；

（3）当事人申请承办人、书记员、翻译人员和鉴定人、勘验人等回避的，经审查回避理由成立的，应将《回避决定书》发送申请人和被决定回避人。回避理由不成立的，应将《驳回回避申请决定书》发送回避申请人；

（4）申请人不服，向原决定机关申请复议的，如果复议维持原驳回回避申请的，《回避复议决定书》仅发送回避申请人，如果复议决定回避的，《回避复议决定书》发送当事人和被决定回避人；

（5）案件审查后交办、转办下级人民检察院办理的，承办人应将《交办通知书》、《转办通知书》发送下级人民检察院，并发送《通知书》给当事人；

（6）案件需指令下级人民检察院和外地人民检察院调查核实的，承办人应发送《指令调查通知书》或者《委托调查函》给受指令或者受委托的人民检察院；

（7）案件有专门性问题需要委托鉴定、评估、审计和翻译的，承办人应当向具备资格的机构发送《委托鉴定（评估、审计、翻译）函》；

（8）案件需向当事人、案外人调查有关情况时，承办人应向相关单位或者个人发送《协助调查通知书》；

（9）需向银行或者其他金融机构查询当事人金融财产时，应向相关金融机构发送《协助查询金融财产通知书》，金融机构应将查询情况通过印制好的回执书面回复检察院；

（10）案件需要举行听证的，承办人应在听证三日前发送《通知书》，告知参演人员听证的时间和地点；

（11）案件因各种原因中止审查的，承办人应制作《中止审查决定书》发送当事人。中止审查的原因消除后，案件恢复审查的，承办人应制作告知当事人恢复审查的《通知书》发送当事人。

▶▶ 1.3 案件办结环节法律文书的发送按照以下要求办理：

（1）案件决定抗诉的，承办人应在决定抗诉之日起十五日内将《抗诉书》连同案件卷宗移送同级人民法院，并制作决定抗诉的《通知书》发送当事人。

（2）案件决定提请抗诉的，承办人应在决定提请抗诉之日起十五日内将《提请抗诉报告书》连同案件卷宗报送上级人民检察院，并制作决定提请抗诉的《通知书》发送当事人。

（3）案件决定向同级法院提出再审检察建议的，承办人应在决定提出再审检察建议之日起十五日内将《再审检察建议书》连同案件卷宗移送同级人民法院，并制作决定提出再审检察建议的《通知书》发送当事人。同时《再审检察建议书》应报上级人民检察院备案。

（4）案件决定向同级法院提出检察建议的，承办人应在决定提出检察建议之日起十五日内将《检察建议书》连同案件卷宗移送同级人民法院，并制作决定提出检察建议的《通知书》发送当事人。若案件为对审判程序中审判人员违法行为进行监督的，《通知书》可只发送申请人。

（5）案件决定作出不支持监督申请决定的，承办人应在决定之日起十五日内制作《不支持监督申请决定书》发送当事人。下级人民检察院提请抗诉的，上级人民检察院可以委托提请抗诉的检察院将《不支持监督申请决定书》发送当事人。若案件为对审判程序中审判人员违法行为监督、执行监督的，《不支持监督申请决定书》可以只发送申请人。

（6）案件终结审查的，承办人应制作《终结审查决定书》，需要通知当事人的，发送当事人。案件若为依职权监督的案件，经审查后没有监督必要的，应当制作《终结审查决定书》。

▶ 1.4 出席再审法庭阶段法律文书的发送按照以下要求办理：

（1）人民检察院派员出席再审法庭时，应向法庭出示《派员出庭通知书》；

（2）上级人民检察院指令下级人民检察院出庭再审法庭时，应向下级人民法院发送《指令出庭通知书》。

▶ 2. 法律文书发送方式

▶ 2.1 直接发送。直接发送是指将法律文书当面交给受送达人本人或者法律规定的相关人的发送方式。直接发送是最基本、最一般的发送方式，原则上优先使用。

▶ 2.2 邮寄发送。邮寄发送是指在直接发送法律文书有困难时，将待送达的法律文书通过邮寄方式发送受送达人的送达方式。

▶ 2.3 送达法律文书时应使用《送达回证》，由受送达人在送达回证上记明收到日期、签名或者盖章。受送达人在送达回证上的签收日期为送达日期。

▶ 2.4 邮政机构按照当事人提供或者确认的送达地址送达，受送达人及其代收人应当在邮政回执上签名、盖章或者捺指印。邮政机构在规定的日期内将该回执退回人民检察院。内勤或者书记员应妥善保管该回执。送达回证没有寄回的，以该回执上注明的签收日期为送达日期。

▶▷ 2.5 因受送达人自己提供或者确认的送达地址不准确、拒不提供送达地址、送达地址变更未及时告知人民法院、受送达人本人或者受送达人指定的代收人拒绝签收，导致诉讼文书未能被受送达人实际接收的，文书退回之日视为送达之日。

▶▷ 2.6 邮政机构因"查无此人"或"已离开住址下落不明"等而被退回的，应及时报告承办人，承办人应将退回单据附卷。

▶ **3. 当事人《送达地址确认书》制度**

▶▷ 3.1 当事人向人民检察院提出民事行政监督申请时，控告检察部门应当要求其提供本人和其他当事人的送达地址，并准确填写当事人《送达地址确认书》。

▶▷ 3.2 《送达地址确认书》包括以下内容：

（1）送达地址的邮政编码；

（2）详细地址；

（3）受送达人的联系电话。

▶▷ 3.3 《送达地址确认书》中当事人的送达地址应当由当事人自己或者当事人的代理人填写。当事人因文化程度限制不能书写，又没有代理人的，可以口述后由检察人员代为填写，并经两名以上检察人员宣读无误后由当事人签字或捺指印确认。

▶▷ 3.4 告知当事人应认真阅读《送达地址确认书》所载事项，特别是如按填写地址不能送达时的法律后果等。

▶▷ 3.5 当事人拒绝提供自己送达地址的，或者当事人要求对当事人《送达地址确认书》中的内容保密的，应当在备考栏内注明。

四、案卷归档操作规程

▶ **1. 案卷材料收集和整理**

▶▷ 1.1 承办人在收案后，即应开始收集、整理、粘贴有关案件的各种诉讼文书和材料。

▶▷ 1.2 发现遗失或手续不完备的，应及时补齐或补救。

▶▷ 1.3 对破损的材料应修补或复制。

▶▷ 1.4 对字迹难以辨别的材料，应制作抄件附后。

▶▶ 1.5 易褪色的不便长期保存的文件材料应当复印，经过复印以后的复印件和原件一并归卷。常见的需要复印的文书有：

（1）原来文书的字迹是用铅笔、圆珠笔、纯蓝墨水笔书写的；

（2）原来文书是传真件的。

▶▶ 1.6 本院形成的材料上有用铅笔或圆珠笔书写的批示或意见的，应当用钢笔描写。

▶▶ 1.7 对需附卷的信封，应打开放入卷内，邮票不应起掉。

▶▶ 1.8 材料上有金属物的应剔除。

▶▶ 1.9 重复的诉讼文书材料，一般只保存一份（有领导同志批示的应全部归档）。

▶▶ 1.10 零散的书面材料、票据等应及时用 A4 办公纸贴好，注明收到时间，否则易遗失。

▶▶ 1.11 承办人收到材料后立即按秩序放入卷宗，不随手摆放。

▶▶ 1.12 案件卷宗专柜放置，不与其他物品、书籍混放。

▶▶ 1.13 案件办结后承办人及时整理材料，准备归档。

▶ 2. 案卷立卷

▶▶ 2.1 组卷应当符合谁办案谁组卷和案件办结一件即组卷装订一件的以下要求：

（1）抗诉案件在收到法院再审裁定后即可组卷装订；

（2）提请抗诉案件在报送上级院时一次性按规定将案卷装订好；

（3）其他案件在最终决定的法律文书送达后组卷装订。

▶▶ 2.2 立卷应当一案一号，单独立卷。每个案件都应根据年度、办结结果的不同确定一个独立的案号。立卷时，应将该案诉讼过程中形成的文书、记录文件和审批件等诉讼文书入卷成册，不能混同。

▶▶ 2.3 抗诉案件立卷时应区分正卷和副卷。抗诉案件不宜公开且应订入副卷的材料有：

（1）讨论笔录；

（2）审结报告；

（3）检委会讨论记录；

（4）法律文书原稿；

（5）承办人认为其他不宜对外公开的材料。

▶▶ 2.4 纸面大于卷面的，应将材料按卷宗大小折叠整齐，纸张过小的，用 A4 办公纸加边、加衬，再入卷。

▶▶ 2.5 编写页码采用阿拉伯数字，有文字的每一页（包括背面）都要编号，正面编在右上角，背面编在左上角，一律使用铅笔，不得重码或跳码。卷宗超过 180 页或卷宗厚度超过 20 毫米的应进行分册，分册后应重新从"1"开始编写页码。如编写页码出错，应采用修正液涂改后重新编写。

▶▶ 2.6 卷内目录采用打印编写，填写目录栏目内容应当符合以下要求：

（1）卷内目录"顺序号"是指卷内文件材料的排列号，卷内每一份文件和材料都要编序号和登记文件标题，法律文书的打印件和定稿可作为一件编号登记，请示与批复要作为两件编号登记；

（2）"责任者"填写文件材料上落款的机构名称、经办人或批准人姓名，会议记录填写会议单位名称，询问当事人笔录填写询问案件承办人姓名，听证笔录填写组织听证的机构名称；

（3）"文件标题"应详细填写，有题目的填写题目，没有题目的要概括填写文件材料的主要内容。法律文书的标题填写应完整、规范，如"某某案审查终结报告"不能只填写为审查报告或审结报告等；

（4）"文件编号"是指公文印发单位或者法律文书的公文编号或法律文书文号；

（5）"日期"填写以连续 8 位阿拉伯数字标注，年度数 4 位，"月"和"日"分别以 2 位阿拉伯数字标注，不满 2 位以零补充，年月日之间不标注点或者"－"；

（6）"所在页号"只填写每份文件所在首页号，最后一份文件填写起止页号；

（7）"备注"用以填写需要注明的问题。若领导对本文有特殊批示的，可在备注项目中说明×××批示，以利于查阅。

▶▶ 2.7 案卷卷皮应当统一印制，按以下要求填写：

（1）第一栏：全宗名称。全宗名称同于立档单位的名称。全宗名称必须写全称。如"××省（市区）××县（区市旗）人民检察院"。

（2）第二栏：类目名称。括号内填写民事行政检察处、科（股）。

（3）第三栏：年度、字号。指发文机关编排的检察诉讼文书文号。

（4）第四栏：案件来源。按照来源方式不同，应填写为当事人申请监督或者××××人民检察院提请抗诉。

（5）第五栏：申请人。填写申请人的姓名、法人填写法人单位的名称。

（6）第六栏：其他当事人。填写方法同（5）。

（7）第七栏：案由。由承办人按照诉讼双方当事人争议的种类填写，如劳动争议、买卖合同纠纷等。

（8）第八栏：终审法院。应填写作出生效判决、裁定的人民法院，不得混淆"再审"和"终审"。

（9）第九栏：办理结果。即本检察机关对案件的处理决定，如抗诉、提请抗诉、不支持监督申请决定、检察建议、终结审查。

（10）第十栏：收案日期、结案日期。办理案件的收案日期，以控告检察部门制作的《受理通知书》日期和上级院收到下级院案件的日期为准，结案日期以对案件处理所形成的法律文书日期为准。

（11）第十一栏：卷数、页数。卷数指一个案件的全部材料装订成册的案卷总数。例如，某案件共形成三册案卷，则应在每一分册上均填写"本案共三卷"，并根据分册号，分别在每一卷上填写"第1卷"或"第2卷"或"第3卷"字样。页数指每一册案卷材料的总页数。立有分册的案卷应填写每一分册的页数，而不是所有分册的总页数。

（12）第十二栏：承办人、保管期限。承办人指负责办理本案的检察长、检察员、助检员，应填写案件承办人员姓名。保管期限指根据案卷本身的保存价值确定其保存的时间范围。

（13）卷皮封面右下角的"全宗号"、"目录号"、"年度"等栏目由档案人员填写。

（14）上述内容的填写应当完整、准确、简练，字迹清楚、工整，文字规范、不滥用生造字，填写数字时一律使用阿拉伯数字。

▶▶ 2.8 抗诉案件、再审检察建议案件的组卷应当分为检察卷和检察内卷。

▶▶ 2.8.1 检察卷应当按照以下顺序组卷：

（1）抗诉书（检察建议书）正本；

（2）人民法院作出的已生效的判决书、裁定书（含一审、二审、再审判决书、裁定书）；

（3）有关的证据材料。

▶▶ 2.8.2 检察内卷应当按照以下顺序组卷：

（1）原审判决书（含一审、二审、再审判决书、裁定书）；

（2）当事人监督申请书；

（3）受理通知书（含权利义务告知书）；

（4）案件移送函；

（5）告知办案人员姓名和法律职务通知书；

（6）中止审查决定书；恢复审查通知书；

（7）审查终结报告；

（8）讨论案件笔录；

（9）民事、行政抗诉书副本、检察建议书副本（含印发件、签发件）；

（10）提请抗诉报告书（下级院提请抗诉的有）；

（11）撤回（撤销）抗诉决定书；

（12）法院再审裁定书；

（13）（指令）出庭通知书；

（14）再审判决书、裁定书、调解书；

（15）再审判决（裁定）审查表；

（16）送达回证；

（17）证据材料；

（18）其他材料；

（19）物证袋。

■≫ 2.9 不支持监督申请案件应当分为自行受理案件和下级人民检察院提请抗诉案件两类案卷。

■≫ 2.9.1 自行受理的案件应当按照以下顺序组卷：

（1）当事人监督申请书；

（2）原审判决书（含一审、二审、再审判决书、裁定书）；

（3）受理通知书（含权利义务告知书）；

（4）案件移送函；

（5）告知办案人员姓名和法律职务通知书；

（6）听取当事人陈述笔录或者当事人书面答辩材料；

（7）调借阅案卷函；

（8）调查笔录；

（9）鉴定委托书及鉴定书；

（10）中止审查决定书；恢复审查通知书；

（11）审查终结报告；

（12）讨论案件笔录；

（13）不支持监督申请决定书（含印发件、签发件）；

（14）送达回证；

（15）证据材料；

（16）其他材料。

▶▶ 2.9.2 下级人民检察院提请抗诉案件应当按照以下顺序组卷：

（1）原审判决书（含一审、二审、再审裁定书）；

（2）当事人监督申请书；

（3）接收案件通知书；

（4）受理通知书（含权利义务告知书）；

（5）告知办案人员姓名和法律职务通知书；

（6）中止审查决定书；恢复审查通知书；

（7）审查终结报告；

（8）讨论案件笔录；

（9）不支持监督申请决定书（含印发件、签发件）；

（10）不支持监督申请通知书；

（11）提请抗诉报告书；

（12）送达回证；

（13）证据材料；

（14）其他材料。

▶▶ 2.10 终结审查案件应当分为自行受理案件和下级人民检察院提请抗诉案件两类案卷。

▶▶ 2.10.1 自行受理的案件应当按照以下顺序组卷：

（1）当事人监督申请书；

（2）原审判决书（含一审、二审、再审判决书、裁定书）；

（3）受理通知书（含权利义务告知书）；

（4）案件移送函；

（5）告知办案人员姓名和法律职务通知书；

（6）听取当事人陈述笔录或者当事人书面答辩材料；

（7）中止审查决定书；恢复审查通知书；

（8）审查终结报告（不是必备）；

（9）申请人撤回申请、申请人死亡且无权利继承人或者继承人放弃申请声名、当事人执行和解、申请人的申请不符合受理条件；

（10）讨论案件笔录；

（11）终结审查决定书（含印发件、签发件）；

（12）送达回证；

（13）证据材料；

（14）其他材料。

▶▶ 2.10.2 下级人民检察院提请抗诉的案件应当按照以下顺序组卷：

（1）原审判决书（含一审、二审、再审裁定书）；

（2）当事人监督申请书；

（3）接收案件通知书；

（4）受理通知书（含权利义务告知书）；

（5）告知办案人员姓名和法律职务通知书；

（6）听取当事人陈述笔录或者当事人书面答辩材料；

（7）中止审查决定书；恢复审查通知书；

（8）审查终结报告（不是必备）；

（9）申请人撤回申请、申请人死亡且无权利继承人或者继承人放弃申请声名、当事人执行和解、申请人的申请不符合受理条件；

（10）讨论案件笔录；

（11）终结审查决定书（含印发件、签发件）；

（12）送达回证；

（13）证据材料；

（14）其他材料。

▶▶ 2.11 提请抗诉案件应当按照以下顺序组卷：

（1）当事人监督申请书；

（2）原审判决书（含一审、二审、再审判决书、裁定书）；

（3）受理通知书（含权利义务告知书）；

（4）案件移送函；

（5）告知办案人员姓名和法律职务通知书；

（6）听取当事人陈述笔录或者当事人书面答辩材料；

（7）调借阅案卷函；

（8）调查笔录；

（9）鉴定委托书及鉴定书；

（10）中止审查决定书；恢复审查通知书；

（11）审查终结报告；

（12）讨论案件笔录；

（13）提请抗诉报告书（含印发件、签发件）；

（14）送达回证；

（15）证据材料；

（16）物证袋（上级院民事、行政抗诉书或不支持监督申请决定书）。

▶▶ 2.12 检察建议案件包括对审判程序中审判人员违法情形提出检察建议案件和对人民法院的执行活动提出检察建议案件。应当按以下顺序组卷：

（1）当事人监督申请书；

（2）原审判决书（含一审、二审、再审判决书、裁定书）；

（3）受理通知书（含权利义务告知书）；

（4）案件移送函；

（5）告知办案人员姓名和法律职务通知书；

（6）听取当事人陈述笔录或者当事人书面答辩材料；

（7）调借阅案卷函；

（8）调查笔录；

（9）鉴定委托书及鉴定书；

（10）中止审查决定书；恢复审查通知书；

（11）审查终结报告；

（12）讨论案件笔录；

（13）检察建议书（含印发件、签发件）；

（14）送达回证；

（15）证据材料；

（16）物证袋（法院是否采纳检察建议回复）。

▶▶ 2.13 民事、行政支持起诉案件应当按以下顺序组卷：

（1）当事人监督申请书；

（2）原审判决书（含一审、二审、再审判决书、裁定书）；

（3）支持起诉案件受理审批表；

（4）案件移送函；

（5）告知办案人员姓名和法律职务通知书；

（6）听取当事人陈述笔录或者当事人书面答辩材料；

（7）调借阅案卷函；

（8）调查笔录；

（9）鉴定委托书及鉴定书；

（10）中止审查决定书和恢复审查通知书；

（11）审查终结报告；

（12）讨论案件笔录；

（13）检察建议书（含印发件、签发件）；

（14）送达回证；

（15）证据材料；

（16）物证袋（法院是否采纳检察建议回复）。

▶ 3. 案卷装订及移交

▶ 3.1 备考表填写。备考表是案卷封皮的最后一页。备考表内应注明立卷日期和立卷人（本案承办人）。正文部分用于填写关于本卷文件保管使用及变动情况。应当包括以下内容：

（1）××年×月×日某份材料因何故残损、丢失，责任者是谁，做何处理；

（2）某份文件是复制件，原件存在何处；

（3）某份文件内容有误，真实情况应是什么；

（4）××年×月×日经复查案件插入了××材料，承办人签名。

▶ 3.2 诉讼案卷移送归档前，应将整理好的案卷交由处（科、股）的负责人或者内勤（书记员）在备考表的检查人栏内签名。

▶ 3.3 装订卷宗应以右面和下面两边整齐为准，用线绳三孔一线装订牢固，长度一般为 160 毫米左右。

▶ 3.4 承办人应在每年的 5 月 31 日前完成上一年度办结案件的归档工作，并移送给本处室的内勤（或书记员），案卷经检查验收合格后，方可向档案科移交。

▶ 3.5 内勤（或书记员）向档案科移交诉讼案卷时，应填写《案卷归档移交表》，将案卷材料及《案卷归档移交表》（一式 2 份）交档案员验收，验收合格，双方应办妥签收手续。《案卷归档移交表》一份给档案室，一份给处室内勤（或书记员）留存。

▶▶ 3.6 诉讼案卷归档后又收到与案件有关且需要归档的材料时，由承办人签名后交内勤（或书记员）交至档案室，经档案室同意后，在目录上注明增加材料的名称及页数，并将新增材料放入物证袋。

第三章 审判结果监督操作规程

第一节 卷宗材料审查类操作规程

一、申请监督材料审查操作规程

【定义】申请监督材料审查是指民事行政检察监督案件受理后，承办人对申请人提供的申请监督材料，以及其他当事人提供的答辩材料等书面材料进行审查，确定当事人在检察监督中的争议焦点、理由与依据，进而作出相应处理的活动。

▶ **1. 申请监督材料的初步审查**

▶ 1.1 申请监督材料的初步审查，主要是指承办人审查申请监督的对象是否属于民事行政检察监督范围，案件是否符合受理要求，并据此决定案件是否进入下一步审查。

▶ 1.2 申请监督材料初步审查的内容与方法，与申请监督案件受理审查相同。

▶ 1.3 申请监督材料进行初步审查后，应当根据材料情况分别作出如下处理：

（1）对于违反同级受理原则受理了可以由下级人民检察院受理的案件，按照管辖的相关规定交由或转有管辖权的下级人民检察院办理；

（2）对于申请监督材料不齐备的，应当要求当事人限期补齐。申请人逾期不补齐的，应当依法作出终结审查的决定；

（3）对于不符合受理条件而受理的案件，依法作出终结审查的决定；

（4）对于申请监督材料齐备的，依法进入下一步的实质内容审查。

▶ 1.4 申请监督材料初步审查应当按照以下程序办理：

（1）需要转办的，由承办人提出转办意见，层报民事行政检察部门负责人审批后，制作《转办通知书》，加盖部门印章，发送下级人民检察院；

（2）需要交办的，由承办人提交交办意见，层报分管副检察长审批后，制作《交办通知书》，加盖院印，发送下级人民检察院；

（3）需要终结审查的，由承办人制作《终结审查决定书》，层报分管副检察长审批后，加盖院印，发送当事人；

（4）需要进一步审查的，承办人直接进入下一步对实质内容的审查。

▶▷ 1.5 申请监督材料与答辩材料审查是调阅法院案卷之前的审查，是决定是否调借阅案卷的前提。

▶▷ 1.6 对于调借阅案卷审查的案件，申请监督材料与答辩材料审查应当与审判卷宗审查结合起来，对于材料中反映的证据、事实与法律适用等问题的表述，要注意其与审判卷宗、法律文书的表述之间的差异。

▶▷ 1.7 在受理阶段如果当事人没有按照要求在规定期限内补齐材料，可以作出不予受理决定。

▶ 2. 告知办案人员基本情况

▶▷ 2.1 控告检察部门受理案件在移送民事行政检察部门并确定民事行政检察部门的承办人后，控告检察部门承办人应当以书面形式告知当事人办案人员的有关情况。

▶▷ 2.2 告知包括以下内容：

（1）办理案件的检察人员的姓名、法律职务、办公电话；

（2）办理案件的书记员的姓名、法律职务、办公电话；

（3）办理案件的人民检察院的联系地址，包括办案单位的地址，检察人员、书记员所在办公（厅）室房间号等。

▶▷ 2.3 民事行政检察部门承办人接收到受理的申请监督材料后，应当及时制作《通知书》，加盖人民检察院印章，并按照《当事人联系方式确认书》上载明的联系方式和邮寄地址，发送案件各方当事人。

▶▷ 2.4 告知当事人权利主要是申请回避的权利，与受理环节控告部门告知当事人在申诉监督中的权利义务不同。

▶ 3. 申请监督材料的实质审查

▶▷ 3.1 民事行政检察部门承办人应当对申请人提供的全部申请材料进行全面、深入审查，以全面、准确了解当事人的申请监督目的、理由与依据，并对之进行总结、归纳和分析。

▶▷ 3.2 审查申请监督请求包括两个方面：

（1）申请的监督方式是抗诉还是检察建议；

（2）是申请对原生效裁判进行监督，还是对审判人员存在渎职行为进行监督，还是对审判程序违法进行监督，或者同时具有其中某几种情形。

▶▶ 3.3 申请监督审查首先应当对申请监督的理由进行审查。

▶▶ 3.3.1 按下列内容对当事人申请监督理由所涉案件事实进行审查：

（1）有新的证据，足以推翻判决、裁定的；

（2）原判决、裁定认定的基本事实缺乏证据证明的；

（3）原判决、裁定认定事实的主要证据是伪造的；

（4）原判决、裁定认定事实的主要证据未经质证的；

（5）对审理案件需要的主要证据，当事人因客观原因不能自行收集，书面申请人民法院调查收集，人民法院未调查收集的。

▶▶ 3.3.2 按下列内容对当事人申请监督理由所涉法律适用、诉讼程序进行审查：

（1）原判决、裁定适用法律确有错误的；

（2）审判组织的组成不合法或者依法应当回避的审判人员没有回避的；

（3）无诉讼行为能力人未经法定代理人代为诉讼或者应当参加诉讼的当事人，因不能归责于本人或者其诉讼代理人的事由，未参加诉讼的；

（4）违反法律规定，剥夺当事人辩论权利的；

（5）未经传票传唤，缺席判决的；

（6）原判决、裁定遗漏或者超出诉讼请求的；

（7）据以作出原判决、裁定的法律文书被撤销或者变更的；

（8）审判人员审理该案件时有贪污受贿、徇私舞弊、枉法裁判行为的。

▶▶ 3.4 根据不同类型的申请监督理由，应当对当事人提供的申请监督依据进行审查。

▶▶ 3.4.1 按下列要求对当事人申请监督依据所涉案件事实进行审查：

（1）对于所依据的证据是原审中已经提供的证据的，结合审判卷宗的证据审查进行；

（2）对于所依据的证据是原审中未提供的，而是新证据的，重点审查是否符合再审新证据的要求。

▶▶ 3.4.2 对新证据是否符合再审新证据的要求的审查，应当确认其是否具有以下情形之一：

（1）原审庭审结束前已客观存在但庭审结束后新发现的证据；

（2）原审庭审结束前已经发现，但因客观原因无法取得或者在规定期限内不能提供的证据；

（3）原审庭审结束后原作出鉴定意见、勘验笔录者重新鉴定、勘验，推翻原意见的证据；

（4）当事人在原审中提供的，原审未予质证、认证，但足以推翻原判决、裁定的主要证据。

▶》3.4.3 按下列内容对当事人申请监督依据所涉法律适用、诉讼程序进行审查：

（1）对当事人认为原审生效判决、裁定适用法律错误的理由进行审查；

（2）对当事人提供的证明诉讼程序违法的证据进行调查核实；

（3）对诉讼程序的审查，对原审诉讼程序是否严重违反审判程序作出认定；

（4）对当事人提供的证明司法人员渎职行为的证据进行调查核实；

（5）对原审中审判人员是否构成渎职行为作出认定。

▶ **4. 答辩材料审查**

▶》4.1 通过审查确认答辩主体，确认答辩书是否系其他当事人所作出，包括以下内容：

（1）自然人答辩的应当审查其身份、年龄、签名；

（2）法人、其他组织答辩的应当审查是否加盖公章，法人或者其他组织的营业执照副本、组织机构代码证书和法定代表人或者主要负责人的身份证明等有效证照；

（3）委托他人代理的，应当同时审查委托人与受托人的身份证明材料和委托代理权限和手续。

▶》4.2 对答辩请求进行审查：

（1）是否针对申请人的申请监督主张进行对应答辩；

（2）是否提出了申请人申请监督之外的新的主张；

（3）如果有申请监督之外的新主张则构成新的申请监督，应当按照新的监督申请对待处理。

▶》4.3 对答辩理由的审查参照申请监督材料实质审查的规定进行。

▶》4.4 对答辩依据的审查参照申请监督材料实质审查的规定进行。

▶▷ 4.5 其他当事人在答辩中提出了新的监督申请，该当事人即成为另一监督申请人，对其监督申请应在审查中一并处理。

▶ 5. 申请监督及答辩材料审查处理

▶▷ 5.1 经审查认为原生效判决、裁定、调解书认定案件事实清楚，适用法律正确，程序合法，没有损害国家利益、社会公共利益或者第三人合法权益的，应当直接起草《审查终结报告》，提出不支持监督申请审查意见。

▶▷ 5.2 对于审查监督申请和答辩材料后，认为案件事实尚不能确认，适用法律是否正确不能确定，诉讼程序可能存在违法等问题的，或者认为案件的事实与法律关系比较复杂，需要进一步审查原审审判卷宗的，则由承办人填写《调阅案卷单》，加盖人民检察院印章或办公（厅）室印章后，调阅原审审判卷宗进行进一步审查。

▶▷ 5.3 在进行申请监督及答辩材料审查期间，如果出现中止审查情形的，案件可以中止审查，具体操作规程按照《中止审查操作规程》的规定办理。

▶▷ 5.4 在进行申请监督材料及答辩材料审查中，如果发现应当依职权监督的情形，则对于依职权监督的部分，应当启动依职权监督程序，按照《依职权监督启动操作规程》的规定办理。

▶▷ 5.5 在审查阶段发现申请材料不齐全而当事人未按要求在规定期限内补齐的，应按照已经受理的案件不符合受理条件的规定，作出终结审查决定。

▶▷ 5.6 申请监督材料与答辩材料审查中，应当同时审查全部材料中反映出来的、没有为申请人或者其他当事人所主张的事实与法律问题。

▶▷ 5.7 在提请抗诉案件中，上级院受理提请抗诉的案件后，对当事人申请监督和其他当事人答辩材料通过审查提请抗诉案卷完成，因此，提请抗诉案卷审查中只重点规定检察机关提请抗诉报告书的审查操作规程。

二、审判卷宗审查操作规程

【定义】审判卷宗审查是指在审判结果监督案件办理中，调取人民法院的审判或调解卷宗，对卷宗记载的起诉、受理、答辩、审理、调解、诉讼程序推进等全部受理和审判情况进行审查，以确认人民法院的审判、调解活动是否符合法律规定的检察活动。

▶ 1. 立案审查及审判流程管理表审查

▶▷ 1.1 立案审查及审判流程管理表是人民法院诉讼案件立案审批和审判过程

的概要记载，侧重于从程序上对诉讼进程进行控制和管理。

▶▶ 1.2 审查立案审查及审判流程管理表，应当从总体上了解案件在人民法院的运行过程，初步掌握案件受理、审判组织、审判程序流程等，为全面把握案件在程序方面是否符合法律规定提供框架、奠定基础。

▶▶ 1.3 审查应当把握以下要点：

（1）案件受理方面，初步了解案件起诉时间、受理时间，以及案件审理期限；

（2）当事人及诉讼代理人身份方面，初步了解是否存在第三人，各当事人及诉讼代理人是否均提供了身份证明材料等；

（3）审判组织方面，初步审查审判组织由谁组成，是独任审判还是合议庭审判，合议庭审判是否有人民陪审员参加；

（4）证据材料方面，初步审查是否具备举证通知，是否具备给原告、被告、第三人的证据收据存根；

（5）初步审查人民法院是否依申请或者依职权收集调取证据；

（6）初步审查是否采取了财产保全、证据保全、先予执行等强制措施；

（7）是否延期审理；

（8）是否存在委托鉴定；

（9）是否经过传票传唤；

（10）是否有开庭笔录、调解、和解笔录以及宣判笔录；

（11）初步审查送达回证是否齐全；

（12）初步审查判决书、调解书、裁定书正本是否齐全；

（13）其他立案审查及审判流程管理表中载明的、当事人提出了异议的相关事项。

▶ 2. 起诉书、上诉书审查

▶▶ 2.1 应当重点对当事人资格进行审查。

▶▶ 2.1.1 原告资格审查。原告应当是与本案有直接利害关系的公民、法人和其他组织。应当注意审查以下事项：

（1）首先直接利害关系即法律上的利害关系，是对诉讼标的具有法律上的请求权，而不是事实上的利害关系；

（2）必要共同诉讼的原告是否均参加诉讼；

（3）是否属于代表人诉讼。

■》2.1.2 被告资格审查。审查确认被告主体资格是否适格。被告适格应当具有实体法或者程序法上的依据。

■》2.1.3 第三人资格审查。重点审查第三人是有独立请求权的第三人，还是无独立请求权的第三人。应当注意以下内容：

（1）有独立请求权的第三人在诉讼中的地位相当于原告，对本诉原、被告之间的诉讼标的认为有全部或部分的独立请求权，有独立请求权的第三人不能依职权强行追加其参加诉讼；

（2）无独立请求权的第三人，对本诉原、被告之间的诉讼标的没有独立请求权，与原、被告均无共同的权利义务关系，但案件处理结果与其有直接的利害关系，无独立请求权第三人应当依职权追加其参加诉讼。

■》2.1.4 应当注意审查确定当事人的以下特殊情形：

（1）法人非依法设立的分支机构，或者虽依法设立，但没有领取营业执照的分支机构，以设立该分支机构的法人为当事人；

（2）个体工商户、农村承包经营户、合伙组织雇佣人员在进行雇佣合同规定的生产经营活动中造成他人损害的，其雇主是当事人；

（3）个体工商户以营业执照上登记的业主为当事人；

（4）有字号的，应在法律文书中注明登记的字号；

（5）营业执照上登记的业主与实际经营者不一致的，以业主和实际经营者为共同诉讼人；

（6）法人或者其他组织应登记而未登记即以法人或者其他组织的名义进行民事活动，或者他人冒用法人、其他组织的名义进行民事活动，或者法人、其他组织依法终止后仍以其名义进行民事活动的，以直接责任人为当事人；

（7）企业法人未经清算即被撤销，有清算组织的，以该清算组织为当事人；没有清算组织的，以作出撤销决定的机构为当事人；

（8）因新闻报道或者其他作品发生的名誉权纠纷，根据原告的起诉确定被告。只诉作者的列作者为被告，只诉新闻出版单位的列新闻出版单位为被告，作者与所属单位为隶属关系、作品系作者履行职务所形成的只列单位为被告。

■》2.2 注意审查诉讼请求。通过审查起诉书和上诉书，确定案件的审理范围是否遗漏或者超出：

（1）已经提出的诉讼请求是否全部进行了审理裁判；

（2）没有提出的诉讼请求是否被审理裁判了。

▶▷ 2.3 通过审查起诉书的基本事实与理由，初步确定本案当事人之间的法律关系，进而形成对本案案由和基本法律关系的初步判断。

▶ 3. 当事人和代理人身份及权限审查

▶▷ 3.1 当事人身份审查主要审查当事人身份的真实性，防止冒名诉讼。必要时，应当通过有效联系方式核实以下内容：

（1）自然人当事人应当审查其身份证明、年龄、签名、联系方式等；

（2）法人、其他组织应当审查是否加盖公章，法人或者其他组织的营业执照副本、组织机构代码证书和法定代表人或者主要负责人的身份证明等有效证照。

▶▷ 3.2 注意审查代理人身份：

▶▷▷ 3.2.1 民事诉讼代理人应当属于以下人员之一：

（1）律师、基层法律服务所工作者；

（2）当事人的近亲属或者工作人员；

（3）当事人所在社区、单位以及有关社会团体推荐的公民。

▶▷▷ 3.2.2 代理人应当提供以下相应身份证明：

（1）律师、基层法律服务所工作者应当提供律师事务所、基层法律服务所介绍信、函和本人执业证；

（2）近亲属应当提供户口簿，工作人员应当提供工作证，以及代理人本人身份证等；

（3）受推荐的公民担任代理人应当提供推荐函和本人身份证明。

▶▷ 3.3 注意审查代理权限：

▶▷▷ 3.3.1 审查委托人向代理人出具的授权委托书，必须由委托人签名或者盖章。

▶▷▷ 3.3.2 重点审查代理人的代理权限为一般代理还是特别代理。特别代理的权限包括代为承认、放弃、变更诉讼请求，进行和解，提起反诉或者上诉。没有明确授予一项或多项特别代理权限的均属于一般代理，不享有诉讼中的特别代理权限。

▶ 4. 答辩状和反诉书审查

▶▷ 4.1 答辩状审查应当注意对案件事实的审查：

▶≫ 4.1.1 审查被告人对原告主张的案件事实的意见，重点审查是否存在对原告主张案件事实的承认，以及是否提出了新的案件事实和支持其事实主张的证据材料。

▶≫ 4.1.2 对诉讼请求的答辩审查应当审查被告人对原告诉讼请求的意见，注意审查是否存在对原告诉讼请求的认诺。

▶≫ 4.2 反诉书审查应当审查反诉是否成立：

▶≫ 4.2.1 成立反诉应当符合以下条件：

（1）本诉正在进行中，且在法庭辩论终结前；

（2）反诉不属于其他法院专属管辖；

（3）反诉能够与本诉适用同一程序；

（4）反诉请求与本诉请求或与本诉请求在防御方法上有牵连；

（5）反诉须由被告向本诉原告提起。

▶≫ 4.2.2 反诉与本诉合并审理，但有效提起的反诉，即使本诉被撤回，也不影响反诉的存在。

▶≫ 4.2.3 反诉的审查与本诉的内容审查基本一致。

▶ 5. 证据材料审查

▶≫ 5.1 认真审查证据收集的取得。

▶≫ 5.1.1 当事人收集证据审查应当符合下列要求：

（1）当事人对自己主张的事实，应当提供证据；

（2）当事人提供的证据应当在法定举证期限内提出；

（3）举证期限可以由当事人协商一致并经人民法院认可，也可以由人民法院指定，但不少于三十日；

（4）当事人逾期提供证据的，应当说明理由。拒不说明理由或理由不成立的，人民法院可以不采纳该证据，或者采纳该证据但予以训诫、罚款。

▶≫ 5.1.2 人民法院基于当事人的书面申请调查收集证据应当符合以下情形之一：

（1）申请调查收集的证据属于国家有关部门保存并须人民法院依职权调取的档案材料；

（2）涉及国家秘密、商业秘密、个人隐私的材料；

（3）当事人及其诉讼代理人因客观原因不能自行收集的其他材料。

▶≫ 5.1.3 人民法院依职权调取证据，应当符合以下情形之一：

（1）涉及可能有损国家利益、社会公共利益或者他人合法权益的事实；

（2）涉及依职权追加当事人、中止诉讼、终结诉讼、回避等与实体争议无关的程序事项。

▶ 5.2 认真审查物证。

▶▶ 5.2.1 物证是指以内在属性、外部形态、空间方位等客观存在的特征证明案件事实的物体和痕迹。

▶▶ 5.2.2 物证审查应当注意以下要点：

（1）物证应当是原物；

（2）提供原物确有困难的，可以提供复制品或者照片，但应当出具说明；

（3）物证的证明具有客观性和不可替代性，应当与其他证据结合起来进行证明。

▶ 5.3 认真审查书证。

▶▶ 5.3.1 书证是指以文字、符号、图形等方式记载的内容来证明案件事实的文件或其他物品。

▶▶ 5.3.2 书证审查应当注意以下要点：

（1）书证应当是原件；

（2）提供原件存在困难的，也可以提供跟原件核对无误的副本或者复制件，但应当出具说明；

（3）书证的证明内容一般比较明确，但要注意从书证的形成时间、载体、取得途径、与其他证据是否存在矛盾等方面审查其真实性。

▶ 5.4 认真审查视听资料。

▶▶ 5.4.1 视听资料是以录音、录像、电子计算机及其他电磁方式记录储存的音像信息证明案件事实的证据。

▶▶ 5.4.2 视听资料审查应当注意以下要点：

（1）视听资料具有直观性和便利、高效的特点；

（2）视听资料容易改变，应当从生成、存储、传递、收集等各个环节审查其原始性、完整性；

（3）应当将被剪辑、改变的视听资料排除。

▶ 5.5 认真审查电子数据。

▶▶ 5.5.1 电子数据是以数字化的信息编码形式表现出来的能够证明案件事实的证据。

▶≫ 5.5.2 电子证据审查应当注意以下要点：

（1）审查来源，主要是形成时间、地点、对象、制作人、制作过程及设备情况，审查电子数据的真实性；

（2）审查内容，包括主要内容、创建日期、修改日期、作者，以及电子数据的环境信息，包括逻辑地址、物理存储地址等附属内容，全面审查电子数据的真实性、可靠性；

（3）审查获取程序，包括收集数据的主体、程序、方法等方面审查其合法性。

▶▶ 5.6 认真审查证人证言。

▶≫ 5.6.1 证人证言是证人就自己所知道的案件事实情况向司法机关所作的陈述。

▶≫ 5.6.2 审查证人证言应当注意以下要点：

（1）证人证言具有较强的主观性和容易改变的特点；

（2）注意审查证人的资格、身份、健康状况，单位原则上不能作为证人；

（3）证人与案件或当事人的关系；

（4）证人提供的意见证据（猜测性、推断性和评论性证言）一般不得作为定案根据；

（5）证人当庭所作证言具有优先采用性。

▶▶ 5.7 认真审查当事人陈述。

▶≫ 5.7.1 当事人陈述是当事人就自己所知道的案件真实情况向司法机关所作的陈述。

▶≫ 5.7.2 当事人陈述审查应当注意以下要点：

（1）当事人陈述具有较强的主观性、利己性，容易反复，要注意结合其他证据进行审查；

（2）当事人认可对方事实主张的陈述，具有免除对方当事人对该事实主张成立的进行举证证明的效力；

（3）当事人对自己的主张，只有本人陈述而不能提出其他相关证据的，除对方当事人认可外，其主张不予支持；

（4）当事人在调解、和解中所作的不利于己的陈述，不得在其后的诉讼中作为对其不利的证据。

▶ 5.8 认真审查鉴定意见。

▶▶ 5.8.1 鉴定意见是具有鉴定资格的专业人员就案件中的专门性问题提供的结论性意见。

▶▶ 5.8.2 鉴定意见审查应当注意以下要点：

（1）鉴定意见具有很强的科学性、专业性，但也属于意见类证据，应当进行审查；

（2）注意审查鉴定机构资质、鉴定范围，确定鉴定事项是否超出鉴定范围；

（3）审查鉴定人资格，同时审查是否存在回避情形、是否符合人数要求等；

（4）审查鉴定的程序、方法是否存在重大错误，是否明显违背科学原则；

（5）审查检材、样本与鉴定对象的一致性；

（6）审查鉴定意见是否符合鉴定标准；

（7）审查鉴定意见与证明对象之间的关联性。

▶ 5.9 认真审查勘验笔录。

▶▶ 5.9.1 勘验笔录是指审判人员就案件有关场所、物品进行查验、测量、拍照后制作的笔录，是通过勘查、检验等方法所形成的证据。

▶▶ 5.9.2 勘验笔录审查应当注意以下要点：

（1）审查勘验程序，勘验人员应当具备执法资格，出示执法证件表明执法身份，并邀请当地基层组织或者当事人所在单位派人参加；

（2）勘验应当通知当事人或当事人的成年家属到场，如果拒不到场，应当记明情况；

（3）审查勘验笔录内容应当包括勘验时间、地点和场所、勘验人、记录人的基本情况，邀请参加人员，勘验对象、勘验情况和勘验结果，并由勘验人、记录人、当事人、被邀请人签名或盖章；

（4）勘验笔录应当客观记载勘验情况，不得含有主观分析、推测、判断等内容，否则，相关内容应当排除。

▶ 5.10 认真审查新证据。

▶▶ 5.10.1 一审新证据包括：

（1）当事人在一审举证期限届满后新发现的证据；

（2）当事人确因客观原因无法在举证期限内提供，经人民法院准许，在延长的期限内仍无法提供的证据。

▶≫ 5.10.2 二审新证据包括：

（1）一审庭审结束后新发现的证据；

（2）当事人在一审举证期限届满前申请人民法院调查取证未获准许，二审法院审查认为应当准许并依当事人申请调取的证据；

（3）当事人在二审中提供新证据的，应当在二审开庭前或者开庭审理时提出；二审不需要开庭的，应当在人民法院指定的期限内提出；人民法院指定的举证期限，不得少于三十日。

▶≫ 5.10.3 再审新证据包括：

（1）原审庭审结束前已客观存在庭审结束后新发现的证据；

（2）原审庭审结束前已经发现，但因客观原因无法取得或在规定的期限内不能提供的证据；

（3）原审庭审结束后原作出鉴定结论、勘验笔录者重新鉴定、勘验，推翻原结论的证据；

（4）当事人在原审中提供的主要证据，原审未予质证、认证，但足以推翻原判决、裁定的，视为新证据。

▶≫ 5.10.4 新证据审查应当符合以下要求：

（1）审查各项新证据是否形成于原审庭审结束前，形成于原审庭审结束后的证据，不得作为新证据；

（2）审查足以推翻原鉴定意见、勘验笔录的重新鉴定、勘验是否形成于原审庭审结束后，形成于庭审结束前的重新鉴定意见、勘验笔录，不得作为新证据；

（3）审查作为新证据的证据没有提交的原因，是因当事人没有发现，或是虽然发现但因客观原因无法提供或在规定的期限内取得或是当事人申请人民法院调取或者人民法院依职权应当调取而没有调取；

（4）已经提交的证据重新作为新证据时，应审查原审是否该项证据未予质证或认证；

（5）审查证据对当事人权利义务关系的影响，对不予采信某项证据而将导致当事人之间权利义务关系严重失衡的，可以视为新证据。

▶ **6. 开庭笔录审查**

▶≫ 6.1 开庭笔录是人民法院的书记员对法庭审理的全部活动所作的书面记录。

审查开庭笔录是民事行政检察的重要职能：

（1）开庭笔录审查是人民检察院在办理民事行政诉讼监督案件中，查阅庭审笔录，以法律规定的程序为标准，评价开庭笔录记载的人民法院的审理活动是否违法的活动；

（2）审查开庭笔录主要是按照开庭活动的推进顺序，依次审查开庭准备阶段、法庭调查阶段、法庭辩论阶段的各项诉讼活动是否符合法律规定。

▶▶6.2 认真审查开庭准备。

▶▶6.2.1 审查是否查明当事人和其他诉讼参与人到庭情况：

（1）查明参加诉讼的当事人和其他诉讼参与人是否本人出庭，代理人出庭的是否具有代理权限；

（2）当事人或其他诉讼参与人没有到庭的，是否报告审判长，并由合议庭决定是否延期审查或者中止诉讼；

（3）因原告不到庭而作撤诉处理的，是否经过了传票传唤程序且无正当理由；

（4）因被告不到庭而进行缺席审理的，是否经过了传票传唤程序且无正当理由；

（5）是否宣布了法庭纪律。

▶▶6.2.2 审查是否告知有关事项及诉讼权利义务：

（1）审判长是否宣布合议庭组成人员、书记员名单；

（2）审判长是否告知当事人有关的诉讼权利义务；

（3）审判长是否询问各方当事人是否申请回避。

▶▶6.3 认真审查法庭调查。

▶▶6.3.1 法庭调查主要是围绕双方当事人争议的事实，通过当事人举证、质证，以审查核实证据，查明案件事实。法庭调查审查，主要是审查法庭是否依法保护当事人举证、质证的权利，举证、质证是否依法进行。

▶▶6.3.2 举证审查应当符合以下要求：

（1）双方当事人都有权利进行举证，结合申请监督材料，审查是否依法保障了当事人举出证据的权利；

（2）举证是否在法定期限内完成：当事人向人民法院提供证据应当在人民法院确定的举证期限内完成，否则证据失权；

（3）证人是否出庭；

（4）鉴定人应当出庭作证。经人民法院通知，鉴定人拒不出庭作证的，鉴定意见不得作为认定事实的依据。

▶▶ 6.3.3 证人以书面证言、视听传输技术或者视听资料等方式作证，是否符合下列情形之一：

（1）因健康原因不能出庭的；

（2）因路途遥远、交通不便不能出庭的；

（3）因自然灾害等不可抗力不能出庭的；

（4）有其他正当理由不能出庭的。

▶▶ 6.3.4 认真审查法庭质证。

▶▶ 6.3.5 审查当事人的质证意见是否真实、完整、准确地记录。

▶▶ 6.3.6 审查法庭质证是否遵循了三项基本原则：

（1）直接质证原则，证据应当在法庭上由当事人直接质疑和质问，才能作为定案依据；

（2）当庭质证原则，所有质证活动必须在法庭的开庭审理中当庭进行；

（3）公开质证原则，质证应当在开庭审判时公开进行。

▶▶ 6.3.7 免于质证的只能包括以下证据：

（1）当事人双方均已认可的证据；

（2）涉及国家秘密、商业秘密、个人隐私而且不宜让对方当事人知晓具体内容的证据，法官可以不组织质证。

▶▶ 6.3.8 按以下要求审查法庭质证方法：

（1）对证人质证应当以交叉询问为基本方式，即应当由一方当事人或其律师在法庭上对另一方证人进行诘问性询问；

（2）对专业性问题应当允许当事人申请专家辅助质证；

（3）一方质证方法违法时，人民法院是否制止或者对对方当事人提出的异议依法进行了处理。

▶▶ 6.3.9 按以下要求审查法庭质证结果：

（1）经庭审质证的证据，能够当庭认定的，法庭应当认定；

（2）当庭不能认定的，可以休庭合议后进行认定；

（3）经过质证明确排除的证据，不得再作为认定案件事实的依据；

（4）经过质证，确定需要继续举证或者进行鉴定、勘验等的，在下次法庭调查中再行组织质证。

▶ **6.4 认真审查法庭辩论情况。**

▶▶ 6.4.1 法庭辩论是在合议庭的主持下，双方当事人根据法庭调查基本查明的案件事实和证据材料，各自阐明自己的观点，反驳对方的主张，相互进行言词辩论的诉讼活动。

▶▶ 6.4.2 法庭辩论审查应当把握以下要点：

（1）审查争议焦点。审判人员应当根据法庭调查的情况确定双方当事人的争议焦点，并征求当事人的意见，最后确定本案的争议焦点，再由当事人围绕争议焦点问题进行辩论；

（2）审查对当事人辩论权利的保障。法庭按照确定的顺序由当事人进行辩论，对各方当事人的辩论权利应当给予平等充分的保障，合议庭不得违法限制、禁止任何一方当事人的辩论权利；

（3）审查是否依法行使释明权。在法庭审理过程中，法官行使释明权对于查明案件事实、妥善解决争议、提高诉讼效率具有重要意义，但必须慎重处理，以免与当事人的处分权原则相冲突。

▶▶ 6.4.3 法官行使释明权应当符合以下要求：

（1）条件：诉讼过程中当事人主张的法律关系的性质或民事行为的效力与人民法院根据案件事实作出的认定不一致的；

（2）方式：人民法院应当主动释明；

（3）内容：释明不同的法律关系、民事行为效力的影响，并告知当事人可以变更诉讼请求。

▶ **6.5 认真审查案件评议与宣告判决。**

▶▶ 6.5.1 案件评议是合议庭在法庭辩论终结后，在休庭时就案件性质、认定的事实、适用的法律、是非责任和处理结果等作出结论的诉讼活动。合议庭评议案件秘密进行。一般情况下的检察监督是对审判正卷进行审查，无法审查案件评议活动。在特定案件中，如果调取了审判副卷审查，应当注意：

（1）案件评议应当围绕法庭质证、辩论的证据、案件事实、法律适用问题以及诉讼程序等问题进行，全面审查案件评议中合议庭成员发表的评议意见；

（2）合议庭合议意见采取少数服从多数的原则，确定评议结论；

（3）评议应当制作笔录，评议中的不同意见应当如实记入笔录，再由合议庭成员签字。

➤➤ 6.5.2 宣告判决应当按以下要求审查：

（1）所有案件，无论是公开审理还是不公开审理，均应当公开宣告判决；

（2）当庭宣判的，应当在十日内发送判决书；定期宣判的，宣判后立即发给判决书；

（3）可上诉判决宣告时，应当告知当事人上诉权利、上诉期限和上诉法院。

➤➤ 6.5.3 开庭笔录应当按以下要求进行形式审查：

（1）开庭笔录由书记员记录，由审判人员和书记员签名；

（2）当事人和其他诉讼参与人有权阅读并申请补正自己的陈述笔录，不予补正的，应当将申请记录在案；

（3）开庭笔录应当由当事人和其他诉讼参与人签名或者盖章，拒绝签名或盖章的，记明情况附卷。

➤ **7. 调解书和调解笔录审查**

➤➤ 7.1 调解生效应当按以下要求进行审查：

（1）调解书经双方当事人签收后，即具有法律效力。未经当事人签收，调解书尚未发生法律效力，也就不具有强制执行效力；

（2）签收之前，一方当事人无论基于何种理由反悔的，调解书不发生法律效力；

（3）调解书的送达应当采取直接送达，任何一方当事人在送达时不予签收的，即为反悔，调解书不发生法律效力。

➤➤ 7.2 不需要制作调解书的下列案件，书记员将调解协议的条款记入笔录，由双方当事人、审判人员、书记员签名或者盖章后，即产生法律效力：

（1）调解和好的离婚案件；

（2）调解维持收养关系的案件；

（3）能够及时履行的案件；

（4）其他不需要制作调解书的案件。

➤➤ 7.3 调解内容应当按以下内容进行审查：

（1）调解是当事人对自己诉讼权利和实体权利的处分，可以超出诉讼请求范围进行调解；

（2）调解应当遵循自愿原则、合法原则，不得违法调解，不得违反当事人意愿进行调解；

（3）调解不得损害国家利益、社会公共利益和他人合法权益。

▶ 7.4 调解程序应当按以下内容进行审查：

（1）调解可以在诉讼的各个阶段进行，即从案件受理到案件执行的各个阶段均可进行调解；

（2）达不成调解协议的，应当及时判决，久调不成且当事人已经明确不同意调解，久拖不判的构成审判程序；

（3）调解有效，双方当事人签收调解书或者在调解笔录上签名或者盖章的，案件审理程序结束。

▶ 7.5 调解监督方式应当按以下内容进行：

（1）对于损害国家利益、社会公共利益的调解案件，人民检察院可以依职权进行监督，提出抗诉或再审检察建议；

（2）对于违反自愿原则、合法原则，或者存在其他调解程序违法，包括虚假调解而未损害国家利益、社会公共利益的，以及审判人员在审理案件时存在贪污受贿、徇私舞弊、枉法裁判行为的，提出检察建议进行监督，也可以根据案件情况按照《审判程序违法情形监督操作规程》、《司法人员渎职行为监督操作规程》的相关规定办理。

▶ **8. 诉讼程序文书审查**

▶ 8.1 认真审查受理程序文书

▶ 8.1.1 应当对立案期限的以下内容进行审查：

（1）符合起诉条件的，人民法院应当在七日内立案，并通知当事人；

（2）改变管辖的，行使管辖权的人民法院应当在收到案卷材料后三日内立案；

（3）二审案件中，第二审人民法院应当在收到第一审人民法院移送的上诉材料及案卷材料后的五日内立案；

（4）发回重审的案件或者指令再审的案件，应当在收到发回重审或指令再审裁定及案卷材料后的次日内立案；

（5）按照审判监督程序重新审判的案件，应当在作出提审、再审裁定（决定）的次日起立案；

（6）不符合起诉条件的，应当在七日内作出裁定，不予受理。

▶≫ 8.1.2 应当对《受理案件通知书》的以下内容进行审查：

（1）《受理案件通知书》向原告发出，告知其已经立案，并通知其预交诉讼费；

（2）《应诉通知书》向被告发出，连同起诉状副本一并发送，告知被告按期提出答辩等；

（3）诉讼权利义务告知，依法全面告知当事人所享有的诉讼权利和应遵守的诉讼义务，可以书面告知也可以口头告知；

（4）当事人超过答辩期限答辩的，法律没有规定为失权答辩；

（5）人民法院没有告知当事人诉讼权利义务，导致当事人因不知道而未行使诉讼权利或履行诉讼义务，并因此直接或间接影响诉讼结果的，构成违反法定程序，人民检察院应当提出检察建议进行监督。

▶≫ 8.1.3 应当对《举证通知书》的以下内容进行审查：

（1）人民法院应当在送达《受理案件通知书》和《应诉通知书》的同时向当事人送达《举证通知书》；

（2）《举证通知书》应当载明举证责任分配原则、可以向人民法院申请调查取证的情形、人民法院根据案件情况指定的举证期限、逾期提供证据的法律后果。

▶≫ 8.1.4 应当对《不予受理裁定书》的以下内容进行审查：

（1）不予受理的案件，人民法院应当作出不予受理裁定，重点审查不予受理裁定的理由是否成立；

（2）以当事人达成了书面仲裁协议应当申请仲裁而不予受理的，应当审查仲裁协议是否有效，仲裁协议无效时，应当受理；

（3）以"一诉不再理"原则不予受理的，应当注意人民法院准许撤诉的裁定除外；

（4）在一定期限内不得起诉的案件，在不得起诉的期限内起诉的，不予受理；

（5）以不属于人民法院主管范围、不属于本院管辖为由不予受理的，一是要审查是否确实不属于人民法院主管范围和该院管辖范围，二是要审查其是否告知当事人向有关机关申请解决，或者向有管辖权的人民法院起诉。

▶≫ 8.1.5 以"依照法律规定，在一定期限内不得起诉的案件，在不得起诉的期限内起诉的，不予受理"而未受理的，应当注意审查其例外情形：

（1）女方在怀孕期间、分娩后一年内或者中（终）止妊娠后六个月内，男方不得提出离婚，但女方起诉离婚，则应当受理；

（2）判决不准离婚、调解和好的离婚案件以及判决、调解维持收养关系的案件，在六个月内出现新情况、新理由，原告再次起诉，或者被告起诉的，应当受理。

▶▶ 8.1.6 应当对诉讼费用文书的以下内容进行审查：

（1）当事人交纳诉讼费用确有困难的，可以向人民法院申请缓交、减交或者免交。申请可以口头申请也可以书面申请；

（2）人民法院对于缓交诉讼费申请认为符合规定的，应当在立案之前作出准予缓交的决定；减交诉讼费用，减交比例不得低于百分之三十；减交和免交诉讼费用的，应当在法律文书中载明；

（3）当事人申请减免诉讼费用符合条件未被减免而被按撤回上诉处理的，其就未上诉的一审生效裁判申请监督，属于《民事诉讼监督规则》规定的未上诉的正当理由；

（4）执行申请费和破产申请费不由申请人预交，其中执行申请费执行后由人民法院直接向被执行人收取，破产申请费由人民法院在清算后从破产财产中优先拨付；

（5）应当退还当事人的诉讼费用，人民法院应当直接退还，再向应当承担诉讼费的另一方人收取。

▶▶ 8.2 认真审查庭前程序文书。

▶▶ 8.2.1 应当对《管辖异议裁定书》的以下内容进行审查：

（1）《管辖异议裁定书》审查主要是审查提出异议的主体、时间，以及法院作出裁定的理由是否成立；

（2）管辖权异议一般由被告提出，但原告也依法享有提出管辖异议的权利；

（3）人民法院依职权通知参加诉讼的有独立请求权的第三人，有权选择参加诉讼或者以原告身份向其他有管辖权的法院另行起诉；无独立请求权第三人无权提出管辖异议；

（4）当事人提出管辖异议应当在提交答辩状期间，即收到起诉状副本之日起十五日内；

（5）管辖既可以针对地域管辖提出，也可以针对级别管辖提出；

（6）驳回管辖权异议裁定申请再审，如果实体部分已经作出生效裁判且确有错误，则再审时应当将案件移送有管辖权的人民法院审理。

▶▶ 8.2.2 应当对合议庭组成人员通知书的以下内容进行审查：

（1）审查合议庭组成人员是否合法。第一审程序中，合议庭组成人员的数量为三人以上的单数，可以由审判员组成或者审判员和人民陪审员组成；第二审程序、再审程序只能由审判员组成合议庭；

（2）审查告知时间是否合法。合议庭组成人员确定后，应当在三日内告知当事人；

（3）审查合议庭成员变更是否合法：告知后因故变更的，应当在变更后三日内重新告知变更情况及变更原因；在开庭前三日内决定变更合议庭组成人员的，原定的开庭日期应予顺延。

▶▶ 8.2.3 应当对证据材料收据的以下内容进行审查：

（1）审查证据收据所记载的证据名称、页数、份数、原件或者复印件以及收到时间等是否详细记载；

（2）审查经办人员是否签名或者盖章，包括经办的审判人员与书记员；

（3）审查证据材料收据所记载的信息与案卷中的证据是否一致，注意防止证据丢失、更改、抽换等；

（4）审查证据材料收据与当事人申请监督材料中所主张的证据的一致性，确认是否属于新证据。

▶▶ 8.2.4 应当对追加当事人通知的以下内容进行审查：

（1）审查是否依法追加原告。如果原告明确表示放弃实体权利，可不予追加；既不愿意参加诉讼，又不放弃实体权利的，应追加为共同原告；

（2）审查是否依法追加被告。追加被告不以其本人和案内所有其他诉讼当事人的主观意愿为转移，均应当通知其应诉；

（3）审查是否依法追加第三人。有独立请求权的第三人不能依职权追加；无独立请求权的第三人可以依职权追加为诉讼当事人。

▶▶ 8.2.5 应当对传票和《开庭通知书》的以下内容进行审查：

（1）传票审查。传票应当在开庭三日前送达当事人，重点审查因原告不出庭按撤诉处理，及被告不出庭作出缺席判决的情况下，当事人是否经过传票传唤；

（2）《开庭通知书》审查。开庭三日前，应将开庭通知书送达当事人的诉讼代理人、证人、鉴定人、勘验人、翻译人员；

（3）公开审理的，应当公告当事人的姓名（或者名称）、案由和开庭的时间、地点。

▶▶ 8.3 认真审查委托鉴定书。

▶▶▶ 8.3.1 应当对当事人申请的委托鉴定的以下内容进行审查：

（1）鉴定人的确定应当先由当事人协商确定；

（2）当事人协商不成的，由人民法院指定，只有当事人协商不成，人民法院才能依职权指定；

（3）鉴定机构和鉴定人员应当具备资质。

▶▶▶ 8.3.2 应当对人民法院依职权委托鉴定的以下内容进行审查：

（1）当事人没有申请鉴定，人民法院认为对专门性问题需要鉴定的；

（2）鉴定机构和鉴定人员应当具备资质。

▶▶▶ 8.3.3 一方当事人自行委托鉴定部门作出的鉴定结论，另一方当事人有证据足以反驳并申请重新鉴定的，人民法院应予准许重新委托鉴定。

▶▶ 8.4 认真审查送达程序文书。

▶▶▶ 8.4.1 送达回证应当载明送达法律文书的案由、案号，通过审查案由、案号确定确定诉讼文书为本案文书。

▶▶▶ 8.4.2 通过审查文书名称和件数，确认以下相关法律文书是否均通过送达的方式依法通知相关诉讼参加人：

（1）诉讼中的各类通知书（受案、应诉、举证、合议庭成员告知等）；

（2）起诉状副本、答辩状副本、上诉状副本；

（3）开庭传票、判决书、裁定书、调解书；

（4）决定书、支付令等。

▶▶▶ 8.4.3 应当对受送达人及其签名的以下内容进行审查：

（1）审查是否将法律文书送达给了全部应当送达的诉讼参加人，送达回证上的签名是否为受送达人所签署；

（2）代收诉讼文书的，审查代收人的签名和盖章，重点审查代收人与受送达人的关系及代理理由。

▶▶▶ 8.4.4 审查地址是否为当事人所确认的送达地址，如果与当事人确认的有效送达地址不符，则不能发生法律文书送达的法律效果。

▶▶▶ 8.4.5 非直接送达时，送达方式应当在"备注"栏中注明。应当重点审查送达方式的以下情形：

（1）留置送达审查。留置送达的条件是受送达人或者他的同住成年家属拒绝接收诉讼文书的，但应当由送达人、见证人签名或盖章，并记明拒收事由和日期；如果见证人拒绝签字，应当采用拍照、录像等方式记录送达过程，否则，不能发生送达效果；

（2）传真、电子邮件等送达方式的审查要点：一是使用此类方式应经受送达人同意。受送达人的同意既可以是事先作出也可以是事后追认，既可以以书面形式同意也可以以电子数据形式同意。口头同意方式则需要核实与确认。二是这些方式是可以确认收悉的送达方式。三是判决书、裁定书、调解书不能采用此类方式送达；

（3）委托送达与邮寄送达的审查要点：一是委托送达、邮寄送达与直接送达具有同等法律效力。二是在直接送达有困难时，可以采取委托送达和邮寄送达的方式。三是邮寄送达应当以挂号信或法院专递的形式送达。四是受送达人或者其诉讼代理人、受送达人指定的代收人同意在指定期间到人民法院接受送达。五是受送达人下落不明的，或者法律规定、我国缔结或者参加的国际条约中约定有特别送达的，不能采取邮寄送达方式；

（4）公告送达审查的重点是审查公告送达的条件和公告方式：一是公告送达条件仅适用受送达人下落不明即经调查、寻找仍不知受送达人所在处所的情形和采用法律规定的直接送达、委托送达、邮寄送达、转交送达、留置送达等均无法送达的情形。二是公告送达方式包括在人民法院的公告栏张贴公告、在受送达人原住所地张贴公告、在人民法院报刊登公告。

▓≫≫8.4.6 无须送达回证的例外包括以下三种情形，应当重点审查：

（1）公告送达，公告期间届满日为送达日；

（2）定期宣判时，当事人拒不签收判决书、裁定书，视为送达，并在宣判笔录中记明；

（3）邮寄送达，以邮寄回执作为送达凭证，当事人签收邮件的日期为送达日期。

▶▶ **9. 裁判文书审查**

▶≫ 9.1 裁判文书是人民法院对民事行政诉讼案件经过审理后依法作出的结案文书，包括判决、裁定、调解书，是对当事人争议的法律关系、当事人之间的权利义务关系的司法确认，是民事行政诉讼的结果，因此，是民事行政检察监督审查中的核心部分。

▶≫ 9.2 裁判文书审查应当全面审查裁判文书所记录的全部诉讼活动，包括审查当事人是否适格，案件来源及审判组织等基本情况、案由和法律关系性质确定是否正确，当事人诉讼请求及提供的证据材料是否没有遗漏，是否依法质证情况，人民法院是否依法认证、确认案件事实、适用法律对当事人的权利义务关系进行评判以及依法裁判等，其中最为重要的是审查是否依法认证、确认案件事实、适用法律和裁判。

▶ 9.3 当事人适格审查要点在于确定应当参加诉讼的当事人是否全部参加，特别是审查依法应由人民法院依职权追加的当事人是否依法进行了追加。应当按照本操作规程 2.1 的规定办理。

▶ 9.4 案件来源、审判组织、审判程序等基本情况的审查主要包括以下内容：

（1）审查案件受理时间，结合案件判决时间和是否存在延期审理、扣除审理期限等，确定案件是否超期限；

（2）审查案件审理所适用的诉讼程序，确认是普通程序还是简易程序，是合议庭审理还是独任审理，是否公开开庭审理；

（3）审查当事人及其诉讼代理人的到庭参加诉讼情况，结合庭审笔录，确认是否存在违法按撤诉处理及缺席判决等问题。

▶ 9.5 当事人诉讼请求、答辩情况及证据材料审查。应当结合当事人的起诉书、答辩书、人民法院出具的证据材料收据以及开庭笔录，审查裁判文书记载的当事人的诉讼请求和当事人的答辩意见是否全面进行裁判文书，当事人提供的证据、人民法院收集的证据是否全部进行庭审质证，当事人的质证意见是否全部、准确地记入裁判文书。

▶ 9.6 认证审查是指对人民法院在裁判文书中的关于案件证据的采纳、采信情况所作的分析的审查，其主要任务是确认人民法院的认证是否符合法律规定，应当采纳的证据是否采纳，应当排除、不应采纳的证据是否依法排除、不予采纳。

▶ 9.6.1 认证审查的证据能力审查，要确认应当排除的证据是否依法排除。应当把握以下要点：

（1）以侵害他人合法权益的方法取得的证据，不能作为认定案件事实的依据；

（2）以违反法律禁止性规定的方法取得的证据，不能作为认定案件的依据；

（3）提供证据的主体不适格的证据，不能作为认定案件的依据；不具有鉴定资质的单位出具的鉴定意见；

（4）证据未经质证，不得作为认定案件事实的依据。

▶▶9.6.2 认证审查的证明力审查，要确认证明力的判断符合法律规定，应当把握以下要点：

（1）一方提出，对方提出异议但没有足以反驳的证据的应予认证：书证、物证的原件，或者与原件、原物核对无误的复印件、复制品等；有其他证据佐证并以合法手段取得的视听资料或核对无误的复制件；人民法院根据当事人请求按法定程序制作的勘验笔录；一方提出的证据另一方认可或者提出的相反证据不足以反驳的；人民法院委托的鉴定部门作出的鉴定意见，当事人没有足以反驳的理由的，等等；

（2）数个证据对同一事实的证明力比较规则：国家机关、社会团体依职权制作的公文书证的证明力一般大于其他书证；物证、档案、鉴定结论、勘验笔录或者经过公证、登记的书证，其证明力一般大于其他书证、视听资料和证人证言；原始证据的证明力一般大于传来证据；直接证据的证明力一般大于间接证据；证人提供的对与其有亲属或者其他密切关系的当事人有利的证言，其证明力一般小于其他证人证言；

（3）补强证据规则：不能单独作为认定案件事实的依据，需要其他证据与其相互印证：一是未成年人所作的与其年龄和智力状况不相当的证言；二是与一方当事人或者其代理人有利害关系的证人出具的证言；三是存有疑点的视听资料、电子证据；四是无法与原件、原物核对的复印件、复制品；五是无正当理由未出庭作证的证人证言；

（4）妨害举证推定规则：有证据证明一方当事人持有证据无正当理由拒不提供的，如果对方当事人主张该证据的内容不利于证据持有人，可以推定该主张成立；

（5）调解、和解的让步不构成自认。在诉讼中，当事人为达成调解协议或者和解目的作出妥协所涉及的对案件事实的认可，不得在其后的诉讼中作为对其不利的证据。

▶▶9.7 认真审查案件事实的认定。

▶▶9.7.1 案件事实认定审查，是指审查人民法院在证据认证的基础上，对案件事实进行认定是符合法律关于证明标准、举证责任分配、免证规则以及自由心证等原则，所认定的案件事实是否符合逻辑规则与经验法则的活动。

▶▶▶ 9.7.2 证明标准审查应当按以下要求：

（1）审查是否遵循了法律真实的证明标准，即所认定的案件事实应当是有证据证明的事实；不得以当事人未提供证据为由不予裁判；

（2）审查是否遵循了盖然性占优势的证明标准，即对于一方提供的证据的证明力明显大于另一方提供的证据的证明力时，对于证明力大的一方的证据所证明的事实是否予以确认。

▶▶▶ 9.7.3 举证责任分配审查应当包括以下内容：

（1）审查举证责任分配规则的适用条件是否成就，即案件事实是否处于真伪不明状态，对于能按照盖然性占优势证明标准认定案件事实的，不能适用举证责任分配原则让承担举证责任的当事人承担不利的后果；

（2）举证责任分配既有正置也有倒置，在分配内容上既可能是因果关系，也可能是主观过失，也可能兼而有之，应当严格按照法律的规定确定举证责任分配的内容；

（3）举证责任分配原则上应当严格按照法律规定进行，在法律无明确规定的情况下，人民法院根据案件的情况进行举证责任分配，必须符合公平正义原则。

▶▶▶ 9.7.4 免证事实认定审查应当包括以下要求：

（1）一方当事人自认的案件事实，人民法院应予认定，不得以对方当事人没有举证证明为由不予认定；

（2）依法应予推定认定的事实，应予认定，包括根据法律规定或者已知事实和日常生活经验法则，能推定出的另一事实；但推定的事实允许当事人反证；

（3）司法认知的事实应予认定，包括：显而易见的事实，众所周知的事实，如自然规律及定理；已为人民法院发生法律效力的裁判、仲裁机构生效裁决、有效公证文书所确认或者证明的事实。

▶▶▶ 9.7.5 自由心证审查。审查自由心证主要审查是否遵循了以下规则：

（1）自由心证是基于对全案情况的考量和判断，而不是基于部分证据与事实作出的认定；

（2）是基于对全案证据的关联性所作出的判断与认定，案件事实之间、证据之间不得相互矛盾，应当符合逻辑规则与生活经验法则；

（3）自由心证的认证过程应当公开。

▶》9.7.6 案件事实认定综合审查应当在分别审查证据及证明的案件事实的基础上，对案件的整体事实进行综合认定审查，审查应当包括以下要点：

（1）用于定案的各个证据，都应当与案件事实有联系；

（2）全案证据与司法认知、推定等综合起来，应当能够证明全部待证事实；

（3）举证责任方所举出的各个证据构成一个整体，形成一个完整的证明体系；

（4）任一方当事人的证据应当没有矛盾，或者虽有矛盾但能够得到解释；

（5）案件整体事实没有明显违背逻辑规则和生活经验法则。

▶》9.8 认真审查法律适用。

▶》9.8.1 法律适用审查就是审查原裁判文书在认定案件事实的基础上，对于当事人权利义务关系进行裁判时所适用的法律规范是否存在错误。

▶》9.8.2 审查适用的法律与案件性质是否明显不符，应当把握以下内容：

（1）审查案件性质确定是否正确，如属于民事纠纷还是行政纠纷，是合同纠纷还是侵权纠纷，是劳动合同纠纷还是劳务合同纠纷，等等；

（2）审查所适用的法律与案件性质是否相符，各类纠纷应当适用其性质相应的法律规范进行调整，民事纠纷适用行政法律规范、民事纠纷适用侵权法律规范等都属于所适用的法律与案件性质明显不符。

▶》9.8.3 审查认定法律关系主体是否错误，应当把握以下内容：

（1）民事法律关系主体，是参与民事法律关系，享有民事权利、承担民事义务的公民、法人和其他组织；

（2）认定法律关系主体错误不仅包括民事法律关系主体错误，也包括认定民事诉讼法律关系中民事诉讼主体错误。

▶》9.8.4 审查下列特定情形下民事诉讼主体及责任主体的确定是否符合法律的规定：

（1）建设工程施工合同领域中实际施工人以转包人、违法分包人为被告起诉的，人民法院应当受理；实际施工人以发包人为被告主张权利的，人民法院可以追加转包人或者违法分包人为本案当事人；

（2）侵权责任法中替代责任，包括：监护人责任；暂时丧失心智损害责任；用人者的责任；网络服务提供者的侵权责任；违反安全保障义务的侵权责任；学生伤害事故责任；

（3）企业法人吊销营业执照后仍具有诉讼主体资格；

（4）代位权诉讼中债权应当以次债务人为被告，债务人可以追加为第三人；

（5）公司法人否认时才可以追究实际控制人责任。

▶▶9.8.5 审查认定法律关系性质是否错误，应当把握以下内容：

（1）审查固定权利请求是否正确，主要是审查原裁判是否正确认定当事人请求保护的权利是本权利、请求权、形成权还是抗辩权；

（2）审查原裁判是否正确认定了当事人的权利请求基础规范，请求权基础规范错误，法律关系肯定认定错误。

▶▶9.8.6 审查认定法律行为效力错误，应当把握以下内容：

（1）审查是否混淆了法律行为成立与生效的条件与效力；

（2）审查是否以法律行为的一般生效要件取代了特别生效要件；

（3）审查是否正确认定了法律行为的效力状态：有效、无效、可变更、可撤销和效力待定；

（4）审查是否正确认定了违反的法律规范属于任意性规范、许可性规范、宣示性规范、管理性规范、效力性规范中的哪一种，并据此对法律行为的效力进行准确认定。

▶▶9.8.7 审查违约责任是否违背当事人的约定或者法律规定，应当把握以下内容：

（1）是否将过失作为承担继续履行、采取补救措施或者赔偿损失等一般的违约责任的构成要件；

（2）在合同法规定的过错责任归责原则的违约情形下，是否确认当事人承担了无过错责任；

（3）违约责任的免责事由的认定是否符合法律规定；

（4）是否将一方当事人行使抗辩权的行为认定为违约行为。

▶▶9.8.8 审查侵权责任是否违背当事人的有效约定或者法律规定应当把握以下内容：

（1）是否正确适用了侵权责任法中不同情形下的过错责任、无过错责任以及过错推定责任等归责原则；

（2）是否正确适用了侵权责任的免责或减责事由，包括过失相抵、受害人故意、第三人过错、不可抗力、正当防卫、紧急避险等。

（3）对赔偿标准的认定是否符合法律规定，包括惩罚性赔偿标准问题、最高限额赔偿问题、精神损害赔偿问题。

▶▶9.8.9 审查不当得利责任是否违反法律规定应当把握以下内容：

（1）善意受益人的不当得利返还责任：一是有过失而不知者，同样属于善意；二是善意受益人返还义务仅限于现存利益，现存利益确定之时为受益人受利益返还请求之时；三是现存利益不以利益的原形为限，包括已经产生的孳息等；四是善意受益人为取得利益或维持利益所支出的费用可以在返还现存利益时扣除；

（2）恶意受益人的不当得利返还责任：一是应当返还受领之初所受的全部利益以及基于该利益所产生的利益；二是恶意受领的利益不存在，也不免除偿还义务；三是恶意受益人为取得、保存、增加该利益所支出的必要费用，可以扣除或者向权利人主张偿还；四是恶意受益人返还受损者利益不足以弥补其损失时，应承担赔偿义务。

▶▶9.8.10 无因管理责任是否违反法律规定，应当把握以下内容：

（1）无因管理人不得向本人要求支付报酬；

（2）本人应当承担的费用包括：一是管理人为管理事务所支出的必要费用及利息；二是管理人为本人负担必要的债务时，本人应清偿；三是管理人因管理事务而遭受损失时，本人负责赔偿。但本人负担的费用不得超过其因此所获收益。

▶▶9.8.11 审查适用的法律是否已经失效或者尚未施行，应当把握以下内容：

（1）法律按照其明文规定的生效时间生效；

（2）法律因明文规定失效而失效；

（3）适用已经失效或者尚未施行的法律，均属于适用法律错误；

（4）审查法律适用应当注意必须适用已经生效且正在实施的法律。

▶▶9.8.12 审查是否违反法律溯及力规定，应当把握以下内容：

（1）法律原则上不能溯及既往，适用生效时间在后的法律规范生效之前的行为属于适用法律错误。审查中要注意持续性的行为，自法律生效之后可以适用该法；

（2）法律有明文规定时，法律可以溯及既往。审查中要严格注意溯及既往的条件和范围，超出该条件与范围而适用生效在后的法律的，属于适用法律错误。

▶▶ **9.8.13** 审查是否违反法律适用规则，应当把握以下内容：

（1）上位法优于下位法。宪法具有最高效力，法律的效力低于宪法但高于其他法规或规范性文件，行政法规的效力高于地方性法规、规章，地方性法规的效力高于地方政府制定的规章；

（2）新法优于旧法。新法实施后旧法依然有效而两部法律所涉及的内容相同或相似的，应当适用新法；

（3）特别法优于普通法。特别法与普通法是相对而言的，有特别法的应当优先适用特别法；

（4）法律文本优于法律解释。法律解释与法律文本明显含义不符时，或者数个解释彼此相互冲突时，应当以法律文本为准；

（5）强行法优于任意法。对于同一事项，既有强行性规范，又有任意性规范的，应当适用强行性规范；

（6）例外规定排除一般规定。法律在一般规范之外设立有例外规定的，应当优先适用例外规定；

（7）具体规定优于一般条款。对具体事项法律既有一般条款进行规范，又设有具体规定进行规范时，应当优先适用具体规定。只有在没有具体规定时，才可以适用一般条款进行规范。但是，如果适用一般条款与适用具体规定的结果是一致的，而不是相反的，则此类情形不应当提出抗诉，只是可以提出工作检察建议，建议人民法院应当同时引用具体规定。

▶▶ **9.8.14** 审查适用法律是否明显违背立法本意，可以从以下五个方面把握：

（1）审查是否明显违反体系解释规则。在对法律规范进行文义解释出现分歧时，注重从法律规范在法律文本中的编、章、节、条、款、项、目等位置，以及该项规定与前后相关联的规定应当衔接、协调的角度，对法律规范的本意进行解释；

（2）审查是否明显违反法律起草、制定过程中的有关立法理由书、查案、审议记录等，该类资料虽然不具有法律效力，但可以用于解释法律立法本意的参考，实践中可以作为判断适用法律是否明显违反立法本意的论证理由；

（3）审查是否明显违背本法的价值追求。法律具有公平、正义、秩序、效率等价值追求，审查是否明显违背立法本意，应当注重法律规范适用后所体现的价值追求与法律本身应有的价值追求是否明显不符；

（4）审查是否明显违背上位法直至宪法的法律精神。下位法的法律精神不得违背上位法的法律精神，宪法在法律体系中处于最高位阶，因此，审查下级位的法律解释，应当审查其是否违背上位法直至宪法的法律精神，如果明显违背，属于适用法律错误；

（5）审查法律适用违背立法本意的明显程度，明显违反应当是与立法本意明显矛盾、相反，会导致法律体系的严重不协调或者严重违背法律价值追求，而不仅是侧重点的不同。

▶▶ 9.8.15 审查适用诉讼时效规定是否错误，应当把握以下内容：

（1）审查诉讼时效适用的权利范围是否错误。债权请求权应当适用诉讼时效，但有例外情形：一是支付存款本息请求权，二是兑付国债、金融债券以及向不特定对象发行的企业债券本息请求权，三是基于投资关系产生的缴付出资请求权；

（2）当事人自行约定延长、缩短或放弃诉讼时效利益的，属于无效约定；

（3）当事人在诉讼中没有主张诉讼时效抗辩，人民法院不得主动适用诉讼时效进行裁判；

（4）认定诉讼时效起算、中断、中止、延长错误的。

▶▶ 9.9 认真审查裁判结果。

▶▶ 9.9.1 裁判结果审查是指对判决、裁定主文进行审查，确认判决、裁定是否全面、正确的检察监督活动。

▶▶ 9.9.2 裁判结果审查要点：

（1）审查是否超出或遗漏诉讼请求。结合当事人的起诉状、反诉状、上诉状等，全面审查判决、裁定结果是否全面回应在了当事人的诉讼请求和主张，是否超出了当事人的诉讼请求进行裁判，或者是否遗漏了诉讼请求。二审案件的审理范围为当事人上诉请求的有关事实和适用法律，既包括上诉人提出的事实和法律适用问题，也包括上诉人未提出，但与上诉请求有关的其他事实和法律适用问题；

（2）裁判内容的执行性审查，判决、裁定不仅要写明是否支持当事人的诉讼请求以及支持哪些诉讼请求，而且应当载明当事人行使权利、履行义务的方式、时间和地点；

（3）诉讼费用负担审查，裁判文书应当清楚写明诉讼费用在当事人之间的负担情况，即承担的当事人及具体金额；

（4）可以上诉的一审案件的裁判文书应当写明上诉期间和上诉法院，发生法律效力的裁判应当写明本裁判为终审裁判。

▶▷ 9.10 认真审查驳回再审申请裁定书。

▶▷ 9.10.1 当事人在再审申请中提出新证据时，审查对再审新证据是否依法评判。

▶▷ 9.10.2 驳回再审申请裁定书是否在法定期限内作出，是否存在延长审查期限情节并时行了审批。

▶▷ 9.11 认真审查裁判文书落款审查。裁判文书的尾部要由合议庭组成人员或独任审判员、书记员署名，同时要注明判决书制作的时间并加盖人民法院印章。审查中要注意落款的审判人员与合议庭组成人员通知书、庭审笔录中的审判人员、书记员是否一致。

▶ 10. 卷宗审查中需要注意的其他问题

▶▷ 10.1 卷宗审查是对诉讼中形成文书的诉讼活动的审查，对于诉讼过程中没有形成文书的，如诉讼行为，适用程序法律规范错误但不体现在裁判文书中的诉讼违法行为等，需要通过其他监督规程进行监督。

▶▷ 10.2 卷宗审查是书面审查，发现存在需要核实问题的，应当按照调查核实的操作规程开展调查核实，以查明案件相关情况。

▶▷ 10.3 开庭笔录是庭审活动的记录，从技术要求上讲，应当全面、真实、准确、清晰、规范，如实反映开庭审理的全部活动和整个过程。虽然开庭笔录要经过全部参加庭审人员的阅读确认，但毕竟是书记员的记录，是客观见之于主观的结果，因此，也可能存在与实际的庭审情况不一致之处，审查庭审笔录中要注意纯属文字性的不同不属于违反法律规定，而且开庭笔录记载中出现的违法之处，经过调查核实后，如果没有违法，应当以调查核实的结果为准，不能将开庭笔录绝对化、片面化，要注意将开庭笔录与同步录音录像、调查核实等其他手段结合起来进行审查。

▶▷ 10.4 卷宗材料审查，是对卷宗的文字记录情况进行审查，主要解决审查的内容、方式和要点问题，审查确认或者基本确认存在违反法律规定的问题之后，如何采取监督方式进行监督是如何结案的问题，因此，本规程应当同时与《结案文书制作与审批操作规程》、《审判程序违法行为监督操作规程》、《司法人员渎职行为监督操作规程》结合起来运用。

▶▷ 10.5 民事行政诉讼中的法律适用包括实体法律规范的适用、程序法律规范的适用以及证据法律规范的适用。由于程序法律规范的适用问题主要在有关诉讼程序文书中进行了审查，证据法律规范的适用问题主要在有关案件事实的法律文书中进行了审查，因此，本规程9.8法律适用审查主要是围绕认定当事人权利义务关系的实体法律规范的适用进行介绍的。

▶▶ 10.6 卷宗材料审查操作规程主要是以一审案件普通程序的卷宗材料审查操作为蓝本进行介绍，对于二审案件、再审案件只在相关部分进行了个别介绍，因此，对于特别程序案件的监督操作还需根据民事诉讼法的相关规定进行监督。

第二节　审查终结类操作规程

一、案件审结操作规程

▶ 1. 审查终结条件

▶▶ 1.1 案件审查终结应当符合以下基本条件：

（1）审查的必要流程已经完成；

（2）审判结果是否存在符合法定监督事由的情形已经查清；

（3）审查结论意见已经形成。

▶▶ 1.2 听取当事人意见是案件审查的必要程序。当事人申请监督案件中其他当事人可以在收到监督申请书副本之日起十五日内提出书面意见，不提出意见的不影响案件的审查。

▶▶ 1.3 听证、调查核实有关情况、调阅诉讼卷宗等不是审查必要的流程。

▶▶ 1.4 承办人通过审查监督申请书等材料即可以认定案件事实的，可以直接制作审查终结报告，提出处理建议。

▶▶ 1.5 审查案件应当全面进行，原审是否存在符合民诉法规定的监督事由的情形，均是审查的范围，包括但不限于对申请人的申请监督请求进行审查。其他当事人也申请监督的，应当将其列为申请人，对其申请监督请求一并审查。通过审阅诉讼卷宗尚不能作出判断的，应当进一步采取听证、调查核实等措施深入查证。

▶▶ 1.6 审查终结前应确保对以下两项已经查清：

（1）符合监督事由的相关事实是否均有证据证明；

（2）监督案件所涉法律法规已经查清。

▶ 1.7 承办人通过审查应当形成明确的审查结论意见，即建议作出何种处理决定。根据案件来源、本院对该案监督的职权及案件审查的具体情况可以作出的审查结论意见包括以下方面：

（1）提出再审检察建议；

（2）提请抗诉；

（3）提出抗诉；

（4）提出检察建议；

（5）不支持监督申请；

（6）终结审查。

▶ **2. 审查结论意见形成条件**

▶ 2.1 经审查，案件符合法定的监督事由，应当依据本院对该案监督的职权及案件的具体情况形成以下三类审查结论意见：

（1）提出再审检察建议；

（2）提请抗诉；

（3）提出抗诉。

▶ 2.2 不同审查结论意见适用以下不同情形：

（1）"提出再审检察建议"适用于监督同级法院生效判决、裁定、调解书；

（2）"提请抗诉"适用于下级检察机关提请有抗诉权的上级检察机关抗诉以监督其同级法院生效判决、裁定、调解书；

（3）"提出抗诉"适用于监督下级法院生效判决、裁定、调解书。

▶ 2.3 对民事生效判决、裁定、调解书的法定监督事由包括以下十四类：

（1）有新的证据，足以推翻原判决、裁定的；

（2）原判决、裁定认定的基本事实缺乏证据证明的；

（3）原判决、裁定认定事实的主要证据是伪造的；

（4）原判决、裁定认定事实的主要证据未经质证的；

（5）对审理案件需要的主要证据，当事人因客观原因不能自行收集，书面申请人民法院调查收集，人民法院未调查收集的；

（6）原判决、裁定适用法律确有错误的；

（7）审判组织的组成不合法或者依法应当回避的审判人员没有回避的；

（8）无诉讼行为能力人未经法定代理人代为诉讼或者应当参加诉讼的当

事人，因不能归责于本人或者其诉讼代理人的事由，未参加诉讼的；

　　（9）违反法律规定，剥夺当事人辩论权利的；

　　（10）未经传票传唤，缺席判决的；

　　（11）原判决、裁定遗漏或者超出诉讼请求的；

　　（12）据以作出原判决、裁定的法律文书被撤销或者变更的；

　　（13）审判人员审理该案件时有贪污受贿，徇私舞弊，枉法裁判行为的；

　　（14）发现调解书损害国家利益、社会公共利益的。

▶▶ 2.4 对行政民事生效判决、裁定、调解书的法定监督事由包括以下九类：

　　（1）不予立案或者驳回起诉确有错误的；

　　（2）有新的证据，足以推翻原判决、裁定的；

　　（3）原判决、裁定认定事实的主要证据不足、未经质证或者系伪造的；

　　（4）原判决、裁定适用法律、法规确有错误的；

　　（5）违反法律规定的诉讼程序，可能影响公正审判的；

　　（6）原判决、裁定遗漏诉讼请求的；

　　（7）据以作出原判决、裁定的法律文书被撤销或者变更的；

　　（8）审判人员在审理该案件时有贪污受贿、徇私舞弊、枉法裁判行为的；

　　（9）发现调解书损害国家利益、社会公共利益的。

▶▶ 2.5 经审查，案件不符合法定的监督事由，不需要采取监督措施的，则依据案件来源不同形成以下两类审查结论意见：

　　（1）不支持监督申请；

　　（2）终结审查。其中不支持监督申请适用于当事人申请监督的案件；终结审查适用于依职权发现的案件。

▶▶ 2.6 案件办理过程中出现以下特殊情形之一，导致监督程序不能继续进行或者继续进行没有意义的，则应终止审查，形成"终结审查"的审查结论意见：

　　（1）人民法院已经裁定再审的；

　　（2）申请人撤回监督申请或者当事人达成和解协议，且不损害国家利益、社会公共利益或者他人合法权益的；

　　（3）申请监督的自然人死亡，没有继承人或者继承人放弃申请，且没有发现其他应当监督的违法情形的；

　　（4）申请监督的法人或者其他组织终止，没有权利义务承受人或者权利义务承受人放弃申请，且没有发现其他应当监督的违法情形的；

（5）发现已经受理的案件不符合受理条件的；

（6）其他应当终结审查的情形。

▶ 2.7 案件办理过程中发现人民法院或有关单位存在以下情形之一的，可形成"提出改进工作的检察建议"审查结论意见：

（1）人民法院对诉讼中同类问题适用法律不一致的；

（2）人民法院在多起案件中适用法律存在同类错误的；

（3）人民法院在多起案件中有相同违法行为的；

（4）有关单位的工作制度、管理方法、工作程序违法或者不当，需要改正、改进的。

▶ **3. 形成再审检察建议与提请抗诉审查结论特定条件**

▶ 3.1 经审查，案件符合以下法定的监督事由之一的，可以形成"提出再审检察建议"的审查结论，以监督同级法院生效判决、裁定、调解书：

（1）有新的证据，足以推翻原判决、裁定的；

（2）原判决、裁定认定的基本事实缺乏证据证明的；

（3）原判决、裁定认定事实的主要证据是伪造的；

（4）原判决、裁定认定事实的主要证据未经质证的；

（5）对审理案件需要的主要证据，当事人因客观原因不能自行收集，书面申请人民法院调查收集，人民法院未调查收集的；

（6）审判组织的组成不合法或者依法应当回避的审判人员没有回避的；

（7）无诉讼行为能力人未经法定代理人代为诉讼或者应当参加诉讼的当事人，因不能归责于本人或者其诉讼代理人的事由，未参加诉讼的；

（8）违反法律规定，剥夺当事人辩论权利的；

（9）未经传票传唤，缺席判决的；

（10）原判决、裁定遗漏或者超出诉讼请求的；

（11）据以作出原判决、裁定的法律文书被撤销或者变更的。

▶ 3.2 经审查，案件符合以下法定的监督事由之一的，应当形成"提请抗诉"的审查结论，监督同级法院生效判决、裁定、调解书：

（1）原判决、裁定适用法律确有错误的；

（2）审判人员在审理该案件时有贪污受贿、徇私舞弊、枉法裁判行为的；

（3）判决、裁定是经同级人民法院再审后作出的；

（4）判决、裁定是经同级人民法院审判委员会讨论作出的；

（5）其他不适宜由同级人民法院再审纠正的。

▶▶ 3.3 对损害国家利益、社会公共利益的同级法院生效调解书监督的案件，可根据案件具体情况形成"提出再审检察建议"或"提请抗诉"的审查结论意见。

▶▶ 3.4 对人民法院已经采纳再审检察建议进行再审的案件，一般不得再形成"提请抗诉"的审查结论意见。

二、审查终结报告制作与审批操作规程

【定义】审查终结报告是指审判结果监督案件的承办人基于案件审查过程、审查结果而制作的，能够全面反映案件审查活动，为案件集体讨论、案件处理决定的作出、制作对外法律文书和案件质量考评提供重要依据的内部法律文书。

▶ **1. 审查终结报告总体要求**

▶▶ 1.1 审查终结报告格式及内容组成应符合高检院法律文书样式要求，由首部、主文、尾部三部分组成。

▶▶ 1.2 审查终结报告首部包括标题、案件来源、案件受理情况等内容。

▶▶ 1.3 审查终结报告的主文包括七个部分，依次为：

（1）当事人基本情况；

（2）诉讼过程和法院历次审理情况；

（3）申请监督理由及其他当事人意见；

（4）提请抗诉理由（非提请抗诉案件此部分可省略）；

（5）审查认定的事实；

（6）审查意见；

（7）其他需要说明的情况（如无须说明的此部分可省略）。

▶▶ 1.4 审查终结报告的尾部包括案件承办人姓名及结案日期。

▶▶ 1.5 审查终结报告的撰写应当符合以下基本的语言要求：

（1）语言庄重朴实、明确易懂；

（2）使用法律术语应规范、准确；

（3）避免出现语法和修辞错误；

（4）避免标点符号使用错误；

（5）结构合理、层次清晰；

（6）叙事清楚，理由充分；

（7）引用精确，意见明确。

▶▶ 1.6 审查终结报告的撰写应当体现监督者客观中立的立场，符合以下要求：

（1）分析采信证据、认定事实、解释适用法律均应围绕审查审判权运行是否合法这一中心来展开；

（2）调查核实所取得的有利于或不利于一方当事人的证据及查明的情况应全面、客观地在审查终结报告中写明；

（3）在语言使用上应尽量使用中性词语，避免使用具有强烈感情色彩的词语；

（4）除法律上规定的诚实信用、公序良俗等与道德相关原则、条文的适用外，避免对当事人进行道德上的评价。

▶ 2. 审查终结报告各组成部分写作要求

▶▶ 2.1 首部

▶▶▶ 2.1.1 首部标题应写为"关于×××与×××（案由）纠纷一案的审查终结报告"，按以下要求制作：

（1）一方当事人有多人，为避免标题过长，可只写明一人的姓名或名称后加上"等"字；

（2）案由原则上为原审所确立的案由，但审查认为原审确定案由不当或不符合民事案由确定规范的，应表述为审查认定的、符合规范的案由。

▶▶▶ 2.1.2 首部除标题外，应按以下要求说明案件的来源：

（1）当事人申请的案件，应说明的案件来源情况包括当事人及案由、所申请监督裁判、调解书文号、本院受理案件时间等；

（2）检察机关依职权发现的案件应说明当事人及案由、裁判、调解书文号；

（3）下级院提请抗诉的案件，应当说明提请抗诉案件来源（当事人申请或检察机关依职权发现）及提请抗诉书文号等基本情况。

▶▶▶ 2.1.3 首部还可以说明的情况包括：

（1）案件审查的手段、证据材料（特指用以证明审判权运行是否合法的材料）收集等情况。如调阅诉讼卷宗、听证、调查核实等。

（2）中止审查的原因和起止时间；

（3）交办、转办案件、指定管辖、移送管辖等案件的管辖改变原因、批准单位、改变管辖时间等。

➤➤ 2.2 主文是审查终结报告的主要部分，应当全面准确、清晰表述。

➤➤ 2.2.1 诉讼结果监督案件当事人的称谓按以下要求处理：

（1）当事人申请监督案件中向检察机关提出监督申请的当事人称为"申请监督人"；

（2）原审中其他当事人均称为"其他当事人"；

（3）当事人如果均向检察机关提出监督申请，均应称为"申请监督人"；

（4）检察机关依职权监督案件中原审当事人均称为"当事人"。

➤➤ 2.2.2 当事人申请监督的，按以下要求写明申请人和其他当人在一、二审、再审中的诉讼地位：

（1）经过两次以上再审的，再审诉讼地位按最后一次再审的诉讼地位列明；

（2）一审诉讼地位包括一审原告、一审被告、一审第三人；

（3）二审诉讼地位包括上诉人、被上诉人、其他依一审诉讼地位列明；

（4）再审诉讼地位包括再审申请人、再审被申请人、其他依原二审诉讼地位列明；

（5）检察机关依职权监督的，直接写明各方当事人在一、二审、再审中的诉讼地位。

➤➤ 2.2.3 公民与法人的称谓按以下要求处理：

（1）法人或其他非法人组织应写明名称、所在地、法人的法定代表人的姓名和职务；

（2）非法人组织应写明名称、所在地、负责人的姓名和职务；

（3）公民个人应写明姓名、性别、出生年月日，是否系盲、聋、哑人等特殊情况人员、民族、文化程度、职业或工作单位及职务，住址（经常居住地与住所地不一致的以经常居住地为准）；

（4）有法定代理人或指定代理人的，应写明该代理人姓名等基本情况；

（5）公民个人、法人、企业等组织有申请监督的委托代理人的应写明该代理人的姓名等基本情况。

➤➤ 2.2.4 诉讼过程和法院历次审理情况按以下内容表述：

（1）起诉、反诉情况。写明一审原告的诉讼请求、提起诉讼的时间、管辖的法院等情况。被告提出反诉的，还应写明反诉请求。诉讼请求、反诉请求原则上应以原、被告出具的书面诉状的表述为准，但其表述欠清晰，原审法院已作概括的，应尊重其对诉讼请求的概括。庭审中依法变更诉讼请求的，应以变更后的诉讼请求为准。

（2）一审审判情况。写明一审法院作出裁判或调解的时间、文号、查明的事实、审判理由及裁判或调解主文（裁判项或调解协议条款项目）。

（3）其他因个案而有所不同的诉讼过程。

（4）该部分的繁简处理。原则上应原貌反映诉讼过程及历次审理情况，但应避免因内容过多而妨碍对该部分的清晰了解。为阅读便利，根据案件的具体情况，应正确处理好该部分的繁简。如果历次审理均认定的事实不同，该案事实部分并不长，则完整按照法院审理的事实罗列；如果事实部分较长，则除一审认定的事实完整罗列外，此后的历次审理则概要陈述案件基本事实的差异。法院审判理由也应遵循同样的原则处理好繁简关系。

▶▶ 2.2.5 个案不同的诉讼过程包括以下情形：

（1）上诉情况。写明上诉人、上诉管辖法院及上诉请求；

（2）二审审判情况。应写明情况同上述"一审审判情况"；

（3）申请再审情况。写明再审申请人、再审申请管辖法院、再审请求，及法院对再审申请的处理情况（裁定再审、裁定驳回再审申请、逾期未作出裁定）；

（4）如裁定再审的，应写明再审审判情况，应写明的情况同上述"一审审判情况"，并写明申请监督人不服再审裁判提出监督申请情况；

（5）诉讼过程中有发回重审等情形，也应写明法院作出裁判或调解的时间、文号、查明的事实、审判、审判理由及裁判或调解主文。

▶▶ 2.2.6 申请监督理由及其他当事人意见按以下要求表述：

（1）申请监督理由及其他当事人意见均应概括性简要写明。概括应完整、清晰、客观、理性，做好语言的转化工作。如指代明确化、非法律术语转化为法律术语、模糊的语言转化为精确语言等。

（2）其他当事人未提出意见的，应当写明。

▶▶ 2.2.7 提请抗诉理由按以下要求表述：

（1）非提请抗诉案件，此部分可省略；

（2）写明下级院提请抗诉的理由，如下级院作了调查核实工作，在此部分一并写明；

（3）该部分繁简处理。如果供集体讨论、审批等提供提请抗诉文书副本等供参考，则该部分也可以进行简要写明。

▶▶ 2.2.8 审查认定的事实按以下要求表述：

（1）审查认定的事实与历次审理中某次审理认定的事实一致的，可以直接写明与某次审理认定的事实一致。与历次审理中认定的事实均不一致的，写明与生效裁判、调解书所确认事实的分歧和依据。如审查过程中进行了听证、调查核实工作应在此写明，并说明对审查认定事实的影响。

（2）案件重大、复杂或历次审理认定的事实难以作为审查认定事实对比基础的，承办人应当对案件事实作完整、清晰的表述；

（3）所认定的事实应做到要素齐备、重点突出。时间、地点、人物、事件等描述应反映事实全貌，按时空顺序或某种逻辑关系排序；

（4）应当重点突出具有法律意义的事实；

（5）涉及法律构成要件组成、法律事实的性质、内容甄别的事实细节应做到详尽，避免人为取舍，力争确保供集体讨论时不需要补充、说明细节事实。

▶▶ 2.2.9 审查意见按以下要求表述：

（1）该部分应结合审查认定的事实和申请监督理由等，依照法律、法规及司法解释相关规定，详细论述生效裁判或调解书是否需要提出监督意见的理由和依据；

（2）承办人审查的意见为提出监督意见（含提请抗诉、再审检察建议、抗诉）的，应着重围绕该案符合法定监督事由进行阐述；

（3）原审存在多处、多类违法情形的，应分门别类进行阐述；

（4）理论上以"立"为主，对法院认定事实及适用法律进行驳论，也仍然是为了确立承办人的观点和立场；

（5）承办人审查的意见为不支持监督申请意见的，应着重围绕申请监督人提出的申请监督理由进行驳论。如果申请监督理由所涉法律和事实依据不具有可反驳性，则应着重分析案件事实认定、适用法律的应然状态，从而论证原审裁判的合法、合理性；

（6）引用法律、法规和司法解释、法学理论等应准确、全面、具体。引用法律、法规及司法解释，一般应当写明全称，不使用简称，具体条文要写明条、款、项、目；

（7）引用法条的顺序应先上位法后下位法，先法律、法规后司法解释；

（8）适用法律应遵循法律适用方法和解释方法，作为理论依据的理论应当是已为司法实践所普遍接受的法学理论通说；

（9）提出审查处理建议应当明确。审查处理建议包括提出再审检察建议、提请抗诉、提出抗诉、终结审查、不支持监督申请。不得提出"是否抗诉请讨论决定"之类的模糊、不明确的处理建议。

▶▶ 2.2.10 其他需要说明的情况按以下要求表述：

（1）此部分主要写明本案除上述部分外需要说明的情况，如案件风险评估、领导批示等其他重要情况；

（2）关于案件处理工作方面的建议可在此部分说明，包括发现审判人员可能存在违法行为建议启动违法行为调查、发现有提出改进工作情形的建议提出改进工作检察建议等。

▶▶ 2.3 尾部为承办人姓名及结案日期。结案日期用阿拉伯数字将年、月、日标全，如"2013年1月1日"。

▶ 3. 审查终结报告审批流程

▶▶ 3.1 审查终结报告应层报分管副检察长审批。

▶▶ 3.2 审批包括以下要点：

（1）审查案件是否符合审查终结的基本条件。如果不符合审查终结的条件，应反馈意见给承办人，要求承办人进行补正。譬如，有调查核实必要而未调查核实的，应要求承办人及时进行调查核实；

（2）指正审查终结报告在格式、语言、文字等形式上的不当之处；

（3）原则上禁止就承办人的审查意见实体部分，包括认定事实、适用法律和建议处理决定等，进行评判。如承办人在实体处理上存在明显偏差，可提出修改建议。

三、结案法律文书制作与审批操作规程

【定义】结案法律文书是指审判结果监督案件经法定程序作出处理决定后制作的对外具有法律效力或法律意义的文书。

▶ 1. 结案法律文书类型和制作一般要求

▶▶ 1.1 结案法律文书包括以下类型：

（1）民事抗诉书；

（2）行政抗诉书；

（3）再审检察建议书；

（4）提请抗诉报告书；

（5）不支持监督申请决定书；

（6）终结审查决定书；

（7）通知书（用于告知提请抗诉、告知提出抗诉、告知提出再审检察建议）。

▶ 1.2 结案法律文应符合高检院法律文书样式要求和基本的语言要求。基本的语言要求按照《审查终结报告撰写与审批操作规程》相关规定办理。

▶ 1.3 结案法律文书应服务于该文书的特定功能：

（1）审查终结报告作为内部法律文书服务于案件审查、讨论和决策等；

（2）结案法律文书作为对外法律文书服务于检察机关表明监督意见及客观公正的立场；

（3）结案法律文书涉及事实认定及法律适用应是排除了争议，具有确定性；

（4）结案法律文书撰写上应力求简练，突出与表明监督意见相关的细节，而非全部细节（包括可能存在疑问的细节）；

（5）抗诉书、再审检察建议、提请抗诉书、不支持监督申请决定书所面向的对象不同，应充分考虑对象的特点，有针对性地展开叙事、论理。

▶ 1.4 结案法律文书撰写均应符合以下要求：

（1）文书标题中的检察院名称应当与检察院院印的文字一致，但基层人民检察院应冠以省、自治区、直辖市名称；

（2）文书文号使用案件受理时分配的案号。如，××检民监〔××××〕×号；××检行监〔××××〕×号。一般情况下，每件案件所有文书文号均与案号相同。但如果在同一案件中，需要制作两份以上名称相同的法律文书，可从第二份文书开始在文号末尾加"－1、2、3……"以示区别。如××省人民检察院办理的某审判结果监督案件，案号为"××检民监〔××××〕×号"，办案中发出的第一份《通知书》文号为"××检民监〔××××〕×号"，发出的第二份《通知书》文号为"××检民监〔××××〕×号－1号"，发出的第三份《通知书》文号为"××检民监〔××××〕×号－2号"，以此类推；

（3）当事人简称。当事人有简称的，在案件来源部分用当事人全称，第二次出现时，在其全称之后用"（以下简称××）"的形式设定简称。如"深圳市科中大交通建材有限公司（以下简称科中大公司）"，不使用"申请人"、"其他当事人"、"一审原告"、"上诉人"等代称。出现次数很少的当事人不必使用简称；

（4）人民法院名称一般不使用简称，可以根据案件实际情况用"一审法院"、"二审法院"、"再审法院"等代称；

（5）文书中指代本院的，一律使用"本院"，不使用"我院"表述；

（6）法律援引。引用法律或司法解释的，应当写明全称，不使用简称。引用法律条文的，要写明条、款、项、目。如"《中华人民共和国民事诉讼法》第二百零九条第一款第三项"。引用法条的顺序是先上位法后下位法，先法律、法规后司法解释；

（7）数字。文书结构层次序数：第一层为"一、"，第二层为"（一）"，第三层为"1."，第四层为"（1）"。5位和5位数以上的阿拉伯数字，数字应连续写，不加空格或分节号，如"34152元"；尾数零多的，可以改写以万、亿作单位，如"456000000"可以写作"4.56亿元"。涉及新的计量单位应以国家法定计量单位为准；

（8）成文日期。填写批准人的批准日期。用阿拉伯数字将年、月、日标全，年份应标全称，月、日不编虚位。如"2014年12月6日"；

（9）印章的使用。对外使用的文书，应当在成文日期上加盖能够对外独立承担法律责任的单位印章；

（10）文书排版标准。标题居中，其中"××××人民检察院"字体为宋体小二号，文书名称字体为宋体二号加粗，文书文号为楷体_GB2312四号，居右。正文内容字体为仿宋_GB2312三号。文书打印时统一用国际标准A4（297mm×210mm）纸张打印。所有文书上空37mm，下空35mm，左空（订口）28mm，右空（翻空）26mm；

（11）使用统一业务应用软件模板撰写的结案法律文书，在正式打印时，文书模板中标明的"院印"不要打印。

▶ 2. 几类主要结案法律文书制作要求

▶ 2.1 提出监督意见类法律文书包括民事抗诉书、行政抗诉书、再审检察建议。

▶ 2.2 提出监督意见类法律文书首部的制作应当符合以下要求：

（1）标题。民事抗诉书为"××××人民检察院民事抗诉书"。行政抗诉

书为"××××人民检察院行政抗诉书"。再审检察建议书为"××××人民检察院再审检察建议书";

（2）文号的格式要求按本操作规程 2.3（2）的规定办理。

▶▶ 2.3 提出监督意见类法律文书主要的制作包括四部分：

（1）第一部分写明案件来源；

（2）第二部分写明诉讼过程和法院历次审理情况；

（3）第三部分写明检察机关审查认定的事实；

（4）第四部分写明抗诉理由和依据。

▶▶ 2.4 提出监督意见类法律文书尾部的制作，应当写明"此致××××人民法院"。分管副检察长批准后，以批准日期作为法律文书的落款日期并加盖院印。最后写明"附：检察卷宗×册"。

▶▶ 2.5 主文是提出监督意见类法律文书的主体部分，各部分内容都应按照检察的要求制作。

▶▶ 2.5.1 主文第一部分"案件来源"的制作要求与《审查终结报告撰写与审批操作规程》中相应部分的要求基本一致。但应注意简练，涉及案件审查的具体细节信息应略去，如提请抗诉报告书文号、案件审查的手段、证据材料收集、中止审查等程序性事项。

▶▶ 2.5.2 主文第二部分"诉讼过程和法院历次审理情况"的制作要求与《审查终结报告撰写与审批操作规程》中相应部分的要求一致。

▶▶ 2.5.3 主文第三部分"检察机关审查认定的事实"的写作要求与《审查终结报告撰写与审批操作规程》中相应部分的要求基本一致。同时应注意以下三点：

（1）作为监督意见的事实认定部分，应进一步强调叙事上的客观、准确、规范。所认定的事实应是已经严格按照证据规则、结合原审质证意见对现有证据进行认证基础上形成的，无法律意义的细节事实应舍弃；

（2）在事实表述中不得掺杂对于法律关系的认定；

（3）集体讨论后关于事实认定的结论意见应充分予以吸纳。

▶▶ 2.5.4 主文第四部分"抗诉理由和依据"的制作应当符合以下要求：

（1）结合审查认定的事实和申请监督理由、集体讨论意见等，依照法律、法规及司法解释相关规定，充分论述生效裁判或调解书存在哪些法定监督的情形及理由和依据；

（2）按照"总分总"的结构进行阐述。先概括地列明生效裁判或调解书存在哪些法定监督的情形，对民事案件、行政案件分别依法定情形进行概括；

（3）分别就生效裁判或调解书存在的法定监督情形进行阐述，做到论理、论据充分，引用法律、法规、司法解释等准确、全面、具体。作为依据的理论应当是已为司法实践所普遍接受的法学理论通说；

（4）总结并说明依据相关诉讼法上的规定（包括职权规定及监督事由规定）提出抗诉或再审检察建议；

（5）抗诉书以"……，特提出抗诉，请依法再审"结束该部分；再审检察建议以"……，特提出再审检察建议，请在收到后三个月内将审查结果书面回复本院"结束该部分。

▶ 2.6 提请抗诉报告文书的内容组成应当包括首部、主文、尾部三大部分。

▶ 2.7 提请抗诉报告书的首部包括以下内容：

（1）标题。提请抗诉报告书标题为"××××人民检察院提请抗诉报告书"；

（2）格式要求见前述；

（3）案件的来源的写作要求与《审查终结报告撰写与审批操作规程》中相应部分的要求基本一致。

▶ 2.8 提请抗诉报告书的主文共六个部分，具体包括：

（1）当事人基本情况；

（2）诉讼过程和法院历次审理情况；

（3）申请监督理由及其他当事人意见；

（4）检察机关审查认定的事实；

（5）提请抗诉理由；

（6）其他需要说明的情况（如无需要说明的此部分可省略）。

▶ 2.9 提请抗诉报告书的尾部应写明"此致××××人民检察院"，经分管副检察长批准后，以批准日期作为法律文书的落款日期并加盖院印。最后写明"附：检察卷宗×册"。

▶ 2.10 提请抗诉报告书中"当事人基本情况"、"诉讼过程和法院历次审理情况"、"申请监督理由及其他当事人意见"等部分的制作要求按照《审查终结报告撰写与审批操作规程》中"审查终结报告各组成部分的写作要求"办理相应部分。

▶ 2.11 "检察机关审查认定的事实"、"提请抗诉理由"部分的写作要求分别参见本操作规程中"提出监督意见类法律文书各组成部分的写作要求"中"第三部分写明检察机关审查认定的事实"部分和"第四部分写明抗诉理由和依据"部分的要求办理。

▶ 2.12 "需要说明的其他情况"部分应当对申请监督理由中不予支持的部分说明理由和依据。如还有其他需要说明的重要情况,应在此部分一并说明。

▶ 2.13 不支持监督申请决定书包括首部、主文、尾部三个部分。

▶ 2.14 不支持监督申请决定书内容组成上包括:

（1）首部。包括标题、文号。不支持监督申请决定书的标题为"××××人民检察院不支持监督申请决定书"。

（2）主文。包括两部分,案件来源等情况和不支持监督申请的理由。

（3）尾部。分管副检察长批准后,以批准日期作为法律文书的落款日期并加盖院印。

▶ 2.15 不支持监督申请决定书撰写的重点部分是"不支持监督申请的理由"制作中应当把握以下要求:

（1）结合检察机关审查认定的案件主要事实和申请监督理由,依照有关法律、法规及司法解释的相关规定,详细论述检察机关不支持监督申请的理由和依据;

（2）应对申请监督人的申请理由有针对性地予以反驳性阐释;

（3）如果申请监督理由所涉法律和事实依据不具有可反驳性,则应着重分析案件事实认定、适用法律的应然状态,从而论证原审裁判的合法、合理性;

（4）写明作出不支持监督申请决定在司法解释上的依据条款,并以"本院决定不支持×××（申请人的姓名或名称）的监督申请"结束该部分。

▶ 2.16 不支持监督申请决定书说理上务求严谨,应避免激化矛盾、引发新的矛盾。同时,也应力争通俗易懂,确保释法说理效果。

▶ 3. 结案法律文书审批

▶ 3.1 结案法律文书应层报分管副检察长审批。

▶ 3.2 审批应当把握以下要点:

（1）各审批环节均应指正和修改结案法律文书在格式、语言、文字等形式上的不当之处;

（2）部门正职未参与集体讨论，认为集体讨论存在不清晰、不充分等问题，可以终止审批程序并要求承办人补充查证、重新组织集体讨论；

（3）部门正职及其授权的副职可对拟制的结案法律文书提出具体修改意见，包括监督理由体例结构、要点及论述重点等；

（4）分管副检察长可以要求部门进一步审查、重新组织集体讨论；

（5）分管副检察长可以直接签署与部门意见不同的决定。部门应当执行，并重新撰写制作法律文书。

四、和解操作规程

【定义】民事行政检察和解是指人民检察院在审查民事行政诉讼结果监督案件中，当事人自愿达成和解协议，人民检察院依法终结案件的活动。

▶ **1. 民事行政检察和解的原则**

▶▷ 1.1 自愿原则。尊重各方当事人的意愿，在当事人自愿、平等的基础上进行。

▶▷ 1.2 合法原则。和解协议的内容符合法律、法规和国家政策。

▶ **2. 民事行政检察和解案件的适用情形**

▶▷ 2.1 当事人申请、人民检察院依职权发现的民事行政判决、裁定、调解书监督案件，适用和解。

▶▷ 2.2 有证据证明判决、裁定、调解书内容存在侵害国家利益、社会公共利益或者案外人利益的监督案件，不适用和解。

▶▷ 2.3 审判程序违法监督案件、执行活动违法监督案件、司法工作人员渎职行为监督案件，不适用和解。

▶ **3. 民事行政检察和解的启动**

▶▷ 3.1 在案件受理后，审查终结前，当事人可以自行和解，也可以根据人民检察院的建议和解。

▶▷ 3.2 启动案件和解程序后，人民检察院可以中止案件审查。

▶ **4. 民事行政检察和解的实施**

▶▷ 4.1 当事人可以依法自行和解。

▶▷▷ 4.1.1 当事人在人民检察院受理案件后，自愿进行和解的，应签订书面和解协议并提交人民检察院。

▶▷▷ 4.1.2 人民检察院收到当事人的和解协议后，作如下审查：

（1）和解协议是否是当事人的真实意愿；

（2）和解协议是否违反法律、法规的强行性规定；

（3）和解协议是否侵害国家利益、社会公共利益和案外人利益。

▶▶ 4.1.3 依法审查当事人自行和解并按以下要求提出处理意见：

（1）当事人和解自愿、合法的，人民检察院应当终结案件审查；

（2）当事人和解内容违法，侵害国家、集体、他人利益，违背社会公序良俗的，人民检察院应当责令当事人及时纠正，当事人拒不纠正的，应当依法作出监督决定。

▶▶ 4.2 人民检察院可以依法建议当事人和解。

▶▶ 4.2.1 建议和解的案件，人民检察院应引导、支持当事人就案件和解进行协商，由两名以上检察人员共同进行。

▶▶ 4.2.2 人民检察院建议和解案件，可以采取以下方式进行：

（1）可以采取当事人背对背、面对面释法说理；

（2）可以组织听证会；

（3）可以邀请人民调解组织、行政调解组织以及人民法院派员参与和解活动；

（4）可以邀请当事人的亲人朋友、街坊邻居以及其他有利于解决案件争议的单位和人员参与和解活动。

▶▶ 4.2.3 案件承办人员应当对和解案件进行全案审查，发现不宜和解的，及时告知当事人停止和解。

▶▶ 4.2.4 人民检察院建议和解案件达成和解协议的，应当制作和解协议书。

▶▶ 4.2.5 和解协议书在案件各方当事人签字后生效，人民检察院可以作为见证人签字。

　　▶ **5. 和解协议的运用**

▶ 5.1 案件承办人员审查和解协议后，应将和解案件及时提交讨论、审批。

▶ 5.2 人民检察院对和解案件作出终结审查决定的，案件承办人员应当督促当事人及时履行和解协议。

▶ 5.3 案件已申请人民法院强制执行的，人民检察院应当把和解协议书和终结审查决定书送交人民法院执行部门。

▶ **6. 操作禁忌**

▶ 6.1 人民检察院不得以职权压制当事人进行案件和解。

▶ 6.2 人民检察院不得作为一方或多方当事人的代理人、利益共同人。

▶ 6.3 人民检察院不得以和解名义侵害当事人或国家、集体、他人利益。

五、息诉操作规程

【定义】民事行政检察息诉是指人民检察院在民事行政检察案件的审查过程中和审查终结后,对申请人或其他当事人进行释法说理、辨识是非、化解矛盾纠纷的各项活动。

▶ **1. 民事行政检察息诉的原则和责任**

▶ 1.1 民事行政检察诉讼应遵循以下原则:

(1) 合法原则;

(2) 公正原则;

(3) 法律效果与社会效果相统一原则。

▶ 1.2 民事、行政检察案件的息诉工作由受理案件的人民检察院负责,但上级人民检察院受理后交、转下级人民检察院办理的案件,下级人民检察院是息诉工作的责任主体。

▶ 1.3 下级人民检察院提请监督、上级人民检察院作出最终处理决定的案件,上级人民检察院应当指导下级人民检察院的息诉工作。对于上级人民检察院交办或者有重大影响的案件,由上级人民检察院指挥、下级人民检察院配合,共同做好息诉工作。

▶ **2. 民事行政检察息诉的适用情形**

▶ 2.1 民事行政检察案件有下列情形之一的,人民检察院民事行政检察部门应当积极开展息诉工作,引导当事人接受和履行法院生效裁判,维护生效裁判权威:

(1) 经审查认为不符合监督条件,决定不支持监督申请的;

(2) 发现监督意见不当予以撤回或者撤销的;

(3) 其他需要息诉的情形。

▶ 2.2 民事、行政检察案件符合下列情形之一的,视为息诉:

(1) 送达相关法律文书后,申请人未再提出异议的;

(2) 依程序答复后,申请人表示不再向人民检察院信访的;

（3）在人民检察院审查案件期间，当事人自行或者在人民检察院建议下达成和解的。

▶ 3. 民事行政检察息诉的实施

▶ 3.1 民事行政检察部门在审查民事、行政检察案件过程中，应当注重在办案的各个环节做好释法说理工作，注重上下级人民检察院之间的协作配合，努力实现办案法律效果与社会效果的有机统一。

▶ 3.2 在审查民事、行政检察案件过程中，民事行政检察部门应当注重做好法律文书特别是不支持监督申请决定书的说理工作，坚持以事实和法律为依据，详细阐释人民检察院不支持申请人请求的理由，保障申请人及其他当事人对人民检察院处理决定的知情权和监督权。

▶ 3.3 对于拟作出不支持监督申请决定的案件，民事行政检察部门承办人在提交领导审批时需同时对案件风险进行评估。对越级上访案件、群体性案件和其他有重大影响的案件，应当提前制定息诉工作预案。

▶ 3.4 民事行政检察部门应当充分利用检调对接工作机制，将建议和解工作贯穿办案各个环节。对于当事人有和解意愿的案件，可以引导当事人和解，平息纠纷。

▶ 3.5 民事行政检察部门应当加强与控告检察部门的沟通联系，联动做好释法劝解工作，申请人第一次上访要求当面答疑的，民事行政检察部门承办人应当当面进行释法说理，并将答复情况记录在案。

▶ 3.6 对于申请人以审判人员、执行人员、行政机关工作人员存在渎职情形或者其他利害关系人存在犯罪情形作为申请监督理由的案件，民事行政检察部门除对民事、行政案件本身进行审查外，应当通过民事行政检察与职务犯罪侦查、侦查监督之间的协作机制，依法处理违法犯罪线索并及时对申请人的诉求作出回应，消除申请人对人民检察院的对立情绪。

▶ 3.7 对于民事、行政诉讼案件本身不符合监督条件，但涉及有关行政机关管理漏洞或者行政行为不合法、不合理的，民事行政检察部门应当以检察建议等方式协调有关单位依法妥善解决当事人所反映的问题。

▶ 3.8 对于矛盾冲突激烈、闹访缠访风险大的案件，在人民检察院作出审查结论前，民事行政检察部门、控告检察部门可以组织有关当事人听证，通过严肃、规范、公开的听证形式增强人民检察院执法的公信力，提前缓解上访压力。

▶ 3.9 人民检察院作出审查结论后，对于经控告检察部门、民事行政检察部门两次当面释法说理仍不息诉的申请人，民事行政检察部门应当向其释明

《民事诉讼法》第一百九十八条、《行政诉讼法》第六十三条关于法院院长依职权启动再审程序的规定。

▶ 3.10 对于经多次答复仍然坚持提出异议，而民事行政检察部门已穷尽各种法律救济程序的申请人，民事行政检察部门应当商请控告检察部门，按照人民检察院信访工作的有关规定处理。

第三节　出席再审法庭类操作规程

【定义】出席再审法庭是指人民检察院对提出抗诉的案件，人民法院再审时，派员出席法庭，并对其再审庭审活动履行监督职责的工作。

一、指令（派员）出席再审法庭操作规程

▶ 1. 内勤收到人民法院再审裁定后，应当登记备案

▶ 2. 人民法院裁定指令下级人民法院再审的，内勤应当填写《指令出席再审法庭通知书》，指令相对应的人民检察院出席再审法庭

▶ 3. 人民法院裁定由本级法院提审的，内勤应当填写《出席再审法庭通知书》，通知本院案件承办人出席再审法庭

▶ 4.《指令出席再审法庭通知书》及《出席再审法庭通知书》应当报部门负责人审批，并加盖院印

▶ 5. 对认为不符合指令下级法院再审条件而人民法院指令下级法院再审的，内勤应当将情况通报案件承办人

▶ 6. 案件承办人认为人民法院指令下级院审理的再审裁定错误，符合监督条件的，应当填写依职权监督审批表，报部门负责人审批

▶ 7. 部门负责人批准后，交内勤送案管部门登记受理

▶ 8. 案件登记受理后，由部门负责人指定案件承办人，对人民法院的违法裁定进行审查，并提出监督意见

二、促审促判操作规程

▶ 1. 案件承办人应当及时掌握法院再审裁定的情况，对人民法院收到检察机关抗诉书三十日内未作出再审裁定的案件，应当及时与受理抗诉的人民法院沟通，了解逾期未作出再审裁定的原因

▶ **2.** 案件承办人认为人民法院逾期作出再审裁定的行为违法，有必要进行监督的，应当填写依职权监督审批表，报部门负责人批准

▶ **3.** 部门负责人批准后，应当将案件材料交内勤，由内勤送案管部门登记受理

▶ **4.** 案管部门登记受理后，由部门负责人指定承办人对该违法行为进行审查，并提出监督意见

▶ **5.** 对人民法院已经下达再审裁定的案件，原案件承办人应当及时了解案件再审情况以及再审判决情况，对人民法院逾期未安排审理或逾期未审结的案件，应当及时向人民法院了解情况

▶ **6.** 案件承办人认为人民法院逾期不予审理或未予审结，违反法定程序，有必要进行监督的，按照上述程序报部门负责人批准，立案进行监督

三、再审庭审监督操作规程

▶ **1.** 受指派出席再审法庭的案件承办人应当对案件的争议焦点进行归纳，整理好相关案件材料

▶ **2.** 出席再审法庭应当由两名以上检察人员共同参加

▶ **3.** 出席再审法庭应当着检察制服，并佩戴检徽

▶ **4.** 出席再审法庭的检察人员在法庭上应当坐在单独设立的抗诉机关席位上，不得与申请再审人坐在同一位置

▶ **5.** 检察人员出席再审法庭，应当宣读抗诉书，陈述检察机关抗诉理由

▶ **6.** 检察人员出席再审法庭时，应当对依职权调查的证据予以出示和说明

▶ **7.** 必要时，出席再审法庭的检察人员可以制作出庭笔录

▶ **8.** 检察人员出席再审法庭时不得参与法庭辩论

▶ **9.** 经人民法院合议庭的庭审安排，出席再审法庭的检察人员可以发表出庭意见

▶ **10.** 出庭笔录和出庭意见应当归入案件卷宗

▶ **11.** 发现庭审活动违法的，应当等休庭或者庭审结束之后，向部门负责人汇报，填写依职权监督审批表，报部门负责人批准后报案管部门登记，办理受理手续，并按程序以人民检察院的名义提出检察建议

第四章 诉讼违法行为监督操作规程

第一节 审判程序违法情形监督类操作规程

【定义】 审判程序违法情形监督是指当事人、案外人认为人民法院在审判程序中的审判活动有违法情形向人民检察院申请监督或者控告、举报的，以及人民检察院自行发现人民法院在审判程序中的审判活动可能有违法情形的，人民检察院依法通过调阅案卷、询问当事人或案外人等方式予以调查核实，向同级人民法院提出检察建议纠正违法的检察监督活动。

一、民事审判程序违法情形监督启动操作规程

▶ **1. 基本原则**

▶▶ 1.1 民事审判程序违法情形监督应当坚持法院自我纠错在先的原则。法律规定可以提出异议、申请复议或者提起诉讼的，当事人应当先向人民法院提出异议、申请复议或者提起诉讼。

▶▶ 1.2 民事审判程序违法情形监督应当坚持事后监督的原则。民事审判程序违法情形，可以发生在民事审判程序的进行阶段，也可以发生在民事审判程序终结之后，但违法行为必须已经确定发生且行为终了。

▶▶ 1.3 民事审判程序违法情形监督应当坚持同级监督原则。民事审判程序违法情形的监督案件，由作出违法行为的人民法院所在地同级人民检察院管辖。

▶ **2. 受理**

▶▶ 2.1 当事人认为人民法院民事审判程序有违法情形的，应当穷尽法院救济途径，有下列情形之一的，可以向人民检察院申请监督：

（1）法律规定可以提出异议、申请复议或者提起诉讼，当事人向人民法院提出异议、申请复议或者提起诉讼，被人民法院驳回的；

（2）当事人有正当理由未在法定期限内向人民法院提出异议、申请复议或者提起诉讼的；

（3）当事人提出异议、申请复议，人民法院受理后超过法定期间仍未作出处理的；

（4）当事人根据前述规定提出的监督申请，由审理案件的人民法院所在地同级人民检察院控告检察部门受理。

▶ 2.2 当事人以外的公民、法人和其他组织认为人民法院民事审判程序有违法情形的，可以向同级人民检察院控告、举报。控告、举报由人民检察院控告检察部门受理。

▶ 2.3 人民检察院民事行政检察部门在办理案件过程中，通过新闻报道、网络媒介，或者有权机关的移送等途径，经初步审查，发现人民法院审判程序有违法情形，且可能损害国家利益或者社会公共利益的、审判人员可能有贪污受贿、徇私舞弊、枉法裁判等不廉洁行为的、人民法院对人民检察院提出的检察建议不予回复或拒绝授受需要跟进监督的，应当依职权进行监督。民事行政检察部门应当到本院案件管理部门登记受理。

▶ 2.4 人大代表、政协委员以个人身份转来的案件，视为当事人向人民检察院申请监督，应当按照当事人申请监督处理。

▶ 2.5 对于党委政法委、人大等有监督和领导权的机关以机构名义交转来的案件，符合以下两个条件的，应当按照依职权监督案件进行审查：

（1）交转案件的机关必须以机构的名义转来，不是以领导或个别人的名义转来；

（2）交转案件的机构必须是负有直接领导权、监督权的机关。

▶ 2.6 检察机关审查后认为不符合依职权监督条件的，视为当事人向人民检察院申请监督，应当按照当事人申请处理。

▶ 2.7 对于其他无监督权和领导权的机关转来的案件，仍然属于转交相关材料，应当按照当事人申请监督处理。

▶ 2.8 移交材料不等于移送管辖，前者是指控告检察部门将未受理的案件移交给应受理案件检察院，后者是指控告检察部门将本院已受理但本院无管辖权、受理权的案件移送到有管辖权、受理权的检察院。

▶ **3. 监督范围**

▶ 3.1 民事审判程序违法情形监督的范围包括所有民事审判程序。

▶ 3.2 应当纳入监督范围的民事审判程序包括以下内容：

（1）第一审普通程序；

（2）简易程序；

（3）第二审程序；

（4）特别程序；

（5）审判监督程序；

（6）督促程序；

（7）公示催告程序；

（8）海事诉讼特别程序；

（9）破产程序。

▶ 4. 决定受理

▶ 4.1 当事人申请的监督案件，属于本部分2.2规定的审判程序符合受理条件，由控告检察部门作出受理决定。

▶▶ 4.1.1 控告检察部门发现不属于本院管辖的，应当告知申请人向有管辖权的人民检察院申请监督；发现不属于人民检察院主管的，应当告知申请人向有关机关反映；发现不符合受理条件且申请人不撤回监督申请的，可以决定不予受理。

▶▶ 4.1.2 监督案件应当由下级人民检察院受理的，上级人民检察院应当在收到申请材料七日内将监督申请书及相关材料移交下级人民检察院。

▶▶ 4.2 当事人以外的公民、法人和其他组织控告举报的监督案件，属于本部分2.2规定的审判程序，由控告检察部门作出受理决定，移送本院民事行政检察部门。

▶▶ 4.3 人民检察院依职权发现的监督案件，属于本部分2.2规定的审判程序，民事行政检察部门决定受理的，到案件管理部门登记受理。

▶ 5.《受理通知书》的发送和案件移送

▶▶ 5.1 当事人申请或者控告人、举报人控告、举报的监督案件，控告检察部门应当在决定受理之日起三日内制作《受理通知书》，发送申请人或控告人、举报人，并告知其权利义务。

▶▶ 5.1.1 控告检察部门应当在决定受理之日起三日内将案件材料移送本院民事行政检察部门，同时将《受理通知书》抄送本院案件管理部门。

▶▶ 5.1.2 需要通知其他当事人的，由控告检察部门或者民事行政检察部门将《受理通知书》和监督申请书副本发送其他当事人，并告知其权利义务。其他当事人可以在收到监督申请书副本之日起十五日内提出书面意见，不提出意见的不影响人民检察院对案件的审查。

▶▶ 5.2 依职权发现的案件，民事行政检察部门决定受理的，到案件管理部门登记受理后，根据案件具体情况和需要，决定是否向当事人发送《受理通知书》。对于损害国家利益、社会公共利益或者审判人员有贪污受贿、徇私舞弊、枉法裁判等行为的案件，不需要通知当事人。

案件管理部门登记受理后，民事行政检察部门认为需要通知当事人的，应当制作《受理通知书》，并在三日内发送当事人。

二、民事审判程序违法情形监督审查操作规程

▶ 1. 对民事审判程序违法情形监督案件的形式审查

▶▶ 1.1 收到控告部门已受理的民事审判程序违法情形监督案件，民事行政检察部门负责人根据职能分工通过统一业务应用系统确定案件承办人。案件承办人收到案件，应当围绕管辖权以及受理条件对案件首先进行形式审查。

▶▶ 1.2 案件承办人发现本院无管辖权的，应当按审批权限报请决定终结审查，将案件移送有管辖权的人民检察院，并通知申请人或控告人、举报人。

▶▶ 1.3 案件承办人发现提供的材料缺少监督申请书、身份证明、相关法律文书及证据材料等必要材料的；监督申请书未记明申请人和其他当事人的姓名、性别、年龄、民族、职业、工作单位、住所、有效联系方式，法人或者其他组织名称、住所和法定代表人或者主要负责人的姓名、职务、有效联系方式等基本情况或者未记明申请监督请求和所依据的事实与理由的；提交的身份证明复印件未经核对无误的；提交的法律文书不能全面地反映诉讼发展的情况的，应当通知当事人或控告人、举报人限期补齐材料。

▶▶ 1.4 案件承办人发现有下列不予受理情形之一的，应当按审批权限报请决定终结审查：

（1）根据民事诉讼法的规定，对回避申请决定不服的，对保全或者先予执行的裁定不服的，对人民法院作出的罚款、拘留决定不服的，对管辖权有异议的，对因不能归责于本人的事由未参加诉讼的，当事人依法可以申请复议、提出异议或者提起诉讼的而没有提出异议、申请复议或者提起诉讼的，但有正当理由的除外；

（2）当事人提出异议、申请复议后，人民法院已经受理并正在审查处理

的，但超过法定期间未作出处理的除外；

（3）一方当事人就人民法院的违法行为已经向人民检察院申请监督并作出决定的；

（4）其他不予受理的情形。

▶ 2. 对民事审判程序违法情形监督案件的实质审查

▶▶ 2.1 案件承办人审查审判程序违法情形监督案件，应当围绕申请人、控告人、举报人的申请、控告监督请求以及自行发现的审判程序违法情形，对人民法院在民事审判程序中审判活动的合法性进行审查。

▶▶ 2.2 案件承办人主要就审判人员是否存在损害当事人诉讼权利、违背职责以及严重违反民事审判程序规则等涉及不当行使审判权的违法情形进行审查。

▶▶ 2.3 属于当事人申请监督的案件，案件承办人应当听取当事人意见。当事人意见可以通过监督申请书、补充意见或答辩意见等书面方式提交，特殊情况需要当面说明的，也可以通过口头方式向检察机关说明。

▶▶ 2.4 通过听取当事人意见仍不能查清案件事实的，检察机关必要时可以采取听证或者调查核实的辅助措施。

▶▶ 2.5 听证活动参照听证操作规程进行，调查核实参照调查核实操作规程进行，重点调查人民法院审判活动的合法性。

▶▶ 2.6 案件承办人应当将案卷审查情况、听取当事人意见情况、听证情况以及调查核实情况，通过摘抄、分析等方式对案件进行梳理和归纳总结，客观陈述不同阶段的审判活动、不同审理阶段当事人的诉求变化和争议焦点，以及经过听取意见、听证或者调查核实等审查环节形成的承办人观点和看法。

▶ 3. 审查中需要把握的几个问题

▶▶ 3.1 "适用审判程序错误"包括应当适用普通程序而适用简易程序，或者错误适用特别程序、督促程序和公示催告程序等情形。

▶▶ 3.2 "审理期限"包括以下内容：

（1）适用普通程序审理的一审案件，应当在立案之日起六个月内审结；

（2）有特殊情况需要延长的，经本院院长批准可以延长六个月；还需延长的，报请上级人民法院批准；

（3）适用简易程序审理的案件，应当在立案之日起三个月内审结；

（4）审理对判决的上诉案件，应当在第二审立案之日起三个月内审结，有特殊情况需要延长的，由本院院长批准；

（5）审理对裁定的上诉案件，应当在第二审立案之日起三十日内作出终审裁定；

（6）适用特别程序审理的案件，应当在立案之日起三十日内或者公告期满后三十日内审结，有特殊情况需要延长的，由本院院长批准；

（7）审理选民资格案件，必须在选举日前审结。

▶▷ 3.3 妨害民事诉讼的行为包括以下内容：

（1）必须到庭的被告，经两次传票传唤，无正当理由不到庭的；

（2）诉讼参与人和其他人违反法庭规则；

（3）诉讼参与人或者其他人妨害诉讼证据的收集、调查以及阻拦、干扰诉讼的进行；

（4）拒不履行人民法院已经发生法律效力的判决、裁定；

（5）当事人之间恶意串通，企图通过诉讼、调解等方式侵害他人合法权益；

（6）有义务的协助调查、执行的单位拒不履行协助义务；

（7）采取非法拘禁他人或者非法私自扣押他人财产追索债务的行为。

▶▷ 3.4 民事诉讼中的"送达"包括直接送达、留置送达、委托送达、邮寄送达、转交送达、公告送达和传真、电子邮件等数字化形式送达。

▶ 4. 审查终结

▶▷ 4.1 案件承办人审查终结后，应当制作审查终结报告。案件承办人通过审查监督申请书等材料可以确认违法情形，不需要调查核实或者调阅卷宗的，可以直接撰写审查终结报告。

▶▷ 4.2 审查终结报告应当客观真实地载明案件来源、当事人基本情况以及审判活动的过程。当事人申请监督的，应当载明申请监督事项和审判程序违法情形；案外人控告、举报的，应当载明控告、举报的审判程序违法情形。

▶▷ 4.3 审查终结报告应当全面、客观、公正地叙述检察机关查明的人民法院审判活动的相关过程和情况。

▶▷ 4.4 审查终结报告应当结合审查查明的情况，重点论述人民法院的审判活动是否存在下列审判程序违法情形的理由和依据：

（1）起诉状列明的原告与本案有直接利害关系，有明确的被告，有具体的诉讼请求和事实理由，且案件属于人民法院受理民事诉讼的范围和受诉人民法院管辖，符合起诉条件，人民法院应当保障当事人依法享有的起诉权，应当在七日内立案而不立案的；

（2）审理案件应适用普通程序而适用简易程序，或者应适用简易程序而适用普通程序，或者应适用特别程序而适用普通程序，出现适用审判程序错误的；

（3）违反法律、司法解释规定，错误裁定诉前保全、诉讼保全、证据保全或者先予执行的；

（4）债权人的支付令申请因债权人与债务人还有其他债务纠纷、债务人下落不明不能送达、受理法院没有管辖权等情形的存在而不能成立，应当裁定予以驳回而发出支付令的；

（5）中止事由消失或者不具有民事诉讼法规定的中止事由、终结事由的而错误裁定诉讼中止或者诉讼终结的，或者中止事由或终结事由出现应当裁定诉讼中止或者诉讼终结而未裁定诉讼中止或者诉讼终结的；

（6）无正当理由超过法定审理期限作出裁判、决定或者通知的；

（7）对当事人采取罚款、拘留等妨害民事诉讼的强制措施违反法律规定的；

（8）违反法律规定的送达方式、送达程序，错误送达的；

（9）其他违反程序性法律规定而不当行使审判权的情形。

▶▶4.5 案件承办人审查审判程序违法情形监督案件过程中，发现审判人员违反司法工作人员注意义务，具有下列情形之一的，应当在审查终结报告的"其他需要说明的情况"部分中予以说明，建议另行启动司法人员渎职行为调查程序：

（1）在审判活动中故意违背事实和法律作枉法裁判的；

（2）非法拘禁他人或者以其他方法非法剥夺他人人身自由的；

（3）非法搜查他人身体、住宅，或者非法侵入他人住宅的；

（4）使用暴力逼取证人证言，或者以暴力、威胁、贿买等方法阻止证人作证或者指使他人作伪证的，或者帮助当事人毁灭、伪造证据的；

（5）侵吞或者违法处置被查封、扣押、冻结的款物的；

（6）在诉讼活动中滥用职权不依法采取诉讼保全措施，或者违法采取诉讼保全措施、强制执行措施，致使当事人或者其他人的合法权益遭受损害的；

（7）收受或者索取当事人及其近亲属或者其委托的人等的贿赂的；

（8）其他严重违反民事诉讼法规定，不依法履行职务，损害当事人合法权利，影响公正司法的诉讼违法行为和职务犯罪行为。

▶ 4.6 根据查明的事实，案件承办人按下列情形提出终结性处理意见：

（1）人民法院的审判活动存在本部分 3.3（4）的违法情形且违法情形仍未消除的，根据"各级人民检察院对审判监督程序以外的其他审判程序中审判人员的违法行为向同级人民法院提出检察建议"的规定，提出纠违性检察建议；

（2）人民法院的审判活动不存在、不构成违法情形或虽有违法情形但违法状态、情形已消除的，属于当事人申请监督的，根据"人民检察院认为申请监督的审判程序中审判人员违法行为不存在或者不有构成的，应当作出不支持监督申请的决定"的规定，提出不支持监督申请决定的意见，属于案外人控告、举报的，提出不予监督决定的意见；

（3）人民法院的审判活动不存在、不构成违法情形或虽有违法情形但违法状态、情形已消除，属于依职权监督的，根据"人民检察院依职权发现的案件经审查不需要采取监督措施"的规定，提出终结审查的意见。

▶ 4.7 有下列应当终结审查情形之一的，径直提出终结审查的意见：

（1）申请人撤回监督申请且不损害国家利益、社会公共利益或者他人合法权益的；

（2）申请监督的自然人死亡，没有继承人或者继承人放弃申请，且没有发现其他应当监督的违法情形的；

（3）申请监督的法人或者其他组织终止，没有权利义务承受人或者权利义务承受人放弃申请，且没有发现其他应当监督的违法情形的；

（4）其他应当终结审查的情形。

▶ 4.8 案件承办人完成审查终结报告的，应当按统一业务应用系统的要求及时报相关领导审批。

三、民事审判程序违法情形监督结案操作规程

▶ 1. 案件集体讨论与决定

▶ 1.1 审查终结报告完成审批程序的，应当经过集体讨论，参加集体讨论的人员应当对审判活动的合法性、处理建议等发表明确意见并说明理由。

案件集体讨论按照案件讨论操作规程进行。

▶ 1.2 案件承办人根据案件集体讨论形成的意见拟制法律文书，经部门负责

人审核，由检察长决定是否发出检察建议、不支持监督申请、不予监督或者终结审查。

▶▶ 1.3 行政审判程序违法情形的监督参照民事审判程序违法情形监督操作规程进行。

▶▶ **2. 结案法律文书制作与发送**

▶▶ 2.1 法律文书的制作。案件承办人应当根据检察长作出的决定制作结案法律文书。决定提出检察建议的，应当制作《检察建议书》；决定不支持监督的，应当制作《不支持监督申请决定书》；决定不予监督的，应当制作《不予监督决定书》；决定终结审查的，应当制作《终结审查决定书》。

▶▶ 2.2 法律文书的发送

▶▶▶ 2.2.1 符合监督条件的，案件承办人应当在决定提出检察建议之日起十五日内将《检察建议书》连同案件卷宗移送同级人民法院。属于当事人申请监督的，应当将《支持监督决定通知书》发送申请人；属于案外人控告、举报的，应当将《监督决定通知书》发送控告人、举报人。

▶▶▶ 2.2.2 不符合监督条件的，案件承办人应当在决定之日起十五日内发送法律文书。属于当事人申请监督的，向当事人发送《不支持监督决定书》；属于案外人控告、举报的，向案外人发送《不予监督决定书》；属于依职权监督的，向当事人发送《终结审查决定书》。

▶▶ **3. 跟进监督**

▶▶ 3.1 人民检察院认为同级人民法院对检察建议未在规定期限内作出处理并书面回复的，或者认为同级人民法院对检察建议的处理结果错误的，应当跟进监督。

▶▶ 3.2 跟进监督按照以下方式进行：

（1）提请上级人民检察院监督；

（2）提请本级人大常委会监督；

（3）其他合法的跟进、督促方式。

第二节 司法人员违法行为监督类操作规程

【定义】司法人员违法行为监督是指人民检察院为准确认定和依法纠正司法工作人员在民事、行政诉讼中的违法行为，而对该司法工作人员违反法律的事实是否存在及其性质、情节、后果等进行核实、查证并予以监督的活动。

一、监督启动操作规程

【定义】监督启动是指监督主体获取和审查民事行政诉讼中司法工作人员涉嫌违法的线索，决定是否报请分管副检察长批准，启动监督的活动。

▶ 1. 监督主体和对象

▶▶ 1.1 人民检察院负责监督司法工作人员在民事行政诉讼中的违法行为。

▶▶ 1.2 人民检察院监督的对象是民事、行政诉讼中的司法工作人员，包括所有在民事、行政诉讼中承担审判、执行职责的以下人员：

（1）法官；

（2）人民陪审员；

（3）执行员；

（4）法警、书记员；

（5）法官包括人民法院院长、副院长、审判委员会委员、庭长、副庭长、审判员和助理审判员。

▶ 2. 监督范围和案件来源

▶▶ 2.1 司法工作人员在民事行政诉讼活动中具有下列涉嫌违法情形之一的，民事行政检察部门应当调查核实：

（1）接受当事人及其委托代理人请客送礼或者违反规定会见当事人及其委托代理人的；

（2）实施或者指使、支持、授意他人实施妨害民事诉讼行为，尚未构成犯罪的；

（3）当事人及其诉讼代理人因客观原因不能自行收集影响案件主要事实认定的证据，请求人民法院调查收集，有关审判人员故意不予收集，导致裁判错误的；

（4）在案件主要事实认定中，应当依职权进行鉴定、勘验、查询、核对，或者应当采取证据保全措施而故意不进行的；

（5）丢失或者过失损毁证据材料，造成严重后果的；

（6）篡改、伪造或者故意损毁庭审笔录、合议庭评议记录、审判委员会讨论记录的；

（7）明知当事人虚构事实、伪造证据进行虚假诉讼而放任或协同的；

（8）参加合议庭案件评议时，故意违反法律规定或者歪曲事实，曲解法律，导致评议结论错误的；

（9）参加审判委员会案件讨论时，故意违反法律规定或者歪曲事实、曲解法律，导致决定错误的；

（10）主持审判委员会会议时，违反少数服从多数的原则，导致决定错误的；

（11）审批案件时擅自改变承办人或者合议庭处理意见导致案件错误的；

（12）在执行判决、裁定活动中严重不负责任或者滥用职权，不依法履行法定执行职责，致使当事人或者其他人的合法权益遭受损害的；

（13）收取、退还罚款、保证金及其他规费不符合规定的；

（14）截留、挪用甚至贪污执行款物的；

（15）接受当事人及其委托代理人请客送礼或者违反规定会见当事人及其委托代理人的；

（16）其他违反民事诉讼法、行政诉讼法规定，不依法履行职务，损害国家利益、社会公共利益和当事人合法权益，影响公正司法，应当追究个人责任的诉讼违法行为。

▶▶ 2.2 司法人员违法行为监督包括以下案件来源：

（1）人民检察院依职权发现的；

（2）公民、法人或其他组织向人民检察院申请监督、举报、控告的；

（3）上级机关或领导交办、转办的；

（4）其他机关移送的；

（5）其他合法的线索来源。

▶▶ 2.3 人民检察院接收司法人员违法行为监督案件材料后，应当依法将受理情况和承办人的姓名、法律职务、联系方式等情况告知当事人。

▶▶ 3. 法律适用

▶▶ 3.1 司法人员违法行为监督是对人监督，不仅适用于审判程序，而且适用于执行程序。

▶▶ 3.2 根据上位法优先于下位法和新法优先于旧法的法律适用规则，确定如下规则：

（1）在对审判人员的违法行为进行监督时，发现司法人员有《民事诉讼监督规则》第九十九条第十一、十二项所规定情形，即接受当事人及其委托代理人请客送礼或者违反规定会见当事人及其委托代理人的和实施或者指使、支持、授意他人实施妨害民事诉讼行为，尚未构成犯罪的，如仅决定发出检察建议，适用《民事诉讼法》和《民事诉讼监督规则》的相关规定。如决定采取其他监督措施，适用《关于对司法工作人员在诉讼活动中的渎职行为加强法律监督的若干规定（试行）》的相关规定；其他违法情形的监督则适用《关于对司法工作人员在诉讼活动中的渎职行为加强法律监督的若干规定（试行）》的相关规定。

（2）在对执行人员的违法行为进行监督时，适用《关于对司法工作人员在诉讼活动中的渎职行为加强法律监督的若干规定（试行）》的相关规定。

二、监督实施操作规程

【定义】监督实施是指人民检察院利用一定的工作机制，采取法定的调查措施，对司法人员在民事行政诉讼中的违法行为进行调查核实的活动。

▶ 1. 监督的工作机制

▶ 1.1 同级监督为主。对司法工作人员在民事行政诉讼中涉嫌违法的案件，以作出该行为的人民法院所在地同级的人民检察院办理为主。

▶ 1.2 上下一体化机制为辅。全省民事行政检察部门应建立违法行为监督一体化制度，由省、市两级民行部门在各自的管辖范围内统一调配力量，统一指挥。具体运行方式如下：

（1）上级院民行部门可以将自行获取的下级司法机关工作人员的涉嫌违法的线索交该机关所在地同级院民行部门办理。

对于上级院民行部门交办的线索，下级院民行部门应在3个月之内将处理情况回复上级院民行部门，作出决定前应当报上级人民检察院审核同意。逾期未回复的，上级院民行部门可以催办、提办。

（2）上级人民检察院认为确有必要，可以办理下级人民检察院管辖的司法人员违法行为监督案件。

（3）民事行政检察部门可以单独办理违法行为监督案件，也可以报请分管副检察长决定联合本院其他部门一同办理。

▶ 2. 监督对象所负责任的确认

▶ 2.1 违法行为监督中核实监督对象的个人责任时，应当调取法院审判、执行内卷等证据材料。

▶ 2.2 对监督对象进行责任划分，应当按照以下规则：

（1）合议庭对案件的证据、事实和法律适用负责。因证据采信、事实认定或法律适用有误，导致错误的，合议庭成员共同承担过错责任，主审人和审判长承担主要过错责任；

（2）独任审判员对其审理的错误裁判案件承担全部或主要过错责任；

（3）上述（1）、（2）所列情形，经庭、院领导审批的，审批人承担审查失当的过错责任；审批人擅自变更处理意见的，审批人承担全部或主要过错责任；

（4）上述（1）、（2）项所列情形，合议庭少数人或其他人员（含庭长、院长、独任审判员）的正确意见没有得到采纳，持正确意见的人不承担责任，提出错误意见的人承担全部或主要过错责任；

（5）合议庭的一致正确意见没有得到审判委员会采纳，导致错误的，合议庭成员不承担责任；合议庭的错误分歧意见被审判委员会采纳的，合议庭持错误意见的成员与审判委员会共同承担过错责任；

（6）主审人在评议、讨论案件时，不如实汇报案情或误导其他合议庭成员、审判委员会委员，造成错误的，主审人承担全部过错责任；

（7）经审判委员会讨论决定的案件发生错误的，审判委员会持错误意见的委员承担主要过错责任；违反少数服从多数原则作出错误决定的，主持人承担全部或主要过错责任；

（8）因书记员笔录造成错误的，书记员与合议庭相关成员共同承担责任；因文书校对造成错误的，校对人和主审人共同承担过错责任；

（9）其他人员的责任，根据其在案件办理中所起的作用，参照前述规则确定。

三、监督终结操作规程

【定义】监督终结是指人民检察院核实调查事项，汇总调查成果，制作调查终结报告的活动。

▶ 1. 核实调查事项完成情况

▶ 1.1 调查核实事项应当全部完成，才能终结监督活动。

▶ 1.2 监督终结时，以下事项应当得到核实、查证：

（1）监督对象的基本情况；

（2）监督对象的过错；

（3）违反法律的事实；

（4）违法行为的性质、情节、后果；

（5）监督对象不构成违法的事实与依据。

▶ **2. 调查终结报告内容**

▶▷ 2.1 调查终结报告是承办检察官汇总调查成果，提出审查意见的工作文书。

▶▷ 2.2 调查终结报告应当包括以下内容：

（1）案件来源。述明案件来源种类和时间；

（2）办理过程。写明立案时间，同时述明开展的具体调查活动；

（3）监督对象及其他涉案人员的基本情况。包括姓名、性别、年龄、职级和在案件中的作用或地位等；

（4）案件基本情况和相关证据。详尽述明案件涉及的各种情况，并罗列用以证明所述案情的主要证据；

（5）举报人、控告人和其他利害关系人的意见；

（6）审查意见。

▶▷ 2.3 提出审查意见，应当做到以下六点：

（1）明确监督对象的职责；

（2）确认监督对象的过错程度；

（3）确认是否违法及其性质、情节、后果，详细地阐明认定的依据和理由；

（4）述明案件中牵涉的其他问题；

（5）明确监督对象所负责任；

（6）根据《民诉监督规则》第九十九条或《关于对司法工作人员在诉讼活动中的渎职行为加强法律监督的若干规定（试行）》第十条提出处理建议。

▶ **3. 调查终结报告的制作**

▶▷ 3.1 制作调查终结报告应当符合《检察执法文书制作规程》的要求。

▶▷ 3.2 制作调查终结报告应当参照本分册第二章第二节八、第三章第二节三、第四章第二节三等操作规程。

四、监督决定操作规程

【定义】监督决定是人民检察院根据调查掌握的情况，讨论承办人员的审查意见，依据相关规定作出监督决定的活动。

▶ 1. 处理程序和案件讨论

▶▷ 1.1 作出监督决定应当根据已经查明的情况、承办人员审查意见和讨论意见，由承办人员拟文，部门负责人审核，分管副检察长决定。

▶▷ 1.2 作出监督决定应当集体讨论研究。案件讨论应当按照《案件集体讨论操作规程》的规定办理。

▶ 2. 区分情况作出决定

▶▷ 2.1 认为有犯罪事实需要追究刑事责任的，应当及时将犯罪线索及相关材料移送本院侦查部门，并建议有关机关停止被监督人执行职务，更换办案人。

▶▷ 2.2 对于确有违法行为，但是尚未构成犯罪的，应当依法向被监督人所在机关发出纠正违法通知书或检察建议，并视情况将证明其违法行为的材料按照干部管理权限移送有关机关处理。对于确有违法行为，虽未构成犯罪，但被监督人继续承办案件将严重影响正在进行的诉讼活动的公正性，且有关机关未更换办案人的，应当建议更换办案人。

▶▷ 2.3 对于审判人员在审理案件时有贪污受贿、徇私舞弊、枉法裁判或者其他违反法律规定的诉讼程序的行为，可能影响案件正确判决、裁定的，应当分别依照民事诉讼法和行政诉讼法规定的程序对该案件的判决、裁定提出抗诉。

▶▷ 2.4 对于当事人申请监督的案件，人民检察院经审查后认为民事审判人员违法行为不存在的，应当作出不支持监督申请的决定。当事人以外的公民、法人和其他组织向人民检察院控告、举报的案件和人民检察院依职权发现的案件，人民检察院经审查认为司法人员违法行为不存在的，应当作出终结审查的决定。

▶▷ 2.5 监督中询问过被监督人的，应当及时向被监督人本人说明情况，并采取适当方式在一定范围内消除不良影响。

▶▷ 2.6 对于举报人、控告人捏造事实诬告陷害，意图使司法工作人员受刑事追究，情节严重的，依法移送有关部门追究刑事责任。

▶ 3. 监督决定通知

▶▷ 3.1 人民检察院作出监督决定的，应在决定之日起十五日内将法律文书连同卷宗移送人民法院，通知申请人；决定不进行监督的，也应在十五日内通知申请人或其他相关人员。

▶▷ 3.2 根据案件的下列不同来源分别进行通知：

（1）当事人申请监督的案件，人民检察院作出监督决定的，应当制作《监督决定通知书》发送申请人，不支持监督申请的应将《不支持监督申请决定书》发送当事人；

（2）当事人以外的公民、法人及其他组织控告举报的案件，人民检察院作出决定后应当及时回复控告人、举报人。作出监督决定需要通知当事人的，应当制作《监督决定通知书》发送当事人，作出终结审查决定的应当将《终结审查决定书》发送当事人；

（3）依职权发现的案件，人民检察院作出监督决定后，需要通知当事人的，应当制作《监督决定通知书》发送当事人；作出终结审查决定的，将《终结审查决定书》发送当事人。

五、监督决定异议答复操作规程

【定义】监督决定异议答复是指人民检察院对被监督人及其所在机关针对监督决定提出的异议进行复查、复核并作出答复的活动。

▶ **1. 答复的主体和对象**

▶ 1.1 监督决定的异议答复由作出监督决定的人民检察院负责。

▶ 1.2 监督决定异议答复包括以下对象：

（1）申请人；

（2）被监督人；

（3）被监督人所在机关；

（4）被监督机关。

▶ **2. 被监督人提出异议的答复**

▶ 2.1 被监督人不服人民检察院的监督结论的，可以向人民检察院提出申诉，人民检察院应当进行复查，并在十日内将复查决定反馈申诉人及其所在机关。

▶ 2.2 申诉人不服人民检察院的复查决定的，可以向上级人民检察院申请复核。上级人民检察院应当进行复核，并在二十日内将复核决定及时反馈申诉人，通知下级人民检察院。

▶ **3. 申请监督人提出异议的答复**

▶ 3.1 申请监督人不服人民检察院监督决定的，可以向人民检察院提出异议，人民检察院应当向异议人说明理由。

▶ 3.2 申请监督人不服人民检察院的说明的，可以向上级人民检察院提出异议，上级人民检察院应当答复。

▶**4. 被监督人所在机关或者被监督机关提出异议的答复**

▶▷4.1 人民检察院提出纠正违法意见，被监督人所在机关或者被监督机关有异议的，应当在收到纠正违法通知书后五日内将不同意见书面回复人民检察院，人民检察院应当在七日内进行复查。

▶▷4.2 复查后处理

（1）认为纠正违法意见正确的，应当立即向上级人民检察院报告。上级人民检察院经审查，认为下级人民检察院的纠正违法意见正确的，应当及时通知下级人民检察院答复提出异议的机关。认为下级人民检察院的纠正违法意见不正确的，应当书面通知下级人民检察院予以撤销，下级人民检察院应当执行，并依照《关于对司法工作人员在诉讼活动中的渎职行为加强法律监督的若干规定（试行）》第十条第一款第四项的规定，说明情况，消除影响；

（2）认为纠正违法意见错误的，应当撤销纠正违法意见，并及时将撤销纠正违法意见送达有关机关。

六、监督决定督促履行操作规程

【定义】监督决定督促履行是指人民检察院向有关机关提出监督意见后，督促其及时处理，按规定回复的活动。

▶**1. 作出监督决定时明确回复要求**

▶▷1.1 人民检察院提出纠正违法意见或者更换办案人建议的，应依法要求有关机关在十五日内作出处理并书面回复。对于纠正违法意见，还应告知其异议权。

▶▷1.2 人民检察院向人民法院提出除再审检察建议外的其他检察建议，应依法要求其一个月内作出处理并书面回复。

▶**2. 有关机关未按要求回复的督促处理**

▶▷2.1 人民检察院提出纠正违法意见或者更换办案人等检察建议，有关机关既未提出异议，又未在十五日内作出处理并将处理情况书面回复的，提出检察建议的人民检察院应当督促其及时处理。

▶▷2.2 监督决定的督促履行按照以下方式进行：

（1）提请上级人民检察院处理；

（2）提请本级人大常委会监督；

（3）其他合法的督促履行方式。

▶ **3. 上级检察院协调同级机关督促其下级纠正**

▶▶ 3.1 上级人民检察院经审查，认为下级人民检察院的纠正违法意见正确的，应当及时与同级有关机关进行沟通，同级有关机关应当督促其下级机关进行纠正。

▶▶ 3.2 被监督机关仍然未依法回复处理的，上级人民检察院可以提请本级人大常委会监督，也可以采取其他合法的督促方式。

第三节　民事执行检察类操作规程

一、执行监督启动操作规程

【定义】执行监督启动是指检察机关受理了执行监督的线索后，对线索进行审查，确认监督线索是否属于检察监督范围，以及是否属于本院管辖，并进而决定是否进入下一步审查的检察监督活动。

▶ **1. 审查主体和范围**

▶▶ 1.1 民事执行检察监督是否启动的审查由人民检察院负责。

▶▶ 1.2 启动监督的审查包括以下方面：

（1）执行监督线索的来源；

（2）执行监督线索的内容；

（3）执行监督线索的性质；

（4）执行监督线索的管辖。

▶ **2. 执行监督线索初步审查**

▶▶ 2.1 执行监督线索来源审查

▶▶▶ 2.1.1 执行监督的线索来源有两种，一是当事人、利害关系人申请；二是依职权发现。

▶▶▶ 2.1.2 对于依职权发现的线索，应当限定在以下范围：侵犯国家利益或者社会公共利益；执行人员有贪污受贿、徇私舞弊、枉法裁判等违法行为；应当依职权监督的其他情形。

▶▶▶ 2.1.3 对于案外人认为人民法院的民事执行活动存在违法情形向人民检察院申请监督的，进入下一步审查。

▶▶ 2.2 执行监督线索内容审查

▶▷▷ 2.2.1 民事执行检察监督是对法院从执行案件的受理到执行活动结束的全部过程和环节进行监督。

▶▷▷ 2.2.2 民事执行检察监督的对象是法院的民事执行活动，申请执行人、被执行人、案外人的行为不属于检察机关执行监督内容。

▶▶ 2.3 执行监督线索性质审查

▶▷▷ 2.3.1 民事执行检察监督是对法院执行行为合法性的监督。执行活动的科学性和合理性不属于检察监督的范围。

▶▷▷ 2.3.2 违法执行行为、不当的执行行为发生后，检察机关才能启动监督程序。

▶▷▷ 2.3.3 法律在检察监督程序之前设置了其他救济程序未穷尽的，检察机关不启动监督程序。

▶▶ 2.4 执行监督线索管辖审查

▶▷▷ 2.4.1 对执行裁判行为和执行命令行为的监督，由作出该裁判行为或命令行为的人民法院的同级人民检察院管辖。

▶▷▷ 2.4.2 对执行行为的监督，由实施该执行行为的同级人民检察院管辖。

▶▷▷ 2.4.3 上级人民检察院认为确有必要的，可以办理下级人民检察院管辖的民事执行监督案件。

▶▷▷ 2.4.4 下级人民检察院对有管辖权的民事执行监督案件，认为需要由上级人民检察院办理的，可以报请上级人民检察院办理。

▶ 3. 初步审查处理

▶ 3.1 符合执行监督受理条件的案件，承办人制作《执行监督案件受理通知书》，发送申请监督人和其他当事人。

▶ 3.2 不符合受理条件的，提出终结审查的审查意见，经集体讨论、领导审批后，制作《终结审查决定书》，发送申请监督人。

▶ 3.3 应当采用挂号信、特快专递等方式将通知书发送申请人。

二、执行监督审查操作规程

【定义】执行监督审查是指对执行监督线索进行初步审查后，认为需要进一步审查的，通过审查法院的执行卷宗等手段，全面审查人民法院执行立案程序、查明被执行人财产状况、采取保全措施、先予执行措施、其他强制措施、执行异议处理、参与分配诉求处理、执行主体变更、委托执行、执行和解、暂缓执行、执行赔偿、执行回转、执行期限等全部执行活动是否存在违反法律规定的情形的检察监督活动。

▶ 1. 审查人民法院执行案件立案程序是否合法

▶▷ 1.1 审查人民法院执行立案的条件。

▶▷ 1.1.1 人民法院执行的依据，应当是下列法律文书：

（1）人民法院民事、行政判决、裁定、调解书，民事制裁决定、支付令，以及刑事附带民事判决、裁定、调解书；

（2）依法应由人民法院执行的行政处罚决定、行政处理决定；

（3）我国仲裁机构作出的仲裁裁决和调解书；人民法院依据仲裁法有关规定作出的财产保全和证据保全裁定；

（4）公证机关依法赋予强制执行效力的关于追偿债款、物品的债权文书；

（5）经人民法院裁定承认其效力的外国法院作出的判决、裁定，以及国外仲裁机构作出的仲裁裁决；

（6）法律规定由人民法院执行的其他法律文书。

▶▷ 1.1.2 审查所列法律文书是否已经生效。

▶▷ 1.1.3 审查申请执行人是生效法律文书确定的权利人或其继承人、权利承受人。

▶▷ 1.1.4 审查申请执行以下期间：

（1）当事人适用统一的期间，申请执行期间为两年；

（2）申请执行时效可以中止、中断，适用法律有关诉讼时效中止、中断的规定；

（3）申请执行时效期间的起算点有四种计算方式：从法律文书规定履行期间的最后一日起计算；法律文书规定分期履行的，从规定的每次履行期间的最后一日起计算；法律文书未规定履行期间的，从法律文书生效之日起计算，生效法律文书规定债务人负有不作为义务的，从债务人违反不作为义务之日起计算；

（4）消灭时效援引与否应首先取决于被申请执行人是否以此作为抗辩理由。如果被申请执行人未以此提出抗辩，法院不应主动审查时效问题，不应主动援引时效驳回申请人的请求。

▶▷ 1.1.5 审查申请执行的法律文书是否有给付内容，且执行标的和被执行人是否明确。

▶≫ 1.1.6 审查义务人是否在生效法律文书确定的期限内未履行义务。

▶≫ 1.2 审查人民法院执行立案的管辖是否合法。

▶≫ 1.2.1 审查是否属于受申请执行的人民法院管辖：

（1）发生法律效力的民事判决、裁定，以及刑事判决、裁定中的财产部分，由第一审人民法院或者与第一审人民法院同级的被执行的财产所在地人民法院执行；

（2）法律规定由人民法院执行的其他法律文书，由被执行人住所地或者被执行的财产所在地人民法院执行；

（3）在涉外仲裁过程中，当事人申请财产保全，经仲裁机构提交人民法院的，由被申请人住所地或被申请保全的财产所在地的中级人民法院裁定并执行；申请证据保全的，由证据所在地的中级人民法院裁定并执行；

（4）专利管理机关依法作出的处理决定和处罚决定，由被执行人住所地或财产所在地的省、自治区、直辖市有权受理专利纠纷案件的中级人民法院执行；

（5）国务院各部门、各省、自治区、直辖市人民政府和海关依照法律、法规作出的处理决定和处罚决定，由被执行人住所地或财产所在地的中级人民法院执行。

▶≫ 1.2.2 审查管辖争议的处理：

（1）当事人向两个以上都有管辖权的人民法院申请执行的，由最先立案的人民法院管辖；

（2）人民法院之间因执行管辖权发生争议的，由双方协商解决；协商不成的，报请双方共同的上级人民法院指定管辖；

（3）人民法院在立案前发现其他有管辖权的人民法院已经立案的，应当撤销案件，并将控制的财产交先立案的执行法院处理。

▶≫ 1.3 审查人民法院执行立案的期限是否合法。

▶≫ 1.3.1 人民法院对符合条件的申请，应当在七日内予以立案。对不符合条件的申请，应当在七日内裁定不予受理。

▶≫ 1.3.2 人民法院对当事人的强制执行申请立案受理后，应当及时将立案的有关情况、当事人在执行程序中的权利和义务以及可能存在的执行风险书面告知当事人。

▶▶ 1.3.3 不予立案的，应当制作裁定书送达申请人，裁定书应当载明不予立案的法律依据和理由。

▶▶ 1.3.4 人民法院受理执行案件后，应当及时将案件承办人或合议庭成员及联系方式告知双方当事人。

▶ 1.4 审查人民法院对管辖异议的处理是否合法。

▶▶ 1.4.1 人民法院对当事人提出的管辖异议应当立即进行审查。

▶▶ 1.4.2 异议成立的，人民法院应当撤销执行案件，并告知当事人向有管辖权的人民法院申请执行。

▶▶ 1.4.3 异议不成立的，应当以裁定驳回，并应当告知当事人对裁定不服可以向上级人民法院申请复议。

▶ 2. 审查人民法院执行对被执行人财产状况的查明行为是否合法

▶ 2.1 人民法院决定受理执行案件后，应当在三日内向被执行人发出执行通知书，责令其在指定的期间内履行生效法律文书确定的义务，并承担迟延履行期间的债务利息或迟延履行金。

▶ 2.2 人民法院要求被执行人如实报告其财产状况的，应当向被执行人发出报告财产令。

▶ 2.3 报告财产令中应当写明报告财产的范围、报告财产的期间、拒绝报告或者虚假报告的法律后果等内容。

▶ 2.4 对被执行人报告的财产情况，申请执行人请求查询的，人民法院应当准许。

▶ 2.5 被执行人未按执行通知书指定的期间履行生效法律文书确定的义务的，或者在执行通知书指定的期限内，被执行人转移、隐匿、变卖、毁损财产的，执行机关应当立即采取执行措施。

▶ 2.6 人民法院采取执行措施，应当制作裁定书，送达被执行人。

▶ 2.7 人民法院对申请执行人提供的财产线索进行调查后，应当及时将调查结果告知申请执行人；对依职权调查的被执行人财产状况和被执行人申报的财产状况，应当主动告知申请执行人。

▶ 2.8 人民法院依职权调查时，对象必须合法，依据必须充分，符合以下规定：

（1）人民法院查询对象仅限于生效法律文书所确定的被执行人；

（2）人民法院查询被执行人在金融机构的存款时，执行人员应当出示本人工作证和执行公务证，并出具法院协助查询存款通知书；

（3）人民法院对查询到的被执行人在金融机构的存款，需要冻结的，执行人员应当出示本人工作证和执行公务证，并出具法院冻结裁定书和协助冻结存款通知书；

（4）人民法院扣划被执行人在金融机构存款的，执行人员应当出示本人工作证和执行公务证，并出具法院扣划裁定书和协助扣划存款通知书，还应当附生效法律文书副本。

▶▶ 3. 审查人民法院财产保全措施是否合法

▶▷ 3.1 人民法院采取财产保全措施，原则上应当依当事人申请，并应当依法作出裁定。人民法院向当事人送达财产保全的裁定时，应当告知当事人复议的权利。

▶▷ 3.2 没有法律文书不能执行或者难以执行的，不应当采取财产保全措施。诉前财产保全，申请人应当提供担保，不提供担保的，人民法院应当裁定驳回申请。对生产工具、经营设备和交通运输工具确需采取保全措施的，一般可只扣押有关证照，允许当事人继续使用、营运，控制其收入。

▶▷ 3.3 财产保全只能对债务人的财产进行保全。对于债务人的财产不能满足保全请求，但对案外人有到期债权的，人民法院可以依债权人申请裁定该案外人不得对债务人清偿，但人民法院不应对其财产采取保全措施。

▶▷ 3.4 申请人在人民法院采取保全措施后三十日内不依法提起诉讼或者申请仲裁的，或者被申请人提供担保的，人民法院应当解除保全。

▶▷ 3.5 下列财产保全的错误的处理是否合法：

（1）财产保全申请错误、财产保全措施错误，造成被申请人、案外人损失的，应当依法承担赔偿责任；

（2）财产保全申请错误是指由于申请人申请不当，比如申请保全范围过大、保全财产错误等。由申请人对因此产生的后果承担责任；

（3）保全措施错误是指法院采取强制措施不当，造成被申请人、案外人损失。此种情形应当按照国家赔偿法的规定处理。应当注意的是，法院对于申请人的申请，只有形式上的审查义务。只有在人民法院存在审查过失的情况下，才能认定人民法院保全措施错误；

（4）人民法院向当事人送达先予执行的裁定时，应当告知当事人申请复议的权利。

▶ 4. 审查人民法院先予执行是否合法

▶ 4.1 人民法院采取先予执行措施，应当依当事人申请，并应当依法作出裁定。人民法院向当事人送达先予执行的裁定时，应当告知当事人复议的权利。

▶ 4.2 先予执行的适用范围。仅限于追索赡养费、抚养费、抚育费、抚恤金、医疗费用和追索劳动报酬并且情况紧急需要先予执行的案件。

▶ 4.3 先予执行是否符合以下条件：

（1）当事人之间的权利义务关系明确；

（2）不先予执行将严重影响申请人的生活或者生产经营；

（3）被申请人有履行能力；

（4）人民法院可以责令申请人提供担保，申请人不提供担保的，驳回申请。

▶ 5. 审查人民法院查封、扣押、扣留措施及其解除是否合法

▶ 5.1 查封、扣押、扣留的依据应当合法。

▶ 5.1.1 人民法院查封、扣押、冻结被执行人的动产、不动产及其他财产权，应当作出裁定，并送达被执行人和申请执行人。

▶ 5.1.2 查封、扣押、冻结措施需要有关单位或者个人协助的，人民法院应当制作协助执行通知书，连同裁定书副本一并送达协助执行人。

▶ 5.1.3 查封、扣押、冻结裁定书和协助执行通知书送达时发生法律效力。

▶ 5.2 查封、扣押、扣留的方式应当合法。

▶ 5.2.1 对动产的查封，由执行人员将查封物转移到执行法院直接控制，也可将查封物交付指定人控制。在交付指定人控制的情况下，应当在动产上加贴封条或者采取其他公示的方法予以公示。

▶ 5.2.2 对不动产和有登记的特定动产查封时，应当通知有关管理机关办理查封登记，同时可以责令被执行人将有关财产权证照交人民法院保管。采取加贴封条或者张贴公告的方法进行查封，但未办理查封登记的，不得对抗其他人民法院的查封。

▶ 5.2.3 人民法院在执行中已依照民事诉讼法的规定对被执行人的财产查封、冻结的，任何单位包括其他人民法院不得重复查封、冻结或者擅自解冻。

▶ 5.2.4 对已被人民法院查封、扣押、冻结的财产，其他人民法院可以进行轮候查封、扣押、冻结。查封、扣押、冻结解除的，登记在先的轮候查封、扣押、冻结即自动生效。

■>> 5.2.5 对动产的查封，应当采取加贴封条的方式。不便加贴封条的，应当张贴公告。

■>> 5.2.6 对有产权证照的动产或不动产的查封，应当向有关管理机关发出协助执行通知书，要求其不得办理查封财产的转移过户手续，同时可以责令被执行人将有关财产权证照交人民法院保管。必要时也可以采取加贴封条或张贴公告的方法查封。既未向有关管理机关发出协助执行通知书，也未采取加贴封条或张贴公告的办法查封的，不得对抗其他人民法院的查封。

■>> 5.2.7 被查封的财产，可以指令由被执行人负责保管。如继续使用被查封的财产对其价值无重大影响，可以允许被执行人继续使用。

■>> 5.2.8 被扣押的财产，人民法院可以自行保管，也可以委托其他单位或个人保管。对扣押的财产，保管人不得使用。

■> 5.3 查封、扣押、扣留的实施应当合法。

■>> 5.3.1 查封、扣押财产的价值应当与被执行人履行债务的价值相当。不得超出被执行人应当履行义务的范围。

■>> 5.3.2 人民法院对被执行人所有的其他人享有抵押权、质押权或留置权的财产，可以采取查封、扣押措施。财产拍卖、变卖后所得价款，应当在抵押权人、质押权人或留置权人优先受偿后，其余额部分用于清偿申请执行人的债权。

■>> 5.3.3 人民法院查封、扣押财产时，被执行人是公民的，应当通知被执行人或者他的成年家属到场；被执行人是法人或者其他组织的，应当通知其法定代表人或者主要负责人到场。

■>> 5.3.4 对被查封、扣押的财产，执行人员必须出具清单，由在场人签名或者盖章后，交被执行人一份。

■>> 5.3.5 对于被执行人占有的动产、登记在被执行人名下的不动产、特定动产和其他财产权，均推定为被执行人所有，人民法院可以查封。

■>> 5.3.6 如果被执行人或者案外人在查封现场主张所要查封或者已经查封的财产不属于被执行人所有，执行人员应当当场审查，审查认为异议成立的，即不可再采取查封措施或者当场解除查封，认为其主张不成立或者难以认定的，应先行查封，然后告知案外人提出案外人异议之诉。

■>> 5.3.7 对被执行人及其所扶养家属生活所必需的居住房屋，人民法院可以查封，但不得拍卖、变卖或者抵债。对于超过被执行人及其所扶养家属生活所必需的房屋和生活用品，人民法院根据申请执行人的申请，在保障被执行人及其所扶养家属最低生活标准所必需的居住房屋和普通生活必需品后，可予以执行。

▶▶ 5.3.8 对于执行标的由第三人合法占有的情况。对第三人替被执行人保管或者其他为被执行人的利益而占有执行标的物，人民法院不受第三人占有的限制，可以查封，对第三人根据与被执行人之间的合同或者其他关系而为自己的利益占有执行标的，人民法院虽然可以查封，但不能影响第三人对该财产的占有和使用。

▶▶ 5.3.9 第三人占有的执行标的物如果属于其与被执行人的共同财产，可以先查封，然后进行财产分割。财产分割后，查封的效力及于被执行人享有的份额，对于其他共有人的份额，视为自行解除。对于共有财产的分割，由被执行人或者其他共有人提起析产诉讼。共有人协议分割共有财产，须经债权人认可。

▶▶ 5.3.10 被执行人将其财产出卖给第三人，第三人已经支付部分价款并实际占有该财产，但被执行人仍有所有权的，人民法院可以执行。第三人可以选择继续履行合同，将尚未支付的剩余价款交付人民法院，从而取得该财产的所有权，人民法院解除对该财产的查封、扣押。如果第三人已经支付全部价款并实际占有，虽然没有办理过户登记手续，但第三人对此没有过错的，如由于登记部门的原因或者其他非第三人所能控制的原因，应当认定其已经取得该财产的所有权，应当裁定解除对该财产的查封、扣押、冻结。

▶▶ 5.3.11 人民法院查封、扣押、冻结被执行人与其他人共有的财产，应当及时通知共有人。

▶▶ 5.3.12 查封、扣押、冻结被执行人的财产时，执行人员应当制作笔录，载明：执行措施开始及完成的时间、财产的所在地、种类、数量、财产的保管人及其他应当记明的事项。

▶▶ 5.3.13 查封、扣押、冻结被执行人的财产，以其价额足以清偿法律文书确定的债权额及执行费用为限，不得明显超标的额查封、扣押、冻结。

▶▶ 5.3.14 查封地上建筑物的效力及于该地上建筑物使用范围内的土地使用权，查封土地使用权的效力及于地上建筑物，但土地使用权与地上建筑物的所有权分属被执行人与他人的除外。

▶▶ 5.3.15 查封、扣押、冻结的财产灭失或者毁损的，查封、扣押、冻结的效力及于该财产的替代物、赔偿款。人民法院应当及时作出查封、扣押、冻结该替代物、赔偿款的裁定。

▶▶ 5.3.16 人民法院依法查封的财产被转卖的，对买受人原则上不适用善意取得制度，但人民法院的查封、扣押、冻结没有公示的，其效力不得对抗善意第三人。

▶▶ 5.3.17 人民法院查封、扣押被执行人设定最高额抵押权的抵押物的，应当通知抵押权人。抵押权人受抵押担保的债权数额自收到人民法院通知时起不再增加。人民法院采取查封、扣押、冻结、划拨等执行措施的，应当在实施执行措施后将有关情况及时告知双方当事人，或者以方便当事人查询的方式予以公开。

▶▶ 5.4 有下列情形之一的，人民法院应当作出解除查封、扣押、冻结裁定，并送达申请执行人、被执行人或者案外人：

（1）查封、扣押、冻结案外人财产的；

（2）申请执行人撤回执行申请或者放弃债权的；

（3）查封、扣押、冻结的财产流拍或者变卖不成，申请执行人和其他执行债权人又不同意接受抵债的；

（4）债务已经清偿的；

（5）被执行人提供担保且申请执行人同意解除查封、扣押、冻结的；

（6）人民法院认为应当解除查封、扣押、冻结的其他情形。

▶▶ 5.5 对被执行人及其所扶养家属家庭生活必需的物品、必需的生活费用、完成义务教育所必需的物品、未公开的发明或者未发表的著作、属于身体缺陷所必需的辅助工具、医疗物品、勋章及其他荣誉表彰的物品，不得查封、扣押、冻结。未发表的著作，是指表达意见、知识、思想、感情的文字作品，不包括绘画、书法、雕塑等艺术品。

▶▶ 5.6 审查查封、扣押、扣留应当符合以下期限：

（1）对银行存款的冻结期限为六个月；

（2）对上市公司国有股和社会法人股的冻结期限为一年；

（3）动产查封、扣押的期限为一年，对不动产查封的期限为两年，对其他财产权冻结期限也为两年；

（4）申请执行人申请延长期限的，人民法院应当在查封、扣押、冻结期限届满前办理续行查封、扣押、冻结手续，续行期限不得超过前款规定期限的二分之一。

▶▶ 5.7 查封、扣押、扣留及其解除应当遵守以下规定:

（1）被执行人为金融机构的,对其交存在人民银行的存款准备金和备付金不得冻结和扣划,但对其在本机构、其他金融机构的存款,及其在人民银行的其他存款可以冻结、划拨,并可对被执行人的其他财产采取执行措施,但不得查封其营业场所;

（2）金融机构的分支机构作为被执行人的,执行法院应当向其发出限期履行通知书,期限为十五日;逾期未自动履行的,依法予以强制执行;对被执行人未能提供可供执行财产的,应当依法裁定逐级变更其上级机构为被执行人,直至其总行、总公司。每次变更前,均应当给予被变更主体十五日的自动履行期限;逾期未自动履行的,依法予以强制执行;

（3）人民法院依法可以对银行承兑汇票保证金采取冻结措施,但不得扣划。银行承兑汇票保证金已丧失保证金功能时,人民法院可以依法采取扣划措施;

（4）人民法院对信用证开证保证金可以采取冻结措施,但不得扣划。在信用证开证保证金账户存款已丧失保证金功能的情况下,人民法院可以依法采取扣划措施;

（5）不得冻结或划拨企业党组织的党费,不得用党费偿还该企业的债务;

（6）在离退休人员的其他可供执行的财产或收入不足偿还其债务的情况下,人民法院可以要求其离退休金发放单位或者社会保障机构协助扣划其离休金或退休金,用以偿还该离退休人员的债务,但在执行时应当为离退休人员留出必要的生活费。生活费用标准可参照当地的有关标准确定;

（7）人民法院不能要求税务机关直接划拨被执行人应得退税款项,但可要求税务机关提供被执行人在银行的退税账户、退税数额及退税时间等情况,并依据税务机关提供的被执行人的退税账户,依法通知有关银行对需执行的款项予以冻结或划拨。

▶▶ 5.8 人民法院在执行涉及旅行社的案件时,遇有下列情形而旅行社不承担或无力承担赔偿责任的,可以执行旅行社质量保证金:

（1）旅行社因自身过错未达到合同约定的业务质量标准而造成旅游者的经济权益损失;

（2）旅行社的业务未达到国家或行业规定的标准而造成旅游者的经济权

益损失;

(3) 旅行社破产后造成旅游者预交旅行费损失;

(4) 人民法院判决、裁定及其他生效法律文书认定的旅行社损害旅游者合法权益的情形。

▶▶ 5.9 除 5.8 规定的情形之外,不得执行旅行社质量保证金。同时,执行涉及旅行社的经济赔偿案件时,不得从旅游行政部门行政经费账户上划转行政经费资金。

▶▶ 5.10 不应冻结划拨工会经费及"工会经费集中户"的款项。

▶ 6. 审查人民法院评估、拍卖、变卖措施是否合法

▶▶ 6.1 拍卖的标的物是否符合下列要求:

(1) 拍卖标的应当是依法可以处分的物品或者财产权利;

(2) 法律、行政法规禁止买卖的物品或者财产权利,不得作为拍卖标的;

(3) 依照法律或者按照国务院规定须经审批才能转让的物品或者财产权利,在拍卖前,应当依法办理审批手续;

(4) 委托拍卖的文物,在拍卖前,应当经拍卖人住所地的文物行政管理部门依法鉴定、许可。

▶▶ 6.2 人民法院评估、拍卖管理机构是否符合规定:

(1) 被执行人的财产被查封、扣押、冻结后,人民法院应当及时进行拍卖、变卖或者采取其他执行措施;

(2) 人民法院对查封、扣押、冻结的财产进行变价处理时,应当首先采取拍卖的方式;

(3) 评估拍卖工作,由法院的司法辅助部门而不是由执行部门负责统一管理和协调。

▶▶ 6.3 评估、拍卖机构的选定是否合法:

(1) 取得政府管理部门行政许可并达到一定资质等级的评估、拍卖机构,可以自愿报名参加人民法院委托的评估、拍卖活动;

(2) 人民法院采取随机方式确定评估、拍卖机构。随机方式,主要是指抽签和摇珠;

(3) 人民法院选择评估、拍卖机构,应当通知审判、执行人员到场,视情况可邀请社会有关人员到场监督;

(4) 人民法院选择评估、拍卖机构,应当提前通知各方当事人到场;当

事人不到场的，人民法院可将选择机构的情况，以书面形式送达当事人；

（5）专利资产的评估，评估机构必须有相应的资质；

（6）评估、拍卖机构选定后，人民法院应当向选定的机构出具委托书，委托书中应当载明本次委托的要求和工作完成的期限等事项；

（7）评估、拍卖机构接受人民法院的委托后，在规定期限内无正当理由不能完成委托事项的，人民法院应当解除委托，重新选择机构。

▶▶ 6.4 交易场所是否合法：

（1）人民法院委托的拍卖活动应在有关管理部门确定的统一交易场所或网络平台上进行；

（2）涉及国有资产的司法委托拍卖由省级以上国有产权交易机构实施，拍卖机构负责拍卖环节相关工作，并依照相关监管部门制定的实施细则进行；

（3）证券法规定应当在证券交易所上市交易或转让的证券资产的司法委托拍卖，通过证券交易所实施，拍卖机构负责拍卖环节相关工作；其他证券类资产的司法委托拍卖由拍卖机构实施，并依照相关监管部门制定的实施细则进行。

▶▶ 6.5 评估活动是否合法：

（1）执行人员应当对拍卖财产的权属状况、占有使用情况等进行必要的调查，制作拍卖财产现状的调查笔录或者收集其他有关资料；

（2）对于财产价值较低或者价格依照通常方法容易确定的，可以不进行评估。当事人双方及其他执行债权人申请不进行评估的，人民法院应当准许；

（3）评估机构在工作中需要对现场进行勘验的，人民法院应当提前通知审判、执行人员和当事人到场；

（4）人民法院收到评估机构作出的评估报告后，应当在五日内将评估报告发送当事人及其他利害关系人。当事人或者其他利害关系人对评估报告有异议的，可以在收到评估报告后十日内以书面形式向人民法院提出；

（5）当事人或者其他利害关系人有证据证明评估机构、评估人员不具备相应的评估资质或者评估程序严重违法而申请重新评估的，人民法院应当准许；

（6）评估价即为拍卖保留价。

▶▶ 6.6 拍卖活动是否合法：

（1）依据拍卖保留价计算，拍卖所得价款在清偿优先债权和强制执行费用后无剩余可能的，应当在实施拍卖前将有关情况通知申请执行人。申请执行人于收到通知后五日内申请继续拍卖的，人民法院应当准许，但应当重新确定保留价，重新确定的保留价应当大于该优先债权及强制执行费用的总额；

（2）拍卖应当先期公告。拍卖动产的，应当在拍卖七日前公告；拍卖不动产或者其他财产权的，应当在拍卖十五日前公告；

（3）拍卖公告的范围及媒体由当事人双方协商确定。协商不成的，由人民法院确定。拍卖财产具有专业属性的，应当同时在专业性报纸上进行公告。当事人申请在其他新闻媒体上公告或者要求扩大公告范围的，应当准许；

（4）拍卖不动产、其他财产权或者价值较高的动产的，竞买人应当于拍卖前向人民法院预交保证金。申请执行人参加竞买的，可以不预交保证金。保证金的数额不得低于评估价或者市价的百分之五。应当预交保证金而未交纳的，不得参加竞买；

（5）人民法院应当在拍卖五日前以书面或者其他能够确认收悉的适当方式，通知当事人和已知的担保物权人、优先购买权人或者其他优先权人于拍卖日到场；

（6）法律、行政法规对买受人的资格或者条件有特殊规定的，竞买人应当具备规定的资格或者条件；

（7）拍卖过程中，有最高应价时，优先购买权人可以表示以该最高价买受，如无更高应价，则拍归优先购买权人；如有更高应价，而优先购买权人不作表示的，则拍归该应价最高的竞买人。顺序相同的多个优先购买权人同时表示买受的，以抽签方式决定买受人；

（8）拍卖多项财产时，其中部分财产卖得的价款足以清偿债务和支付被执行人应当负担的费用的，对剩余的财产应当停止拍卖，但被执行人同意全部拍卖的除外；

（9）拍卖的多项财产在使用上不可分，或者分别拍卖可能严重减损其价值的，应当合并拍卖；

（10）竞买人的最高应价经拍卖师落槌或者以其他公开表示买定的方式确认后，拍卖成交。拍卖成交后，买受人和拍卖人应当签署成交确认书。成交确认书签署后即发生所有权转移的效力；

（11）拍卖时无人竞买或者竞买人的最高应价低于保留价，到场的申请执行人或者其他执行债权人申请或者同意以该次拍卖所定的保留价接受拍卖财产的，应当将该财产交其抵债；

（12）有两个以上执行债权人申请以拍卖财产抵债的，由法定受偿顺位在先的债权人优先承受。受偿顺位相同的，以抽签方式决定承受人。承受人应受清偿的债权额低于抵债财产的价额的，人民法院应当责令其在指定的期间内补交差额；

（13）人民法院委托拍卖后，遇有依法应当暂缓执行或者中止执行的情形的，应当决定暂缓执行或者裁定中止执行，并及时通知拍卖机构和当事人。拍卖机构收到通知后，应当立即停止拍卖，并通知竞买人暂缓执行期限届满或者中止执行的事由消失后，需要继续拍卖的，人民法院应当在十五日内通知拍卖机构恢复拍卖；

（14）被执行人在拍卖日之前向人民法院提交足额金钱清偿债务，要求停止拍卖的，人民法院应当准许；

（15）拍卖成交或者以流拍的财产抵债的，人民法院应当作出裁定，并于价款或者需要补交的差价全额交付后十日内，送达买受人或者承受人；

（16）拍卖时无人竞买或者竞买人的最高应价低于保留价，到场的申请执行人或者其他执行债权人不申请以该次拍卖所定的保留价抵债的，应当在六十日内再行拍卖；

（17）对于第二次拍卖仍流拍的动产，人民法院可以将其作价交申请执行人或者其他执行债权人抵债。申请执行人或者其他执行债权人拒绝接受或者依法不能交付其抵债的，人民法院应当解除查封、扣押，并将该动产退还被执行人；

（18）对于第二次拍卖仍流拍的不动产或者其他财产权，人民法院可以将其作价交申请执行人或者其他执行债权人抵债。申请执行人或者其他执行债权人拒绝接受或者依法不能交付其抵债的，应当在六十日内进行第三次拍卖；

（19）第三次拍卖流拍且申请执行人或者其他执行债权人拒绝接受或者依法不能接受该不动产或者其他财产权抵债的，人民法院应当于第三次拍卖终结之日起七日内发出变卖公告。自公告之日起六十日内没有买受人愿意以第三次拍卖的保留价买受该财产，且申请执行人、其他执行债权人仍不表示接受该财产抵债的，应当解除查封、冻结，将该财产退还被执行人，但对该财产可以采取其他执行措施的除外；

（20）动产拍卖成交或者抵债后，其所有权自该动产交付时起转移给买受人或者承受人。不动产、有登记的特定动产或者其他财产权拍卖成交或者抵债后，该不动产、特定动产的所有权、其他财产权自拍卖成交或者抵债裁定送达买受人或者承受人时起转移；

（21）人民法院裁定拍卖成交或者以流拍的财产抵债后，除有依法不能移交的情形外，应当于裁定送达后十五日内，将拍卖的财产移交买受人或者承受人；

（22）拍卖财产上原有的担保物权及其他优先受偿权，因拍卖而消灭，拍卖所得价款，应当优先清偿担保物权人及其他优先受偿权人的债权，但当事人另有约定的除外。拍卖财产上原有的租赁权及其他用益物权，不因拍卖而消灭，但该权利继续存在于拍卖财产上，对在先的担保物权或者其他优先受偿权的实现有影响的，人民法院应当依法将其除去后进行拍卖；

（23）人民法院不得参与竞买自己委托拍卖的标的，也不得委托他人代为竞买。

▶▶ 6.7 在拍卖开始前，有下列情形之一的，人民法院应当撤回拍卖委托：

（1）据以执行的生效法律文书被撤销的；

（2）申请执行人及其他执行债权人撤回执行申请的；

（3）被执行人全部履行了法律文书确定的金钱债务的；

（4）当事人达成了执行和解协议，不需要拍卖财产的；

（5）案外人对拍卖财产提出确有理由的异议的；

（6）拍卖机构与竞买人恶意串通的；

（7）其他应当撤回拍卖委托的情形。

▶▶ 6.8 变卖活动是否合法：

（1）对查封、扣押、冻结的财产，当事人双方及有关权利人同意变卖的，可以变卖。金银及其制品、当地市场有公开交易价格的动产、易腐烂变质的物品、季节性商品、保管困难或者保管费用过高的物品，人民法院可以决定变卖；

（2）当事人双方及有关权利人对变卖财产的价格有约定的，按照其约定价格变卖。无约定价格但有市价的，变卖价格不得低于市价；无市价但价值较大、价格不易确定的，应当委托评估机构进行评估，并按照评估价格进行变卖。按照评估价格变卖不成的，可以降低价格变卖，但最低的变卖价不得低于评估价的二分之一；

（3）变卖的财产无人应买的，将该财产交申请执行人或者其他执行债权人抵债；申请执行人或者其他执行债权人拒绝接受或者依法不能交付其抵债的，人民法院应当解除查封、扣押，并将该财产退还被执行人；

（4）对变卖的财产，人民法院或其工作人员不得买受。

▶ **7. 审查人民法院对执行异议的处理是否合法**

▶ 7.1 对当事人、利害关系人提出书面异议的，人民法院应当自收到书面异议之日起十五日内审查。

▶ 7.2 当事人、利害关系人异议理由成立的，人民法院应当裁定撤销或者改正；理由不成立的，裁定驳回。

▶ 7.3 上级人民法院对当事人、利害关系人的复议申请，应当组成合议庭进行审查。

▶ 7.4 当事人、利害关系人申请复议的，上级人民法院应当自收到复议申请之日起三十日内审查完毕，并作出裁定。有特殊情况需要延长的，经本院院长批准，可以延长，延长的期限不得超过三十日。

▶ 7.5 执行异议审查和复议期间，不停止执行。被执行人、利害关系人提供充分、有效的担保请求停止相应处分措施的，人民法院可以准许；申请执行人提供充分、有效的担保请求继续执行的，应当继续执行。

▶ **8. 对案外人异议审查是否合法**

▶ 8.1 人民法院对案外人就执行标的提出书面异议应当自收到书面异议之日起十五日内审查。

▶ 8.2 案外人异议审查期间可以对财产采取查封、扣押、冻结等保全措施，但不得进行处分。正在实施的处分措施应当停止。

▶ 8.3 申请执行人提供充分、有效的担保请求继续执行的，应当继续执行。因案外人提供担保解除查封、扣押、冻结有错误，致使该标的无法执行的，人民法院可以直接执行担保财产；申请执行人提供担保请求继续执行有错误，给对方造成损失的，应当予以赔偿。

▶ 8.4 对案外人提出的异议一时难以确定是否成立，案外人已提供确实有效的担保的，可以解除查封、扣押措施。申请执行人提供确实有效的担保的，可以继续执行。因提供担保而解除查封扣押或继续执行有错误，给对方造成损失的，应裁定以担保的财产予以赔偿。

▶ 8.5 人民法院审查认为案外人异议理由成立的，裁定中止对该标的的执行；

理由不成立的，裁定驳回。理由成立的，裁定中止对该标的的执行；理由不成立的，裁定驳回。

▶ 8.6 案外人提出异议的执行标的物是法律文书指定交付的特定物，经审查认为案外人的异议成立的，报经院长批准，裁定对生效法律文书中该项内容中止执行。

▶ 8.7 执行标的物不属生效法律文书指定交付的特定物，经审查认为案外人的异议成立的，报经院长批准，停止对该标的物的执行。已经采取的执行措施应当裁定立即解除或撤销，并将该标的物交还案外人。

▶ 8.8 执行上级人民法院的法律文书或执行的财产是上级人民法院裁定保全的财产时，如案外人异议成立须裁定中止执行的，须报经上级人民法院批准。

▶ 8.9 对案外人异议裁定驳回后，应当告知提起案外人异议之诉的权利。

▶ 8.10 对案外人异议裁定中止对该标的的执行的，应当告知执行申请人许可执行之诉的权利。

▶ 8.11 案外人提起诉讼的，诉讼期间，不停止执行。案外人的诉讼请求确有理由或者提供充分、有效的担保请求停止执行的，可以裁定停止对执行标的进行处分；申请执行人提供充分、有效的担保请求继续执行的，应当继续执行。案外人请求停止执行、请求解除查封、扣押、冻结或者申请执行人请求继续执行有错误，给对方造成损失的，应当予以赔偿。

▶ 8.12 人民法院裁定对异议标的中止执行后，申请执行人自裁定送达之日起十五日内未提起诉讼的，人民法院应当裁定解除已经采取的执行措施。

▶ 9. 审查人民法院对参与分配之诉的处理是否合法

▶ 9.1 多个债权人对同一被执行人申请执行或者对执行财产申请参与分配的，执行法院应当制作财产分配方案，并送达各债权人和被执行人。债权人或者被执行人对分配方案有异议的，应当自收到分配方案之日起十五日内向执行法院提出书面异议。

▶ 9.2 债权人或者被执行人对分配方案提出书面异议的，执行法院应当通知未提出异议的债权人或被执行人。

▶ 9.2.1 未提出异议的债权人、被执行人收到通知之日起十五日内未提出反对意见的，执行法院依异议人的意见对分配方案审查修正后进行分配。

▶ 9.2.3 提出反对意见的，应当通知异议人。异议人可以自收到通知之日起十五日内，以提出反对意见的债权人、被执行人为被告，向执行法院提起诉讼；异议人逾期未提起诉讼的，执行法院依原分配方案进行分配。

▨⟫ 9.2.4 诉讼期间进行分配的，执行法院应当将与争议债权数额相应的款项予以提存。

▶ **10. 审查被执行主体的变更与追加是否合法**

▨⟫ 10.1 变更与追加应当符合下列条件之一：

（1）作为被执行人的公民死亡，其遗产继承人没有放弃继承的；

（2）作为被执行人的法人终止；

（3）作为被执行人的法人或其他组织被撤销的；

（4）作为被执行人的法人或其他组织变更名称的；

（5）作为被执行人的法人或其他组织不能履行法律文书所确定的义务的。

▨⟫ 10.2 变更与追加应当严格按照法定程序进行。

▨⟫ 10.2.1 须组成合议庭合议，院长批准。

▨⟫ 10.2.2 按以下要求制作裁定书：

（1）据以执行的法律文书是由人民法院制作的，变更被执行人由执行庭或合议庭进行处理；

（2）据以执行法律文书是由仲裁机构作出的行政决定书、仲裁裁定书、债权公证文书进入执行程序后需要变更执行主体时，人民法院应退回有关机关，由制作该法律文书的机关决定变更被执行人后，再由人民法院执行。

▨⟫ 10.2.3 将变更被执行人的裁定书分别向当事人和变更后的被执行人送达，裁定书一经送达立即发生法律效力。

▨⟫ 10.3 变更、追加执行主体应当符合法定情形。

▨⟫ 10.3.1 作为被执行人的公民死亡，其遗产继承人没有放弃继承的，人民法院可以裁定变更被执行人，由该继承人在遗产的范围内偿还债务。继承人放弃继承的，人民法院可以直接执行被执行人的遗产。

▨⟫ 10.3.2 在执行中，作为被执行人的法人或者其他组织名称变更的，人民法院可以裁定变更后的法人或者其他组织为被执行人。

▨⟫ 10.3.3 其他组织在执行中不能履行法律文书确定的义务的，人民法院可以裁定执行对该其他组织依法承担义务的法人或者公民个人的财产：

（1）被执行人为无法人资格的私营独资企业，无能力履行法律文书确定的义务的，人民法院可以裁定执行该独资企业业主的其他财产；

（2）被执行人为个人合伙组织或合伙型联营企业，无能力履行生效法律文书确定的义务的，人民法院可以裁定追加该合伙组织的合伙人或参加该联营企业的法人为被执行人；

（3）被执行人为企业法人的分支机构不能清偿债务时，可以裁定企业法人为被执行人。企业法人直接经营管理的财产仍不能清偿债务的，人民法院可以裁定执行该企业法人其他分支机构的财产。若必须执行已被承包或租赁的企业法人分支机构的财产时，对承包人或承租人投入及应得的收益应依法保护。

■>> 10.3.4 被执行人按法定程序分立为两个或多个具有法人资格的企业，分立后存续的企业按照分立协议确定的比例承担债务；不符合法定程序分立的，裁定由分立后存续的企业按照其从被执行企业分得的资产占原企业总资产的比例对申请执行人承担责任。

■>> 10.3.5 被执行人无财产清偿债务，如果其开办单位对其开办时投入的注册资金不实或抽逃注册资金，可以裁定变更或追加其开办单位为被执行人，在注册资金不实或抽逃注册资金的范围内，对申请执行人承担责任。

■>> 10.3.6 被执行人被撤销、注销或歇业后，上级主管部门或开办单位无偿接受被执行人的财产，致使被执行人无遗留财产清偿债务或遗留财产不足清偿的，可以裁定由上级主管部门或开办单位在所接受的财产范围内承担责任。被执行人的开办单位已经在注册资金范围内或接受财产的范围内向其他债权人承担了全部责任的，人民法院不得裁定开办单位重复承担责任。

■>> 10.3.7 物品持有人的案外人持有法律文书指定交付的财物或票证，在人民法院发出协助执行通知后拒绝交付的，人民法院可以强制执行；因持有人的过失造成该财物或票证毁损或灭失的，人民法院可以责令持有人赔偿，拒绝赔偿的，人民法院可裁定在该财物或票证价值范围内执行持有人财产。

■>> 10.3.8 夫妻共同债务中的配偶可以作为被执行人。

■>> 10.3.9 对被执行人负有到期债务的第三人，在被执行人不能清偿债务但对案外人享有到期债权的，人民法院依申请执行人或被执行人申请，可以向案外人发出履行到期债务的通知。案外人在收到履行通知后的十五日内没有提出异议又不履行的，人民法院可以裁定强制执行。

■>> 10.3.10 被执行人在人民法院决定暂缓执行的期限届满后仍不履行义务的，人民法院可以直接执行担保财产，或者裁定执行担保人的财产，但执行担保人的财产以担保人应当履行义务部分的财产为限。

▶ 11. 审查人民法院委托执行是否合法

▶ 11.1 委托执行是否符合下列条件:

（1）执行法院经调查发现被执行人在本辖区内已无财产可供执行，且在其他省、自治区、直辖市内有可供执行财产的，应当将案件委托异地的同级人民法院执行；

（2）委托执行应当以执行标的物所在地或者执行行为实施地的同级人民法院为受托执行法院。有两处以上财产在异地的，可以委托主要财产所在地的人民法院执行；

（3）被执行人是现役军人或者军事单位的，可以委托对其有管辖权的军事法院执行；

（4）执行标的物是船舶的，可以委托有管辖权的海事法院执行；

（5）委托执行案件应当由委托法院直接向受托法院办理委托手续，并层报各自所在的高级人民法院备案；

（6）委托异地法院协助查询、冻结、查封、调查或者送达法律文书等有关事项的，受托法院不作为委托执行案件立案办理，但应当积极予以协助；

（7）事项委托应当以机要形式送达委托事项的相关手续。

▶ 11.2 委托执行的异地执行应当符合下列条件:

（1）执行案件中有三个以上被执行人或者三处以上被执行财产在本省、自治区、直辖市辖区以外，且分属不同异地的；

（2）异地执行须报经高级人民法院批准后方可执行；

（3）执行法院赴异地执行案件时，应当持有其所在辖区高级人民法院的批准函件，但异地采取财产保全措施和查封、扣押、冻结等非处分性执行措施的除外。

▶ 11.3 审查委托执行案件的办理是否符合法律规定。

▶ 11.3.1 案件委托执行后，受托法院应当依法立案，委托法院应当在收到受托法院的立案通知书后作委托结案处理。

▶ 11.3.2 案件委托执行时，委托法院应当提供下列材料:

（1）委托执行函；

（2）申请执行书和委托执行案件审批表；

（3）据以执行的生效法律文书副本；

（4）有关案件情况的材料或者说明，包括本辖区无财产的调查材料、财产保全情况、被执行人财产状况、生效法律文书的履行情况等；

　　（5）申请执行人地址、联系电话；

　　（6）被执行人身份证件或者营业执照复印件、地址、联系电话；

　　（7）委托法院执行员和联系电话；

　　（8）其他必要的案件材料等。

▶▶ 11.3.3 受托法院如发现委托执行的手续、材料不全，可以要求委托法院补办。委托法院应当在三十日内完成补办事项，在上述期限内未完成的，应当作出书面说明。委托法院既不补办又不说明原因的，视为撤回委托，受托法院可以将委托材料退回委托法院。

▶▶ 11.3.4 受托法院退回委托的，应当层报所在辖区高级人民法院审批。高级人民法院同意退回后，受托法院应当在十五日内将有关委托手续和案卷材料退回委托法院，并作出书面说明。

▶▶ 11.3.5 委托执行案件退回后，受托法院已立案的，应当作销案处理。委托法院在案件退回原因消除之后可以再行委托。确因委托不当被退回的，委托法院应当决定撤销委托并恢复案件执行，报所在的高级人民法院备案。

▶▶ 11.3.6 委托执行时，委托法院应当将已经查封、扣押、冻结的被执行人的异地财产，一并移交受托法院处理，并在委托执行函中说明。

▶▶ 11.3.7 委托执行后，委托法院对被执行人财产已经采取查封、扣押、冻结等措施的，视为受托法院的查封、扣押、冻结措施。受托法院需要继续查封、扣押、冻结，持委托执行函和立案通知书办理相关手续。续封续冻时，仍为原委托法院的查封冻结顺序。

▶▶ 11.3.8 查封、扣押、冻结等措施的有效期限在移交受托法院时不足一个月的，委托法院应当先行续封或者续冻，再移交受托法院。

▶▶ 11.3.9 受托法院收到委托执行函后，应当在七日内予以立案，并及时将立案通知书通过委托法院送达申请执行人，同时将指定的承办人、联系电话等书面告知委托法院。委托法院收到上述通知书后，应当在七日内书面通知申请执行人案件已经委托执行，并告知申请执行人可以直接与受托法院联系执行相关事宜。

▶▶ 11.3.10 委托法院在案件委托执行后又发现有可供执行财产的，应当及时告知受托法院。受托法院发现被执行人在受托法院辖区外另有可供执行财产的，可以直接异地执行，一般不再行委托执行。根据情况确需再行委托的，应当按照委托执行案件的程序办理，并通知案件当事人。

▶》 11.3.11 受托法院未能在六个月内将受托案件执结的，申请执行人请求受托法院的上级人民法院提级执行或者指定执行，上级人民法院应当立案审查，发现受托法院无正当理由不予执行的，应当限期执行或者作出裁定提级执行或者指定执行。

▶ 12. 审查对妨碍执行行为的强制措施是否合法

▶ 12.1 审查搜查是否合法。

▶》 12.1.1 审查搜查的条件是否符合下列规定：

（1）生效法律文书确定的履行期限已经届满；

（2）被执行人不履行法律文书确定的义务；

（3）认为有隐匿财产的行为；

（4）由院长签发搜查令；

（5）搜查人员必须按规定着装并出示搜查令和身份证件。

▶》 12.1.2 搜查实施中人民法院是否禁止无关人员进入搜查现场：

（1）搜查对象是公民的，应通知被执行人或者他的成年家属以及基层组织派员到场；

（2）搜查对象是法人或者其他组织的，应通知法定代表人或者主要负责人到场，有上级主管部门的，也应通知主管部门有关人员到场。拒不到场的，不影响搜查；

（3）搜查妇女身体，应由女执行人员进行；

（4）搜查中发现应当依法扣押的财产，应当依法扣押。

▶》 12.2 审查拘传是否合法。

▶》 12.2.1 必须是被执行人或被执行人的法定代表人或负责人，经两次传票传唤，无正当理由拒不到场的，人民法院方可对其进行拘传。

▶》 12.2.2 给国家、集体或他人造成损害的未成年人的法定代理人，如其必须到庭，经两次传票传唤无正当理由拒不到庭的，也可以适用拘传。

▶》 12.2.3 拘传必须用拘传票，并直接送达被拘传人。在拘传前，应向被拘传人说明拒不到庭的后果，经批评教育仍拒不到庭的，可拘传其到庭。

▶》 12.2.4 对被拘传人的调查询问不得超过二十四小时，调查询问后不得限制被拘传人的人身自由。

▶》 12.2.5 在本辖区以外采取拘传措施时，应当将被拘传人拘传到当地法院。

▶▶ 12.3 审查拘留、罚款是否合法。

▶≫ 12.3.1 拘留、罚款是否符合以下条件之一：

（1）隐藏、转移、变卖、毁损向人民法院提供执行担保的财产的；

（2）案外人与被执行人恶意串通转移被执行人财产的；

（3）故意撕毁人民法院执行公告、封条的；

（4）伪造、隐藏、毁灭有关被执行人履行能力的重要证据，妨碍人民法院查明被执行人财产状况的；

（5）指使、贿买、胁迫他人对被执行人的财产状况和履行义务的能力问题作伪证的；

（6）妨碍人民法院依法搜查的；

（7）以暴力、威胁或其他方法妨碍或抗拒执行的；

（8）哄闹、冲击执行现场的；

（9）对人民法院执行人员或协助执行人员进行侮辱、诽谤、诬陷、围攻、威胁、殴打或者打击报复的；

（10）毁损、抢夺执行案件材料、执行公务车辆、其他执行器械、执行人员服装和执行公务证件的。

▶≫ 12.3.2 采取拘留措施应经院长批准，作出拘留决定书，由司法警察将被拘留人送交当地公安机关看管。

▶≫ 12.3.3 罚款、拘留可以单独适用，也可以合并适用。

▶≫ 12.3.4 对同一妨害民事诉讼行为的罚款、拘留不得连续适用。但发生了新的妨害民事诉讼的行为，人民法院可以重新予以罚款、拘留。

▶≫ 12.3.5 被罚款、拘留的人不服罚款、拘留决定申请复议的，上级人民法院应在收到复议申请后五日内作出决定，并将复议结果通知下级人民法院和当事人。

▶≫ 12.3.6 上级人民法院复议时认为强制措施不当，应当制作决定书，撤销或变更下级人民法院的拘留、罚款决定。情况紧急的，可以在口头通知后三日内发出决定书。

▶ **13. 审查执行和解是否合法**

▶≫ 13.1 在执行中，双方当事人自行和解达成协议的，执行人员应将和解协议副本附卷。无书面协议的，执行人员应将和解协议的内容记入笔录，并由双方当事人签名或盖章。

▶▶ 13.2 合同当事人之间达成的和解协议合法有效并已履行完毕的，人民法院应当作执行结案处理。

▶▶ 13.3 申请执行人因受欺诈、胁迫与被执行人达成和解协议，或者当事人不履行和解协议的，人民法院可以根据当事人的申请，恢复对原生效法律文书的执行。

▶▶ 13.4 一方当事人不履行或者不完全履行在执行中双方自愿达成的和解协议，对方当事人申请执行原生效法律文书的，人民法院应当恢复执行，但和解协议已履行的部分应当扣除。和解协议已经履行完毕的，人民法院不予恢复执行。

▶▶ 13.5 申请恢复执行原法律文书，适用民事诉讼法申请执行期限的规定。申请执行期限因达成执行中的和解协议而中止，其期限自和解协议所定履行期限的最后一日起连续计算。

▶ 14. 审查人民法院暂缓执行是否合法

▶▶ 14.1 审查暂缓执行的条件是否合法。

▶▶ 14.1.1 当事人或者其他利害关系人申请是否存在以下问题：

（1）执行措施或者执行程序违反法律规定；

（2）执行标的物存在权属争议；

（3）被执行人对申请执行人享有抵销权的。

▶▶ 14.1.2 人民法院依职权决定暂缓执行的事由是否存在以下问题：

（1）上级人民法院已经受理执行争议案件并正在处理的；

（2）人民法院发现据以执行的生效法律文书确有错误，并正在按照审判监督程序进行审查的；

（3）人民法院在执行中发现执行判决、裁定和调解书时，发现确有错误的。

▶▶ 14.2 审查暂缓执行的决定是否合法。

▶▶ 14.2.1 人民法院在收到暂缓执行申请后，应当在十五日内作出决定，并在作出决定后五日内将决定书发送当事人或者其他利害关系人。

▶▶ 14.2.2 人民法院对暂缓执行的案件，应当组成合议庭对是否暂缓执行进行审查，必要时应当听取当事人或者其他利害关系人的意见。

▶▶ 14.2.3 发现本院的判决、裁定和调解书时，发现确有错误的，应当提出书面意见，报请院长审查处理。

■>> 14.2.4 在执行上级人民法院的判决、裁定和调解书时，发现确有错误的，可提出书面意见，经院长批准，函请上级人民法院审查处理。

■>> 14.2.5 上级人民法院发现执行法院对不符合暂缓执行条件的案件决定暂缓执行，或者对符合暂缓执行条件的案件未予暂缓执行的，应当作出决定予以纠正。执行法院收到该决定后，应当遵照执行。

■> 14.3 审查暂缓执行的办理是否合法。

■>> 14.3.1 人民法院决定暂缓执行的，应当同时责令申请暂缓执行的当事人或者其他利害关系人在指定的期限内提供相应的担保。

■>> 14.3.2 被执行人或者其他利害关系人提供担保申请暂缓执行，申请执行人提供担保要求继续执行的，执行法院可以继续执行。

■>> 14.3.3 当事人或者其他利害关系人提供财产担保的，人民法院应当要求其出具评估机构对担保财产价值的评估证明。

■>> 14.3.4 人民法院决定暂缓执行的，应当制作暂缓执行决定书，并及时送达当事人。

■> 14.4 审查暂缓执行的期限是否合法。

■>> 14.4.1 暂缓执行的期间不得超过三个月。因特殊事由需要延长的，可以适当延长，延长的期限不得超过三个月。

■>> 14.4.2 暂缓执行的期限从执行法院作出暂缓执行决定之日起计算。暂缓执行的决定由上级人民法院作出的，从执行法院收到暂缓执行决定之日起计算。

■>> 14.4.3 暂缓执行期限届满前，据以决定暂缓执行的事由消灭的，如果该暂缓执行的决定是由执行法院作出的，执行法院应当立即作出恢复执行的决定；如果该暂缓执行的决定是由执行法院的上级人民法院作出的，执行法院应当将该暂缓执行事由消灭的情况及时报告上级人民法院，该上级人民法院应当在收到报告后十日内审查核实并作出恢复执行的决定。

■>> 14.4.4 暂缓执行期限届满后，人民法院应当立即恢复执行。

■ **15. 审查执行中止、终结是否合法**

■>> 15.1 审查执行中止是否合法。

■>> 15.1.1 执行中止是否符合下列条件之一：

（1）申请人表示可以延期执行的；

（2）案外人对执行标的提出确有理由的异议的；

（3）作为一方当事人的公民死亡，需要等待继承人继承权利或者承担义务的；

（4）作为一方当事人的法人或者其他组织终止，尚未确定权利义务承受人的；

（5）人民法院已受理以被执行人为债务人的破产申请的；

（6）被执行人确无财产可供执行的；

（7）执行的标的物是其他法院或仲裁机构正在审理的案件争议标的物，需要等待该案件审理完毕确定权属的；

（8）一方当事人申请执行仲裁裁决，另一方当事人申请撤销仲裁裁决的；

（9）仲裁裁决的被申请执行人向人民法院提出不予执行请求，并提供适当担保的；

（10）案件进入审判监督程序。

▰≫ 15.1.2 中止的情形消失后，应当依法恢复执行。

▰≫ 15.1.3 中止执行必须制作裁定，并送达当事人。中止裁定送达当事人后立即生效。

▰≫ 15.2 审查执行终结是否合法。

▰≫ 15.2.1 审查终结执行是否符合下列条件之一：

（1）申请人撤销申请的；

（2）据以执行的法律文书被撤销的；

（3）作为被执行人的公民死亡，无遗产可供执行，又无义务承担人的；

（4）追索赡养费、扶养费、抚育费案件的权利人死亡的；

（5）作为被执行人的公民因生活困难无力偿还借款，无收入来源，又丧失劳动能力的；

（6）人民法院认为应当终结执行的其他情形。

▰≫ 15.2.2 执行终结必须制作裁定文书，并送达当事人。执行终结裁定送达当事人后立即生效。

▶ **16. 审查执行期限、执行回转、执行赔偿是否合法**

▰≫ 16.1 被执行人有财产可供执行的案件，一般应当在立案之日起六个月内执结；非诉执行案件一般应当在立案之日起三个月内执结。有特殊情况须延长执行期限的，应当报请本院院长或副院长批准。申请延长执行期限的，应当在期限届满前五日内提出。

▶▷ 16.2 在执行中或执行完毕后，据以执行的法律文书被人民法院或其他有关机关撤销或变更的，人民法院依当事人申请或依职权，按照新的生效法律文书，作出执行回转的裁定，责令原申请执行人返还已取得的财产及其孳息执行回转应重新立案，适用执行程序的有关规定。

▶▷ 16.3 执行回转时，已执行的标的物系特定物的，应当退还原物。不能退还原物的，可以折价抵偿。

▶▷ 16.4 人民法院执行过程中，违法采取对妨害执行的强制措施、保全措施或者对判决裁定及其他生效法律文书执行错误，侵犯公民法人和其他组织合法权益造成损害的，依法应由国家承担赔偿责任。

▶ 17. 重点审查内容

▶▷ 17.1 审查执行行为的依据是否充分。

▶▷ 17.1.1 审查据以执行的法律文书的真实性，防止出现文号相同但内容不同的法律文书。

▶▷ 17.1.2 审查据以执行的法律文书是否已经生效。要注意各类不同法律文书的生效时间。对于民事、行政判决，要审查是否上诉、是否改判、是否再审，对于其他种类的执行依据，均需要根据其各自的规定，确定是否已经生效。

▶▷ 17.1.3 审查管辖。审查执行法院是否有管辖权，是否重复立案，对于上级人民法院裁定将执行案件指定到无管辖权的人民法院执行的案件，要进行重点监督。

▶▷ 17.1.4 申请执行人是否是生效法律文书确定的权利人或其继承人、权利承受人。

▶▷ 17.1.5 委托执行和协助执行是否有相关法律文书。

▶▷ 17.2 审查执行行为的对象是否准确。

▶▷ 17.2.1 被申请人是否是据以执行的法律文书载明的义务主体。

▶▷ 17.2.2 变更、追加被执行主体是否错误。是否符合变更、追加被执行主体的情形。

▶▷ 17.3 审查执行行为的范围是否恰当。包括以下内容：

（1）是否违法执行了案外人财产；

（2）对案外人异议是否进行了审查；

（3）是否查处了不应当查处的财产。

▶ 17.4 执行行为的方式是否合法。包括以下内容：

（1）人民法院是否积极履行了执行义务，是否穷尽各种执行措施和途径，对被执行人的财产是否进行了必要的调查和审计；

（2）查询、扣押、冻结、划拨、变价的财产是否超出被执行人应当履行义务的范围；

（3）人民法院扣留、提取、查封、扣押、冻结、拍卖、变卖被执行人应当履行义务部分的收入时，是否保留了被执行人及其所扶养家属的生活必需费用；

（4）是否对应当评估的财产进行了评估；

（5）应当进行拍卖的是否进行了拍卖；

（6）应当采取活封。

▶ 17.5 执行程序是否合法。包括以下内容：

（1）应当经过公示、公告程序的是否已经公示、公告；

（2）应当通知当事人、权利人的，是否通知当事人、权利人；

（3）应当送达当事人、权利人的法律文书，是否已经送达；

（4）应当作出裁定，并发出协助执行通知书；

（5）评估、拍卖机构的选定是否符合规定。

▶ 17.6 执行行为的期限是否正确。在执行程序中，法律法规进行了一系列的期限规定，如申请执行的期限为两年，执行异议审查期限为十五日等，对于执行行为的期限应当严格审查。

三、执行监督结案操作规程

▶ 1. 确认执行违法行为的性质

对经查证的执行违法行为的违法程度进行分析，确认其违法的性质。

▶ 1.1 消极执行

人民法院在执行过程中，是否有消极执行、怠于执行的情形。

▶ 1.2 一般违法行为

人民法院在执行过程中违法了法定程序，但未直接损害当事人的权利，未给当事人造成损失。

▶ 1.3 严重违法行为

人民法院在执行过程中违反法定程序，直接损害了当事人的权利。

▶ 1.4 涉嫌犯罪的行为

人民法院的执行工作人员在执行过程中，涉嫌徇私枉法、滥用职权。

▶ **2. 结案报告撰写**

▶ 2.1 参见结案法律文书撰写与审批操作规程。

▶ 2.2 除通用规程的规定外，应特别写明已查证的执行违法行为具体违反的法律规定、损害了当事人的何种权利、给当事人造成了何种损害。

▶ **3. 集体讨论**

参见本分册第二章第二节集体讨论案件操作规程。

▶ **4. 结案文书**

▶ 4.1 《检察建议书》

对于人民法院在执行过程中的违法行为，经检委会讨论决定后，应当制作《检察建议书》并送达人民法院。《检察建议书》制作规程参见通用规程。

▶ 4.2 《不支持监督申请决定书》

对于查证后认为人民法院在执行过程中没有违法行为的执行监督案件，应当制作《不支持监督申请决定书》并发送申请监督人。《不支持监督申请决定书》的制作参见通用规程。

▶ **5. 跟进监督**

▶ 5.1 执行监督《检察建议书》，人民法院应当在一个月内予以答复，对于人民法院逾期未答复的，应当向人民法院发出纠正违法通知书。《纠正违法通知书》的发送参见通用规程。

▶ 5.2 向人民法院发出《纠正违法通知书》后人民法院仍未纠正或答复的，应当将情况向上级人民检察院报告。

第五章　行政执法监督与督促、支持起诉操作规程

第一节　行政执法监督类操作规程

一、督促履职操作规程

【定义】督促履职是指行政机关履行职责的行为违反法律规定，致使国家利益、社会公共利益遭受侵害或有遭受侵害的危险，人民检察院通过检察建议等方式对行政机关实施法律监督，督促行政机关依法正确履行职责，以保护国家利益和社会公共利益。

▶ **1. 督促履职的对象、范围及原则**

▶ 1.1 人民检察院督促履职的对象是行政机关和法律、法规授权行使行政权的组织，包括：

（1）行政机关；

（2）法律、法规授权的组织行使行政权，属于行政履职监督的范畴，监督的对象为法律、法规授权的组织；

（3）行政机关委托其他行政机关、法律法规授权的组织及其他组织行使行政权的，受托人的行为应当纳入行政履职监督的范畴，但监督的对象应是委托的行政机关。

▶ 1.2 人民检察院对行政机关的下列履行职责行为实行监督，并对违反法律规定，损害国家利益和社会公共利益的行为提出监督意见：

（1）行政处罚；

（2）行政强制措施；

（3）行政许可；

（4）行政征收；

（5）行政给付；

（6）行政奖励；

（7）行政监督检查；

（8）其他应当列入监督范围的行政履职行为。

▶▶ 1.3 督促履职应遵循以下基本原则：

（1）公益性原则。检察机关开展督促履职监督工作，应当坚持公益性，以维护国家利益、社会公共利益为目的；

（2）合法性原则。检察机关开展督促履职监督工作，应当在法律规定的范围内依法行使检察权，并在不违背法律规定的前提下积极探索监督的新途径、新方法；

（3）有限监督原则。检察机关开展督促履职监督工作，不得干预行政机关的正常执法活动，更不得代替行政机关行使行政权；

（4）事后监督原则。检察机关开展督促履职监督工作，应当谦抑行使检察权，开展事后监督；对确有可能造成重大损失、引发群体性事件等严重后果的不当行政履职行为，可以进行事中监督。

▶ **2. 督促履职案件办理程序**

▶▶ 2.1 案件受理包括以下案件来源：

（1）行政相对人向人民检察院申请监督；

（2）行政相对人以外的公民、法人或其他组织向人民检察院控告、举报；

（3）人民检察院依职权发现。包括国家权力机关或上级人民检察院交办，其他机关、社会团体、企事业单位移送和检察机关自行发现。

▶▶ 2.2 案件管辖符合下列要求：

（1）人民检察院受理辖区内涉及本级人民政府及所属行政机关的有关督促履职案件。上级人民检察院认为案情复杂或者在本辖区有重大影响的，可以直接受理；

（2）移送管辖和指定管辖的规定，参见有关操作规程；

（3）案件的提办、报请提办、交办和转办的规定，参见有关操作规程。

▶▶ 2.3 案件受理符合下列标准：

（1）有证据证明行政机关的履职行为可能违反法律的规定或者明显不合

理，并损害国家利益和社会公共利益；

（2）属于人民检察院督促履职的范围；

（3）属于本院管辖的范围；

（4）法律规定行政相对人可以通过行政复议、行政诉讼等方式维护自身合法权益，案件与国家利益、社会公共利益无关联，且行政相对人尚未穷尽上述救济途径而向检察机关申请督促履职监督的，不予受理。

▶▶ 2.4 案件审查应当查明以下案情：

（1）行政机关履职行为的主体是否合法；

（2）行政机关履职行为的内容是否合法或者明显不合理；

（3）行政机关履职行为的程序是否合法；

（4）行政机关是否滥用职权或者怠于履行法定职责；

（5）行政机关履职行为是否损害或者可能损害国家和社会公共利益；

（6）国家和社会公共利益业已遭受损害或者可能遭受损害的危险能否通过督促履职得以减轻或者消除；

▶▶ 2.5 调查核实可以采用以下方法：

（1）可以依法采取审计、鉴定、查询、询问、查阅、复制有关资料等调查措施。各种调查措施的具体方法参见调查核实操作规程；

（2）不得采取传唤、讯问的方式，更不得采用限制人身自由或财产权利等强制方法进行调查。

▶▶ 2.6 审查期限符合以下要求：

（1）督促履职案件应当在受理之日起三个月内审查终结；

（2）审计或者鉴定的期间不计算在三个月的期限内；

（3）特殊情况需要延长审查期限的，经检察长批准，可以延长一个月。

▶▶ 2.7 审查终结要符合法定标准。

▶▶ 2.7.1 审查终结后，承办人应当撰写《审查终结报告》，《审查终结报告》应当载明的内容包括：案件来源、督促履职对象的基本情况、申请人及申请事由、审查意见及法律依据。

▶▶ 2.7.2 检察机关审查发现行政机关履行职责的行为存在下列情形之一的，应当予以督促履职监督：

（1）违法履职，行政机关履行职责的行为违反了法律的规定；

（2）履职不作为，行政机关明确表示拒绝履行职责，或者其行为可以视为拒绝履行职责；

（3）怠于履职，行政机关虽未明确表示拒绝履行职责，但其在法律规定的期限内没有履行职责，或者明显未在合理的期限内履行职责；

（4）明显不合理履职，行政机关履行职责的行为虽然没有违反法律的规定，但明显不符合日常情理和公序良俗等基本原则；

（5）其他违反法律规定，应当予以督促履职监督的情形。

▶▶ 2.7.3 违法履职包括行政机关履职行为的以下违法情形：

（1）主要证据不足；

（2）适用法律、法规错误；

（3）违反法定程序；

（4）超越职权；

（5）滥用职权。

▶▶ 2.7.4 检察机关发现存在下列情形之一的，可以终结审查：

（1）行政机关已经自行纠正其违法或明显不合理履职行为的；

（2）损害后果已经发生，且无法减轻或者消除损害，督促行政机关履行职责缺乏实际意义的；

（3）行政相对人申请监督的案件，行政相对人已与行政机关达成和解协议，且不损害国家利益和社会公共利益的；

（4）应当终结审查的其他情形。

▶▶ 2.8 案件的处理要符合法官要求。

▶▶ 2.8.1 符合督促履职条件的，应当作出督促履职的决定，制作督促履职《检察建议书》并送达被督促履职单位，同时通知申请人和其他单位；《检察建议书》应当包括案件来源、基本案情、督促履职的理由及法律依据、证据情况、建议事项等内容。

▶▶ 2.8.2 不符合督促履职条件的，应当作出不予督促履职的决定，制作《不予督促履职决定书》并送达督促履职申请人及其他当事人；《不予督促履职决定书》应当说明不予督促履职的具体事实和理由。

▶▶ 2.8.3 符合终结审查条件的，应当作出终结审查的决定，制作《终结审查决定书》并送达督促履职申请人及其他当事人；《终结审查决定书》应当说明终结审查的具体事实和理由。

▶▶ 2.8.4 发现行政机关存在制度隐患或管理漏洞的，可以同时向有关部门或者单位提出完善相关制度的检察建议。

▶▶ 2.8.5 《检察建议书》、《不予督促履职决定书》和《终结审查决定书》均应当由承办人草拟文书，并附上案件讨论笔录及其他相关证据材料，由部门负责人审核后，报分管副检察长审批。

▶ 3. 案件的其他监督

▶▶ 3.1 行政机关收到督促履职《检察建议书》后，既不采取改正措施亦不回复检察机关说明原因的，检察机关可以向被督促单位所属人民政府抄送《检察建议书》。

▶▶ 3.2 被督促主体拒不履行职责，致使国家或社会公共利益遭受损失的，人民检察院应当向有关行政监察部门提出检察建议，要求追究相关人员行政责任，构成犯罪的，追究刑事责任。

▶▶ 3.3 人民检察院发现本院督促履职不当的，应当由检察长决定撤回《检察建议书》。

▶▶ 3.4 人民检察院决定撤回督促履职《检察建议书》，应当制作《撤回检察建议决定书》，送达被督促履职单位，并报送上级人民检察院备案。

▶▶ 3.5 上级人民检察院发现下级人民检察院督促履职决定（含不予督促履职决定）不当的，有权撤销下级人民检察院的决定，并可以指令下级人民检察院重新作出决定。

▶▶ 3.6 人民检察院在办理督促履职案件中，对于个人、法人或者其他组织的权益遭受行政行为侵害，但与国家利益、社会公共利益无关的，可以引导当事人通过行政复议、行政诉讼等途径解决。发现行政执法人员有违纪行为的，移送纪检监察部门处理；发现职务犯罪案件线索的，移交本院自侦部门依法查处；发现行政机关以罚代刑的，移送本院侦查监督部门处理。

▶▶ 3.7 人民检察院在办理督促履职案件中，发现有其他违法、犯罪情形的，应当及时向有关部门移送案件线索和相关证据材料。

二、与行政诉讼相关行为监督操作规程

【定义】与行政诉讼相关行为监督是指人民检察院在行政诉讼活动法律监督过程中，对行政机关作出的与行政诉讼相关的其他违反法律规定的行为进行监督，以促进依法行政，保障行政诉讼顺利进行。

▶ **1. 监督对象和范围**

▶ 1.1 与行政诉讼相关行为的监督包括以下对象：

（1）作为行政诉讼结果监督案件当事人的行政机关；

（2）作为行政诉讼执行监督案件当事人的行政机关；

（3）与行政诉讼相关的其他行政机关。

▶ 1.2 监督的范围包括与行政诉讼监督案件有关的具体行为和与行政诉讼相关的不当行政行为。

▶ 1.3 与检察机关已经受理的行政诉讼监督案件有关的具体行政行为包括：

（1）与被诉具体行政行为类型相同的其他行政行为；

（2）被诉具体行政行为所依据的基础行政行为；

（3）以被诉行政行为为基础的行政行为。

▶ 1.4 行政机关作出的其他与行政诉讼相关的不当行为包括：

（1）行政机关违反法律规定，可能影响人民法院公正审理的行为；

（2）行政机关作出的不当干预人民法院执行活动的行为。

▶ **2. 案件办理流程**

▶ 2.1 案件受理包括以下案件来源：

（1）公民、法人或者其他组织对生效行政判决和裁定不服，申请检察监督时一并提出；

（2）当事人以外的公民、法人和其他组织向人民检察院控告、举报；

（3）人民检察院在办理行政诉讼监督案件中依职权发现。

▶ 2.2 各级人民检察院在对本院受理的行政诉讼监督案件进行审查时，有权对行政机关作出的与该案相关的其他行为进行监督。

▶ 2.3 案件受理标准按以下要求把握：

（1）行政机关作出的行为可能违反法律的规定；

（2）行政机关作出的行为与人民检察院受理的行政诉讼监督案件存在关联；

（3）尚无行政相对人及利害人就该行为提起行政复议或者行政诉讼。

▶ 2.4 案件审查应当查明以下案情：

（1）行政机关行为的具体内容；

（2）该行为与人民检察院已经受理的行政诉讼案件之间的关系；

（3）该行为违反法律规定的事实。

▶▶ 2.5 调查核实可以运用审计、鉴定、查询、询问、查阅、复制有关资料等调查措施。各种调查措施的具体方法参见调查核实操作规程。

▶▶ 2.6 不得采取传唤、讯问的方式，更不得采用限制人身自由或财产权利等强制方法进行调查。

▶▶ 2.7 案件审查应当遵守以下期限：

　　（1）应当在受理之日起三个月内审查终结；

　　（2）审计或者鉴定的期间不计算在三个月的期限内；

　　（3）特殊情况需要延长审查期限的，经检察长批准，可以延长一个月。

▶▶ 2.8 应当制作审查终结报告。审查终结报告应当载明以下内容：

　　（1）案件来源；

　　（2）监督对象的基本情况；

　　（3）申请人及申请事由；

　　（4）审查意见及法律依据。

▶▶ 2.9 涉诉具体行政行为监督标准按以下要求把握：

　　（1）行政机关作出的与被诉行政行为类型相同的其他行政行为，违反了法律规定；

　　（2）该违法行政行为损害了国家利益和社会公共利益；

　　（3）行政相对人及利害关系人没有就该违法行政行为提起行政复议或者行政诉讼；

　　（4）行政机关没有对该违法行政行为采取自行纠错措施。

▶▶ 2.10 其他涉诉行为监督标准按以下要求把握：

　　（1）行政机关的行为违反法律规定；

　　（2）行政机关违反法律规定的行为可能影响人民法院公正审理；

　　（3）行政机关违反法律规定的行为使人民法院受到不当干预，影响案件执行。

▶▶ 2.11 终结审查标准按以下要求把握：

　　（1）行政相对人就违法行为提起了行政复议或者行政诉讼；

　　（2）行政机关已经自行纠正了违法行为；

　　（3）申请监督人申请撤回监督申请，且不损害国家利益和社会公共利益。

▶▶ 2.12 符合监督条件的，应当向行政机关发出检察建议，制作《检察建议书》送达有关行政机关，并通知申请人和其他单位；《检察建议书》应当包括案件来源、基本案情、检察建议的理由及法律依据、证据情况等内容。

▶▶ 2.13 不符合监督条件的，应当作出不支持监督申请的决定，应当制作《不支持监督申请决定书》送达申请人及其他当事人。《不支持监督申请决定书》应当说明不支持监督申请的具体事实和理由。

▶▶ 2.14 符合终结审查条件的，应当作出终结审查的决定，制作《终结审查决定书》并送达申请人及其他当事人；《终结审查决定书》应当说明终结审查的具体事实和理由。

▶▶ 2.15 《检察建议书》、《不支持监督申请决定书》和《终结审查决定书》均应当由承办人草拟文书，并附上案件讨论笔录及其他相关证据材料，由部门负责人审核后，报分管副检察长审批。

▶ **3. 案件的后续工作**

▶▶ 3.1 应当对案件进行跟踪监督、自身监督和其他监督。

▶▶ 3.2 各级人民检察院有权对本院受理的行政诉讼监督案件的相关行为进行审查。

▶▶ 3.3 各级人民检察院发现与行政诉讼相关的行为违法，且该违法行为系上级行政机关及其所属部门作出的，应当将案件逐级报送至与该行政机关同级的人民检察院，由其作出最终决定。

第二节 督促、支持起诉类操作规程

一、督促起诉操作规程

【定义】督促起诉是指对国家和社会公共利益负有监管保护职责的相关部门不履行或怠于履行职责，致使国家利益、社会公共利益遭受侵害或有遭受侵害的危险，且该权益可通过民事诉讼方式进行救济的，人民检察院依法督促相关部门提起诉讼，以保护国家利益和社会公共利益。

▶ **1. 案件受理**

▶▶ 1.1 案件受理包括以下案件来源：

（1）当事人以外的公民、法人或其他组织向人民检察院控告、举报；

（2）人民检察院依职权发现。包括国家权力机关或上级人民检察院交办，其他机关、社会团体、企事业单位移送和检察机关自行发现。

▶▶ **1.2 案件管辖按以下要求办理：**

（1）人民检察院受理辖区内涉及本级人民政府及所属行政机关的有关督促起诉案件。上级人民检察院认为案情复杂或者在本辖区有重大影响的，可以直接受理；

（2）移送管辖和指定管辖的规定，参见有关操作规程的相关规定；

（3）案件的提办、报请提办、交办和转办的规定，参见有关操作规程的相关规定。

▶▶ **1.3 涉及下列法律关系的案件，属于人民检察院督促起诉的监督范围：**

（1）政府特许经营合同；

（2）国有土地使用权出让合同；

（3）国有资产承包经营、出售或者出租合同；

（4）国有股权交易合同（限国资委为合同主体）；

（5）政府采购合同；

（6）政策信贷合同；

（7）行政机关委托的科研、咨询合同；

（8）公共工程发包合同；

（9）财政资金出借合同；

（10）公共财产拍卖、变卖合同；

（11）招商引资合同；

（12）资源开发权出让合同；

（13）国有文物保管、收藏、保护合同；

（14）法律法规明确授予有行政管理权的事业单位为实现管理目的与公民、法人或其他组织签订的合同；

（15）法律、法规、规章规定可以订立行政合同的其他事项。

▶▶ **1.4 对具备下列条件的督促起诉材料或者线索，应当予以受理：**

（1）有具体的事实和理由；

（2）有书面材料及相关证据材料；

（3）负有监管职责的单位可能享有民事诉权但怠于行使；

（4）监管单位怠于行使诉权的行为可能造成国家利益、社会公共利益受损；

（5）属于人民检察院督促起诉的范围；

（6）本院有权管辖。

▶ 1.5 案件受理按以下程序办理：

（1）承办人对拟受理审查的案件，应制作《受理案件审批表》报批。审批表应当载明如下内容：案件来源，受理时间，申请人（仅限当事人申请监督的案件），督促对象，事由，简要案情等；

（2）部门负责人审核；

（3）分管副检察长审批；

（4）人民检察院决定受理的督促起诉案件，应制作《受理通知书》，及时送达督促起诉申请人、相关行政监管部门和权益单位。督促起诉相关行政监管部门和权益单位可以在收到《受理通知书》之日起十五日内提出书面意见。

▶ **2. 案件审查**

▶ 2.1 承办人审查时候，应当查明以下基本案情：

（1）监管单位与对方当事人之间的基础权利义务关系；

（2）国家和社会公共利益受到侵害或可能受到侵害的基本事实；

（3）国家和社会公共利益受损或可能受到侵害的原因；

（4）相关行政监管部门履行职责的情况；

（5）监管单位尚未提起民事诉讼的原因；

（6）对方当事人未及时履行义务的原因；

（7）监管单位诉权的诉讼时效是否已经届满；

（8）损失是否存在挽回的可能性。

▶ 2.2 采取以下方式进行调查核实：

（1）可以依法采取审计、鉴定、查询、询问、查阅、复制有关资料等调查措施。各种调查措施的具体方法参见调查核实操作规程；

（2）不得采取传唤、讯问的方式，更不得采用限制人身自由或财产权利等强制方法进行调查。

▶ 2.3 应当遵守以下审查期限：

（1）督促起诉案件应当在受理之日起三个月内审查终结；

（2）审计或者鉴定的期间不计算在三个月的期限内；

（3）特殊情况需要延长审查期限的，经检察长批准，可以延长一个月。

▶ **3. 审查终结**

▶ 3.1 符合下列情形之一的案件，人民检察院可以依法作出督促起诉的决定：

（1）在国有土地、矿藏、水域、森林、山岭、滩涂等自然资源出让、转让、开发利用过程中，国家或社会公共利益受到损害的；

（2）在国有文物保管、收藏、使用、保护过程中，国家或社会公共利益受到损害的；

（3）在公共工程招标、发包过程中，国家或社会公共利益受到损害的；

（4）政府部门基于各类扶助目的而向企业或个人出借的专门财政资金未按规定或合同约定及时收回，或违反相关政策规定将资金出借给不符合条件的当事人的；

（5）在国有企业改制、国有资产处置过程中，造成或可能造成国有资产流失的；

（6）其他由于滥用职权或玩忽职守，损害国家或社会公共利益，有督促起诉必要的；

（7）其他应当督促的情形。

▶▶ 3.2 符合下列情形的案件，人民检察院应当依法作出督促起诉的决定：

（1）对国家和社会公共利益负有监管保护职责的部门依法享有权利的事实确实存在；

（2）对国家和社会公共利益负有监管保护职责的部门不行使或者怠于行使权利的事实确实存在；

（3）该权利的实现事关国家利益或社会公共利益；

（4）该权利可以通过民事诉讼的途径予以实现；

（5）该权利在事实上具备实现的可能；

（6）该权利尚未超过诉讼时效。

▶▶ 3.3 符合下列情形之一的案件，人民检察院可以作出终结审查的决定：

（1）相关权益单位已向人民法院提起民事诉讼；

（2）涉案财产损失已实际追回；

（3）涉案财产损失已经无法追回；

（4）相关权益单位已经与对方当事人就债务的履行达成一致协议，且该协议不影响国家利益和社会公共利益；

（5）诉讼时效届满。

▶▶ 3.4 检察机关办理督促起诉案件应当正确处理以下几个关系：

（1）正确区分监管单位的部门利益与国家利益、社会公共利益；

（2）准确把握不同法律关系中各方当事人的法律角色定位；

（3）充分认识监管单位和对方当事人地位平等，充分保障双方当事人平等享有办理督促起诉案件中的各项权利；

（4）依法公正处理国家利益、社会公共利益和个人利益之间的冲突。

▶▶ 3.5 审查终结报告应当载明的内容包括：

（1）案件来源；

（2）督促起诉对象的基本情况；

（3）申请人及申请事由；

（4）审查意见及法律依据。

▶ **4. 案件处理**

▶▶ 4.1 符合督促起诉条件的，应当提出督促起诉的检察建议，制作民事督促起诉《检察建议书》送达被督促起诉单位，并通知相关单位。

▶▶ 4.2 民事督促起诉《检察建议书》应当包括以下内容：

（1）案件来源；

（2）基本案情；

（3）督促起诉理由及法律依据；

（4）证据情况等内容。

▶▶ 4.3 不符合督促起诉条件的，应当作出不予督促起诉的决定，制作《不予督促起诉决定书》送达监管单位和相关单位。《不予督促起诉决定书》应当说明不予督促起诉的具体事实和理由。

▶▶ 4.4 符合终结审查条件的，作出终结审查的决定，制作《终结审查决定书》送达监管单位和相关单位。《终结审查决定书》应当说明终结审查的具体事实和理由。

▶▶ 4.5 发现有关监管部门、国有单位存在制度隐患或管理漏洞的，可以同时向有关部门或者单位提出完善相关制度的检察建议。

▶▶ 4.6 督促起诉《检察建议书》、《不予督促起诉决定书》和《终结审查决定书》均应当由承办人草拟文书，并附上案件讨论笔录及其他相关证据材料，由部门负责人审核后，报分管副检察长审批。

▶ **5. 案件跟踪监督**

▶▶ 5.1 人民检察院在向被督促起诉单位发出民事督促起诉《检察建议书》时，可以附调查取得的证据材料，并做好跟踪监督工作。

▶▶ 5.2 被督促起诉单位收到民事督促起诉《检察建议书》后，不提起诉讼也不采取其他措施行使权利，致使国家和社会公共利益遭受损失的，人民检察院应当向有关行政监察部门提出检察建议，要求追究相关人员行政责任，构成犯罪的，追究刑事责任。必要时，直接向被督促起诉单位所属人民政府送达民事督促起诉《检察建议书》。

▶▶ 5.3 人民检察院跟踪监督督促起诉案件，不得影响民事诉讼中双方当事人诉讼地位的平衡，不得影响人民法院依法独立审理民事案件，但有权依法对民事诉讼活动进行法律监督。

二、支持起诉操作规程

【定义】支持起诉是指当国家利益、社会公共利益遭受非法侵害，且可以通过民事、行政诉讼途径获得救济时，人民检察院依法支持具备原告资格的主体提起民事、行政诉讼。

▶ **1. 支持起诉的基本原则**

▶▶ 1.1 合法性原则：检察机关开展支持起诉工作只能在不违背现行法律的前提下进行探索，应当支持人民法院依法独立行使审判权，不得干预诉讼进程，不能以保护国家利益、集体利益和社会公共利益为名，侵害当事人诉讼权利，损害当事人合法权益。

▶▶ 1.2 公益性原则：检察机关开展支持起诉工作，应当以维护国家利益和社会公益为出发点，不得维护某方当事人的私利，也不得成为某方当事人的代理人。

▶▶ 1.3 适当性原则：检察机关开展支持起诉工作要保持谦抑，不能越位支配甚至代替当事人诉讼权利的行使，更不能因为国家公权力的介入而导致当事人之间诉讼地位的不平衡。

▶▶ 1.4 客观公正原则：检察机关开展支持起诉工作，应坚持客观公正的立场，保障当事人诉讼地位和诉讼权利的平等，维护司法公正。

▶ **2. 案件受理**

▶▶ 2.1 案件受理包括以下案件来源：

（1）当事人向人民检察院提出申请；

（2）当事人以外的公民、法人或其他组织向人民检察院控告、举报；

（3）人民检察院依职权发现。包括国家权力机关或上级人民检察院交办，其他机关、社会团体、企事业单位移送和检察机关自行发现。

▶▶ 2.2 支持起诉案件由与受理起诉的人民法院相对应的人民检察院管辖。

▶▶ 2.3 上级人民检察院发现支持起诉案件的线索，应当交由有管辖权的人民检察院办理。

▶▶ 2.4 符合下列条件的案件，属于人民检察院支持起诉的受案范围：

    （1）国家利益、社会公共利益可能受到侵害或者面临受到侵害的危险；

    （2）具备原告资格的当事人存在一定困难，需要予以支持。

▶▶ 2.5 当事人向人民检察院申请支持起诉，符合下列条件的，人民检察院应当受理：

    （1）有具体的申请理由和请求；

    （2）有书面材料及相关证据材料；

    （3）属于人民检察院受理支持起诉的范围；

    （4）属于受理申请的人民检察院的管辖范围。

▶▶ 2.6 人民检察院决定受理的支持起诉案件，应当由承办人提出意见，层报分管副检察长审批后，制作《受理通知书》并加盖院印，及时送达支持起诉申请人及对方当事人，并告知对方当事人可以在收到《受理通知书》之日起十五日内提出书面意见。

▶▶ 2.7 人民检察院决定不予受理的支持起诉案件，应当由承办人提出意见，层报分管副检察长审批后，制作《不予受理通知书》并加盖院印后，送达支持起诉申请人。《不予受理通知书》应当写明不予受理的理由。

▶▶ 2.8 人民检察院依职权发现的案件，应当到案件管理部门登记受理，并及时制作《受理通知书》发送双方当事人。

   ▶ **3. 案件审查**

▶▶ 3.1 承办人审查时，应当查明的下列基本案情：

    （1）双方当事人之间争议所涉的法律关系与事实；

    （2）双方当事人之间争议是否属于人民法院的主管范围；

    （3）双方当事人之间的争议是否属于本辖区内同级人民法院管辖；

    （4）支持起诉申请人是否具备原告资格；

    （5）具备原告资格的当事人是否存在起诉的意愿（仅限依职权发现的案件）；

    （6）支持起诉申请人是否已经提起相关诉讼，如未提起诉讼，应当查明尚未提起诉讼的原因及其诉讼请求是否超过诉讼时效；

（7）支持起诉申请人提起诉讼后是否具备胜诉的可能性；

（8）所涉争议与国家利益、社会公共利益是否存在关联。

▶▶3.2 人民检察院对受理的支持起诉案件，可以向被支持方提供指导和法律支持，也可以根据案件情况开展一定的调查活动，并于案件法庭辩论终结前调查完毕。

▶▶3.3 调查核实的手段、要求等具体内容参见督促履职操作规程中的调查核实部分。

▶▶3.4 人民检察院受理的支持起诉案件的审查期限，应当遵循督促履职操作规程有关审查期限的相关规定，同时要注意的是，支持起诉案件的处理决定，应当在支持起诉申请人诉讼时效届满前作出；申请人已经提起诉讼的，应当在庭审前作出。

▶ 4. 审查终结

▶▶4.1 承办人审查后应当及时撰写《审查终结报告》，《审查终结报告》应当载明的内容包括：案件来源、申请人和对方当事人的基本情况、申请事由、审查认定的事实、审查意见及法律依据。

▶▶4.2 符合下列条件的案件，人民检察院可以支持申请人提起民事、行政诉讼：

（1）双方当事人之间争议所涉的事实已经审查清楚，法律关系已经明晰，申请人有胜诉把握；

（2）双方当事人之间的争议使国家利益、社会公共利益受到侵害或者面临受到侵害的危险；

（3）所受的侵害可以通过民事、行政诉讼予以救济，或者面临侵害的危险可以通过民事、行政诉讼予以排除；

（4）申请人具备起诉的意愿，但因自身难以克服的困难，尚未提起诉讼或者虽然已经提起诉讼，但是申请人与对方当事人诉讼能力等明显不对等；

（5）申请人的诉讼请求尚未超过诉讼时效。

▶▶4.3 符合下列类型的案件，人民检察院可以支持申请人提起民事、行政诉讼：

（1）因国家利益受损或国有资产流失提起民事诉讼的；

（2）因环境污染等公害案件造成或可能造成不特定多数人人身、财产损害提起民事诉讼的；

（3）因产品质量存在缺陷造成或可能造成不特定多数人人身、财产损害提起民事诉讼的；

（4）因垄断经营、虚假广告、串通投标等不正当竞争行为侵害消费者或其他经营者合法权益提起民事诉讼的；

（5）因拒不支付劳动报酬、人身损害赔偿金等提起具有较大社会影响的共同诉讼、集团诉讼等民事诉讼的；

（6）因国家管理机关及其工作人员行政不作为、乱作为严重侵害行政相对人合法权益，行政相对人提起具有普遍社会意义的行政诉讼的；

（7）其他可以支持的民事、行政诉讼。

➤➤ 4.4 符合下列条件的案件，人民检察院可以作终结审查的决定：

（1）申请人撤回支持起诉申请或虽未撤回申请，但明确表示不愿再提起诉讼的；

（2）作为申请人的自然人死亡，没有继承人，或者继承人放弃申请及不愿提起诉讼的；

（3）作为申请人的法人或者其他组织终止，没有权利义务继承人，或者权利义务继承人放弃申请及不愿提起诉讼的；

（4）发现已经受理的案件不符合受理条件的；

（5）人民检察院依职权发现的案件，经审查不符合支持起诉的条件，或者具备原告资格的当事人不愿提起诉讼的；

（6）申请人和对方当事人已经达成和解协议的；

（7）其他应当终结审查的情形。

➤ **5. 案件处理**

➤➤ 5.1 符合本规程4.2条规定条件的案件，应当作出支持起诉的决定，制作《支持起诉书》，送达受理案件的人民法院，并通知申请人和其他当事人。《支持起诉书》可以在法院受理案件后送达，也可以在当事人提交起诉状时送达，但最迟应该在一审庭审前送达至人民法院。《支持起诉书》应当说明案件来源、基本案情、支持起诉的理由及法律依据、证据情况等内容。

➤➤ 5.2 符合本规程4.4条规定条件的案件，应当作出终结审查的决定，《终结审查决定书》应当说明终结审查的具体事实和理由。

➤➤ 5.3 其他案件，应当作出不予支持起诉的决定，制作《不支持起诉决定书》并发送申请人及其他当事人；《不支持起诉决定书》应当说明不予支持起诉的具体事实和理由。

▶▶ 5.4 当事人所涉争议为行政争议的支持起诉案件，人民检察院发现行政机关存在制度隐患或管理漏洞的，在依法对案件作出决定的同时，可以向有关部门或者单位提出完善相关制度的工作检察建议。决定对行政机关发出工作检察建议的，应当将《检察建议书》送达被建议单位，并通知申请人和其他当事人。

▶▶ 5.5 《支持起诉书》、《不支持起诉决定书》、《终结审查决定书》和《检察建议书》，均应当由承办人草拟文书，并附上案件讨论笔录及其他相关证据材料，由部门负责人审核后，报分管副检察长审批。

▶ **6. 出庭**

▶▶ 6.1 人民法院受理人民检察院支持起诉的案件后，如果对案件进行了移送管辖或者指定管辖，作出支持起诉决定的人民检察院应当根据不同情况分别处理：

（1）人民法院将受理的支持起诉案件移送其他同级人民法院管辖的，作出支持起诉决定的人民检察院应当委托与该人民法院相对应的人民检察院派员出庭支持起诉；

（2）人民法院将受理的支持起诉案件指令下级人民法院审理的，作出支持起诉决定的人民检察院应当指令与该人民法院相对应的人民检察院派员出庭支持起诉；

（3）人民法院将受理的支持起诉案件报请上级人民法院审理的，作出支持起诉决定的人民检察院应当报请与该人民法院相对应的人民检察院派员出庭支持起诉。

▶▶ 6.2 人民检察院支持起诉的案件，可以与人民法院协商确定由其在开庭审理之前的一定期限内将开庭的时间和地点通知人民检察院，人民检察院应当派员出庭支持起诉。

▶▶ 6.3 人民法院开庭审理支持起诉案件，人民检察院应当派出两名以上检察人员出庭支持起诉；检察人员的范围包括检察长、副检察长、检察委员会委员，检察员、助理检察员。

▶▶ 6.4 出庭的检察人员参加庭审前，应当及时阅读检察案卷，并通过询问支持起诉申请人及其他当事人等适当的方式全面了解和熟悉案情。

▶▶ 6.5 出庭检察人员应当履行下列工作职责：

（1）宣读《支持起诉书》；

（2）向法庭提交检察机关通过查询、询问、查阅、复制等方式调查取得的相关证据材料，并对证据来源等事项予以说明；

（3）发表出庭意见；

（4）对人民法院的庭审活动予以监督。

▶▷ 6.6 出庭检察人员应当遵守以下要求：

（1）出庭支持起诉的检察人员应当身着检察制服，佩戴检察标志；

（2）人民检察院可以与人民法院协商确定出庭支持起诉检察人员的座席，可以参照出庭支持抗诉的检察人员的座席，将出庭支持起诉检察人员的座席安排在审判台斜下方，与原告席呈犄角状；

（3）出庭支持起诉的检察人员不参与法庭辩论，不得影响当事人诉讼地位的平衡；

（4）出庭支持起诉的检察人员发现人民法院庭审活动违法的，应当休庭后向分管副检察长报告，经其批准后向人民法院提出检察建议；情况紧急的，可以先提出口头检察建议，但事后应及时向分管副检察长报告，经其批准后再发书面检察建议；

（5）出庭支持起诉的检察人员还应当遵守执法仪态基本规范及口头执法语言基本规范等操作规程。

▶ **7. 支持起诉的撤回、撤销和监督**

▶▷ 7.1 人民检察院作出支持起诉决定并发出《支持起诉书》后，发现作出的支持起诉决定不当的，应当由检察长或者检察委员会决定撤回《支持起诉书》。

▶▷ 7.2 上级人民检察院认为下级人民检察院作出的支持起诉决定不当的，有权撤销下级人民检察院的支持起诉决定。下级人民检察院接到上级人民检察院的《撤销支持起诉决定书》后，应当制作《撤回支持起诉决定书》，送达同级人民法院，通知当事人，并报送上级人民检察院。

▶▷ 7.3 人民检察院作出支持起诉决定并发出《支持起诉书》后，被支持起诉的原告撤诉的，人民检察院应当审查原告撤诉是否损害国家利益和社会公共利益，如果原告撤诉有正当理由且不损害国家利益和社会公共利益，人民检察院应当撤回《支持起诉书》。如果原告撤诉损害国家利益和社会公共利益的，人民检察院可以建议人民法院裁定不准撤诉，《支持起诉书》亦不予撤回。

▶▶ 7.4 人民检察院办理的支持起诉案件，人民法院一审判决原告败诉且原告已经提起上诉的，人民检察院可以报请上级人民检察院予以支持。

▶▶ 7.5 人民检察院办理的支持起诉案件，人民法院作出的生效判决违反法律规定的，人民检察院应当依职权进行监督。

▶▶ 7.6 人民检察院发现审判人员在审理支持起诉案件的过程中存在违法行为的，可以依职权进行监督。

▶▶ 7.7 人民检察院发现人民法院在执行支持起诉案件生效裁判中违反法律规定的，可以依职权进行监督。

▶▶ 7.8 人民检察院民事行政检察部门在办理支持起诉案件过程中，发现涉嫌犯罪的线索的，应当及时移送本院有关部门；其中发现涉嫌职务犯罪的，应当根据涉嫌犯罪的性质将线索分别移送本院反贪污贿赂部门或反渎职侵权部门，涉嫌普通刑事犯罪的，应当移送本院侦查监督部门。

参考资料

一、法律法规

1. 《中华人民共和国民事诉讼法》（2012 年 8 月 31 日修正）。
2. 《中华人民共和国行政诉讼法》（2014 年 11 月 1 日）。

二、司法解释和规章制度

1. 最高人民法院、最高人民检察院、公安部、国家安全部、司法部《关于对司法工作人员在诉讼活动中的渎职行为加强法律监督的若干规定（试行）》（高检会〔2010〕4 号）。

2. 最高人民检察院《关于贯彻执行〈中华人民共和国民事诉讼法〉若干问题的通知》（2013 年 1 月 9 日）。

3. 最高人民检察院《检察机关执法工作基本规范（2013 年版）》（2013 年 2 月 6 日）。

4. 最高人民检察院《关于深入推进民事行政检察工作科学发展的意见》（2013 年 3 月 25 日）。

5. 最高人民检察院民事行政检察厅、中纪委驻高检院纪检组、最高人民检察院监察局《人民检察院民事行政检察人员廉洁规范执法行为准则》（2013 年 6 月 28 日）。

6. 《人民检察院民事诉讼监督规则（试行）》（2013 年 11 月 18 日）。

7. 最高人民法院《关于审理环境民事公益诉讼案件适用法律若干问题的解释》（2014 年 12 月 8 日）。

8. 最高人民检察院关于《贯彻落实〈中共中央关于全面推进依法治国若干重大问题的决定〉的意见》（2015 年 1 月 29 日）。

三、参考文献

李新生主编:《民事行政检察工作重点与案件审查实务》,中国检察出版社 2013 年版。

后　记

《检察执法岗位操作规程指导丛书》第7分册《民事行政检察岗位专用操作规程》编写人员分工如下：

组长雷丰超负责本分册编写的人员组织和编写分工协调，副组长王宇清、朱斌协助组长工作。

雷丰超负责本分册统稿、审稿工作。

王宇清负责编写民事执行检察操作规程。

朱斌、胡细罗负责编写支持起诉操作规程。

彭俊负责编写依职权监督案件启动操作规程、出席再审法庭类操作规程。

姚红负责编写审判程序违法情形监督操作规程。

钟孝明负责编写民事行政检察岗位操作规程概述、听取当事人意见操作规程、中止审查操作规程、司法建议处理操作规程、案件请示操作规程、卷宗材料审查操作规程。

黄文辉负责编写司法人员违法行为监督操作规程。

伍松林负责编写集体讨论案件操作规程、案件审结操作规程、审查终结报告撰写与审批操作规程、结案法律文书撰写与审批操作规程。

胡细罗负责编写终结审查操作规程、延长审查期限操作规程、行政机关履职监督操作规程。

肖翔负责编写案件管辖操作规程、回避操作规程、听证操作规程。

黄赛花负责编写调查核实操作规程。

欧阳祖毅负责编写和解操作规程、息诉操作规程。

郭花负责编写案件材料查收和登记操作规程、交办、转办操作规程、调卷操作规程、法律文书发送操作规程、案卷归档操作规程。

第7分册《民事行政检察岗位专用操作规程》编写组

2015年5月4日